臨床心理学シリーズ ③

臨床心理アセスメント演習

松原達哉・楡木満生　共編

培風館

執筆者一覧

1章　岡堂 哲雄（文教大学名誉教授）
2章　松原 達哉（立正大学名誉教授）
3章　松原 達哉
4章　林 潔（白梅学園短期大学名誉教授）
5章　川村 秀忠（元 東北大学教育学部教授）
6章　橋本 忠行（香川大学医学部教授）
　　　島田 修（元 龍谷大学文学部教授）
7章　林 潔〈7-1〉
　　　大日方 重利（神戸学院大学人文学部教授）〈7-2〉
　　　松原 由枝（川村学園女子大学文学部教授）〈7-3, 7-4〉
8章　松原 達哉〈8-1, 8-2〉
　　　繁田 千恵（元 TA心理研究所所長）〈8-3〉
9章　川﨑 友嗣（関西大学社会学部教授）
10章　松原 達哉
11章　中川 敦子（名古屋市立大学人文社会学部教授）
12章　篠原 弘章（元 熊本大学教育学部教授）

本書の無断複写は，著作権法上での例外を除き，禁じられています。
本書を複写される場合は，その都度当社の許諾を得てください。

本シリーズの刊行にあたって

　臨床心理学（clinical psychology）とは，何らかの心の問題や葛藤をもつ人々に対して，広い意味での心理学的な知識や技法を用いて援助する実践のための理論や技法について研究する学問です。

　ここ数年，特にいじめ，不登校，非行，校内暴力，自殺，学級崩壊等の問題が多発して，臨床心理士等がスクールカウンセラーとして活躍しています。また，さまざまな社会問題が起きてノイローゼやうつ状態になる人も多く，精神障害や境界例の問題もクローズアップされてきました。教育現場ではスクール（学校・教員）カウンセラー，職場では産業カウンセラー，医療・福祉現場では臨床心理士，介護福祉士，ケースワーカー，家族カウンセラー等が活躍しています。臨床心理士をはじめ，カウンセリング関係の資格はたくさんありますが，心の問題や葛藤をもつ人々の理解や援助のために共通して言えることは，基礎として臨床心理学の学習が要求されることです。また，全国の大学に「臨床心理学科」「心理学科」「人間科学科」などが設置されて志望者が増加し，また，大学院も増えて，臨床心理学への関心はますます高まっています。

　臨床心理学は人々の気持ちを反映するので，時代とともに変わっていく必要があります。そこで本テキスト・シリーズは次のような特徴をもって編集されています。

（1）　臨床心理学の基礎・基本を網羅しています。
（2）　最新の社会問題を取り上げて，臨床心理学の立場から解説しています。
（3）　臨床心理学の基礎的事項を明確化・単純化し，図・表，写真などを多用してわかりやすく解説しています。
（4）　重要な用語などは，コラムとして解説しています。
（5）　臨床心理士，認定カウンセラー，産業カウンセラー，学校心理士，学校カウンセラー，教育カウンセラー，健康心理士，家族相談士等，カウンセリング関係の資格取得に役立つような内容を盛り込んで編集しています。

本シリーズは，1．心理学概論，2．臨床心理学概論，3．臨床心理アセスメント演習，4．臨床心理面接演習，5．臨床心理基礎実習，6．臨床心理実習の全6巻から構成されています．本シリーズが多くの読者の方々のお役に立てれば幸いです．

　本書出版に際しては，培風館の編集部の方々に大変お世話になりました．ここに深謝申し上げます．

　2002年11月

松原　達哉
楡木　満生

まえがき

　臨床心理士やカウンセラーを目ざす者にとって,「臨床心理アセスメント」は必須の学習内容であります。医師が患者の治療をする場合は,必ず医学診断をしてから治療・投薬・精神療法などの方針を決めます。医学診断の場合,体温,検尿,血液,X線,CTスキャン,MRIなどで,どこがどの程度悪いのか,詳細に診断してから治療方針を決めています。単にかぜで休息していればよいのか,投薬が必要なのか,手術を緊急にしなければならないのかを決めて,治療にとりかかるのです。そして治療後に,完全によくなったのかどうかを同じように医学診断します。その結果,完治していれば退院したり治療をしません。もし2回目の医学診断でまだ治療が必要と判断されれば,継続して治療をするのです。

　臨床心理士やカウンセラーも医師と同じように,悩みをもって来談したクライエントに対して,臨床心理診断(アセスメント)を行います。最初は面接をしたり,行動観察をしたり,時には質問紙による調査を行ったりします。さらに,問題内容や症状に合わせて心理テストをいくつか組み合わせてバッテリーにして実施します。心理テストには,発達テスト(5章),知能テスト(6章),性格・人格テスト(7章),行動・社会性テスト(8章),適性テスト(9章),学力・想像力テスト(10章),視覚認知に関連する神経心理学的検査(11章)などがあり,これらを選択して行います。最も重要なのが上述したような心理テストです。しかし,その種類は多く,習得するのも難しいのです。そして,心理診断後に,どのカウンセリング理論を用いるか,どの技法を用いてカウンセリングするかを決めて実施します。カウンセリングの終了後,さらにもう一度心理診断を行い,問題が解決したのかを判断し,カウンセリングを終了にするのか,継続するのかを決めるのです。

　本書は,臨床心理アセスメントとして重要な心理テストの概要と演習の具体的な方法を述べています。本書は次のような特徴をもっています。
　(1) 臨床心理アセスメント(査定)の必要性と概要を述べています。

(2) 臨床心理アセスメントの中でも中心である心理テストの実務上の諸注意と限界について述べています。
(3) 臨床心理士やカウンセラーが実践によく使用する主な心理テストについて，理論と具体的な実習法・利用法について述べています。
(4) 心理テスト実施後の心理統計の基礎知識について述べています。

　臨床心理アセスメント演習は，臨床心理士の資格をとるための必須科目に指定されています。また，臨床心理士や認定カウンセラーの資格をとるための試験問題として，約4分の1が臨床心理アセスメントに関する出題になっています。心理テストは書物を読んで理解するだけでなく，ひとつひとつの心理テストの手引きと用具を実際に使って10数例以上は実習し，マスターしていく必要があります。その場合，心理テストのベテラン指導者の指導を受けることも必要です。自学自習だけでは習得することができません。実習によって技術を習得していく必要があります。

　カウンセリングの歴史や理論，技法によっては，専門書を独学で読んで学習できる場合もあります。しかし臨床心理アセスメントは技法であって，臨床医と同じように実際に専門家の技術指導を受けないと習得できません。我流で覚えると診断を誤まることもあります。アメリカ心理学会では「教育の心理検査法の規準」を決めて，「実施手法に関する規準」や「専門的倫理」も明確にしています。そして，テストの実施・採点・報告に関する規準，ならびに受検者の権利保護のための規準も制定し，厳しい訓練と利用の倫理を決めているのです。

　本書は「臨床心理アセスメント演習」の教科書であり，利用者は，心理アセスメントについて十分に習得し，心理テスト利用の倫理も理解し，活用されることを期待します。

　2003年5月

編　者
松原　達哉・楡木　満生

目　　次

1. 臨床心理アセスメント総論 ——————————— *1*

1-1　臨床心理アセスメントの目的　1
1-2　面接による臨床心理アセスメント　6
1-3　観察による臨床心理アセスメント　8
1-4　臨床心理アセスメントの技法　9

2. 心理テストの施行上注意すべきこと ——————— *23*

2-1　心理テストの必要性——カウンセリングと心理テスト　23
2-2　心理テストの諸注意　24
2-3　テスト実施後の諸注意　28

3. よい心理テストの条件 ——————————————— *33*

3-1　妥当性　33
3-2　信頼性　34
3-3　客観性　35
3-4　実用性　36
3-5　よい心理テストの選び方　36

4. 心理テストの効用と限界 ————————————— *39*

4-1　はじめに　39
4-2　心理テストの効用　41
4-3　心理テストの限界　46
4-4　心理テストの役割　50

5. 発達テスト —— 53

- 5-1 発達テスト総覧　53
- 5-2 発達スクリーニング検査　54
- 5-3 発達診断検査　56
- 5-4 活用する上での留意点　62

6. 知能テスト —— 67

- 6-1 知能テスト総覧　67
- 6-2 個別式知能テスト　75
- 6-3 集団式知能テスト　84

7. 性格・人格テスト —— 89

- 7-1 性格・人格テスト総論　89
- 7-2 質問紙法　94
- 7-3 投影法　103
- 7-4 作業検査法——内田クリペリン精神検査　117

8. 行動・社会性テスト —— 123

- 8-1 行動・社会性テスト総論　123
- 8-2 SM　128
- 8-3 東大式エゴグラム　133

9. 適性テスト —— 143

- 9-1 適性テスト総論　143
- 9-2 進路適性テスト　148
- 9-3 職業適性・興味テスト　152

目　次　　　　　　　　　　　　　　　　　　　　　　vii

10. 学力・想像力テスト ——————————— 163

10-1 学力テストの目的　163
10-2 教師作成学力テスト　165
10-3 客観式テストと論文式テスト　166
10-4 標準学力テストの作り方　168
10-5 想像力テスト　174

11. 視覚認知に関連する神経心理学的検査 ——— 177

11-1 神経心理学アセスメント　177
11-2 フロスティッグ視知覚発達検査　182
11-3 ベンダー・ゲシュタルト・テスト　184
11-4 ベントン視覚記銘保持テスト　189

12. 心理統計の基礎知識 ————————————— 195

12-1 得点の標準化とテストの標準化　195
12-2 代表値　197
12-3 散布度　203
12-4 個人得点を偏差値とパーセンタイルで表示する方法　205
12-5 知能指数と知能偏差値　208
12-6 統計的検定　209

索　引 ——————————————————————— 219

1. 臨床心理アセスメント総論

> **はじめに**
>
> 　臨床心理士の仕事のなかで最も特有とされている業務は，臨床心理アセスメントです。臨床心理士は，心の問題をもつ人（クライエント）に提供する支援の方針を決めるために，臨床心理アセスメントを行います。具体的には，心理テストおよび面接等のアセスメント媒体を用いて取り組むことになります。アセスメントの過程を通して得られたデータを分析し，クライエントの問題を理解するとともに，パーソナリティの構造と機能の現状と予後について記述することになるでしょう。
> 　本章では，臨床心理アセスメントの理論モデル，面接および観察，心理テストの順に，導入的な姿勢で簡潔に説明します。

1-1　臨床心理アセスメントの目的

　臨床心理学領域において，専門的支援を求めるクライエントに最も適切な援助の方法の選択を目ざして，また支援過程の評価のために臨床心理アセスメントが行われます。それには，主として心理テストに加えて面接，観察などの技法が活用されています。

　ある人物の人柄や性格の見立てとは，生活の場におけるその人のふるまいや行為をあるがままに観察し，そのデータを一定の規準にあてはめて判定することです。これは，臨床心理アセスメントとよばれます。臨床心理アセスメントには異常性や精神病理の見立てとしての心理診断を含むだけでなく，その人物の潜在能力や健康で積極的な適応力の見立てをいっそう重視するところが，精神医学的な診断との大きな違いになります。心理テストは，このような臨床心理アセスメントの有力な手段の1つなのです。ここで，臨床心理アセスメントを支える基本的な考え方（基礎理論）について触れておきたいと思います。臨

床心理アセスメントの主な理論モデルには，心理測定論，心理力動論，行動理論および生態システム論があります。

(1) 心理測定論モデル

心理測定論（psychometry）は，実験心理学の伝統に従って計量的な分析を重視する取組み方を特徴とします。ほとんどすべての知能検査や質問文を集成した性格検査などは，厳密な実験計画によって標準化が行われ，それによって導かれた規準をもとに客観的に計量的に判断されます。その反面，パーソナリティの判定にあたっては，微妙なニュアンスや個別性がむしろ無視されることになりがちです。例えば，ある性格検査の結果，統合失調症得点が規準に照らして際立って高ければ，統合失調症の疑いがあるというわけです。ともかく，心理テストの良否は客観的で信頼性・妥当性が高いことにあるという考え方のことをさします。この立場の人々は，可視的には測定できない深層や無意識を心理テストの対象にすることには難色を示しているのです。

確証に基づく医療（evidence-based medicine）の影響を受けて，臨床心理学においてもアカウンタビリティ（accountability）を果たすためには，心理測定論的アプローチがいっそう重視されるようになるかもしれません。

(2) 心理力動論モデル

心理力動論（psychodynamics）は，精神分析学のパーソナリティ理論に基づくもので，心の内面にみられる葛藤などの力動性を重視します。ロールシャッハ・テストやTATなどの投映法テストが普及するにつれて，被検者個人の独自的な葛藤の解決や対人的な関わりにみられる特殊性を解明することで，具体的な援助指針が得られやすいと考えるのです。上に述べた客観的性格検査では被検者の性格特性のいくつかは理解されますが，それらがどのように有機的相互関連的に機能しているかはわからないのです。しかし，投映法テストでは，そのあいまいな刺激に対して被検者の個性的な応答が得られるだけでなく，諸要素の内的連関をも把握できるのが特徴になります。問題は概して，計量的な実証性に欠けるところにあります。

心理力動論が精神の健康に関わる心理臨床分野で広く受け入れられるようになって以来，たびたび心理測定論の立場との論争が繰り返されてきています。最近では，コンピュータによる投映法テストの分析法が開発されるなど，両者の歩み寄りもみられるようになりました。とはいえ，臨床心理学先進国のアメ

リカでは，投映法データが裁判の証拠（evidence）として採用されることは非常にまれですので，わが国ほど重くみられることはないといってよいでしょう。

（3） 行動理論モデル

行動理論モデル（behavioral model）は，心理学の伝統に即した実験的な学習研究に基づくものです。例えば，神経症といえども，学習された不健康な習慣であって，行動療法によって解決できると主張します。心理力動論による心理療法に対立するものであって，心の内面や葛藤など不可視のものは研究対象に含めないのが特徴でもあります。人前ではっきりものが言えるようになることをねらって開発された自己主張トレーニング法，さまざまな学習プログラムによるダイエット・トレーニング法などは，その好例です。行動療法あるいはトレーニング法を実施する前に，簡便な心理テストが工夫されてきています。しかし，心アセスメント全領域からみると確固とした地位を占めるまでには至っていないのが現状です。

（4） 生態システム論モデル

1980年代後半になって登場したのが，生態システム論（ecosystemic theory）です。これは特定の心理テストが準拠する理論というよりも，むしろ個体としての人間を総合的にアセスメントをする場合の基本的な姿勢を示すものになっています。生態系のなかの人間の生存と福祉を目標とし，心や行動面に問題をもつ個人や集団が関わる脈絡（コンテクスト）を多面的多水準的に把握しようとする立場といえます。これまで開発されてきた心理テストのデータ，生活空間，個人史的事実などを総合してパーソナリティを記述することがいっそう重要視されます。

（5） 臨床心理アセスメントの着眼点

生態システム論によるパーソナリティの総合的な記述の進め方について考えてみることにしましょう。いくつかの心理テストが順調に行われてデータが得られたとしても，被検者の人間性を解明できたとは言い切れません。まず，それぞれのテストがよって立つ視点に差異があるので，解釈上の不協和が生じやすいのです。それゆえに，諸テスト情報を単純に「直線的に」加算したところで，意味のある人間像を描写することはとても難しいことなのです。寄木細工のような性格の記述では，臨床心理アセスメントとは言い難いでしょう。各テ

ストのデータ間にみられる矛盾や不一致に振り回されないためには，検査者は生態システム論による確かな視点をもたなければなりません。生態システム論にあっては，因果の認識は直線的ではなく，円環的・循環的でなければならないのです。また，人間を分析的に精神病理学的にみるだけでなく，形態生成（モルフォジェネシス）のしくみによって潜在能力を発現し，成長する力をもつ存在として人間を理解する視点が必須なのです。

通常の心理アセスメントは，いくつかのテスト結果を比較したり，心理テスト時の反応や態度の観察から得られた情報，さまざまなエピソードを含む生活史データ，現在の生活の場である生活空間内での対人的・対物的な脈絡についての情報などをもとに進められます。被検者の人物やパーソナリティの総合的な記述には，その人物の心理面・行動面について多水準のデータを整理・分析し，さらに生態システム論の視点からそれらを統合することになります。それにはまず，次の水準に分けて記述することが望ましいといわれています。

（a）　**水準A──生活空間内の脈絡**

ある人物が生活空間内でどのように生きているかに関するもので，家庭・近隣・学校あるいは職場での社会的に公然とした立場や身分・役目について客観的に記述します。動植物や家屋・家具等の対物的な脈絡も必要に応じて含めたいものです。被検者の生存にとって重要な親きょうだいや親友などによる評価やコメントも，時には加えることになります。

被検者自身が認めている自分の社会的な姿を脈絡の面で記述することもできます。

（b）　**水準B──生活史上のエピソード**

人間は歴史的存在であり，生存の意味や価値を求め続けています。現在の生きざまに影響を与えている生活史上の重要な事実やエピソードが，時には現状の心理アセスメントに有効な情報源となります。とりわけ，乳幼児期に受けた心の傷が思春期以後の精神的な病に関わると主張する心理力動論モデルによる臨床心理アセスメントでは，生活史情報が重くみられています。その他の理論モデルでは，現在に力点をおくので，むしろ生活史に触れないほうがよいとの立場をとります。神経症や非行少年などの臨床心理アセスメントの場合，乳児期や学童期の情報を求めると，暗い面に焦点をあてることになりがちです。例えば，引きこもり症状の重い若者と母親との同時面接場面で，母親が「この子は幼いころから泣き虫で引っ込み思案でした」と語ったとします。そばで聞いていた若者は，ますます現在の症状から逃れられないことになるかもしれませ

1-1 臨床心理アセスメントの目的

ん。人間はたびたび同じことを聞かされると，記憶のリハーサルになるので，不健康な面が強化されます。このように，生活史については病因を探すような，あるいは現在の症状に類似した過去のエピソードをあばくような面接は，異常性の説明には役立つかもしれませんが，治療的ではありません。

生態システム論的な取組みでは，たとえ査定面接であっても，あくまでも被検者や家族の自発的な言及を待ち，暗い面が語られたときには，その問題行動を肯定的に意味づけるリフレーミングを行い，現在から未来へ明るく変化する道を話題にしていくことが期待されます。

（c）　水準C──意識的な自己像

被検者が自分について意識的に気づき，知っている自己像のことです。面接や質問紙性格検査，文章完成法などへの被検者の反応や回答から明らかにされる人物像になります。この場合に注意しなければならないことは，心理テストの回答に際して被検者が社会的に望ましいとされる規準に合わせようとしていないかどうかです。ありのままの自分の姿を回答するよりも，より望ましいと感じている自分を示そうとするかもしれません。逆に，援助を強く求めるために，自分が感じている以上に病理的な反応をする可能性もあるでしょう。質問文に回答を求めるMMPIのような心理テストでは，被検者のこのような動きをチェックするしくみが考案されています。

また，被検者が気づいてはいるが，他者に対し隠蔽（いんぺい）して伝えようとしない自己像の一面があるかもしれません。これらに関する情報は，投映法テストの反応を慎重に分析することによって得られることもあります。検査者は被検者が隠蔽したい面をあばくのではなく，その人物の生存と福祉に関わる意味を解明するように努めたほうがよいでしょう。

（d）　水準D──私的象徴的なコミュニケーション

無意識的，前意識的な内面の情報で被検者自身が気づいていない面の情報は，きわめて私的なもので象徴的なものに置き換えられて伝えられることがたびたび観察されます。この種の情報は，心理力動論モデルによる心理診断では，ことさらに重視されています。他の理論モデルでは概して無視されますが，生態システム論モデルによる心理アセスメントでは時に，この水準の深層情報に対して関心をもつことがあります。ロールシャッハ・テスト，TAT，CAT，ソンディ・テスト，描画テストなどの投映法データの分析のなかで発見された私的象徴的な情報が，被検者の人物像を総合的に記述するのに役立つ場合には，慎重に取り扱われるべきです。

ある人物の臨床心理アセスメントは，その目標にそった各水準の情報を得るために，的確に総合的に進められなければなりません。例えば，あの中年男性は小規模企業の管理職，囲碁クラブの熱心な会員，家庭では妻に従属する恐妻家である（水準A）。両親の反対を押し切って結婚した（水準B）。自分では妻とは円満である考えているし，欲求不満は囲碁の勝負で発散しているとひそかに感じている（水準C）。しかし，自分のことをいっそう知りたくて受けたTATの反応では妻に対する敵意が著しい（水準D）。このように1人の被検者の人物像・パーソナリティを多面的・多水準的に記述することができれば，その人物の行動予測はいっそう確かになるだけでなく，求められれば的確で妥当な助言が可能となるはずです。

なお，ロールシャッハ・テストやTATなどの投映法は，水準Dの情報だけでなく，水準Aおよび水準Cの情報を含むことがあり，時には水準Bの情報さえみられることがあります。ロールシャッハ・テストでは，反応の形態水準は水準Aを，運動反応や反応内容の分析は水準Dの認識に役立つといわれています。TATでは，各水準の情報が入り混じっている場合も多いので，解釈にはいっそう慎重を期すべきです。DAP（人物描画法）では，最も深い無意識層を象徴的に伝えることがあるといわれています。

1-2　面接による臨床心理アセスメント

査定面接は，アセスメントを目的とする対話であり会話のことをさします。アセスメントの趣旨や手続きを熟知した臨床心理士が行う面接は，生態系のなかの面接場面におけるクライエントの言語的・非言語的，動作的な応答や自発的なコミュニケーションを促すものでなければなりません。心理臨床的な面接は，メッセージの交換であるだけでなく，メッセージのメッセージとよばれるメタ・メッセージの交換でもあります。交換されるメッセージを理解するには，この2重のメッセージに注目し，クライエントの主訴や困難の意味を把握することになるでしょう。それゆえに，面接の成果は面接する臨床心理士の資質と能力に左右されることを忘れてはならないのです。

(1) インテーク面接

相談に来たクライエントに会って引き受けるかどうかを決める面接は，慣習的にインテーク面接（intake interview）あるいは受理面接とよばれています。

クライエントの主訴を傾聴し，病理水準アセスメントに関わる情報を収集するにとどまらず，生態系のなかの生活空間におけるクライエントの生きざまを肯定的に描出できるように取り組むことになります。時には，生活歴や病歴などが話題になるかもしれません。あるいは家族関係や学校・友人との関わりに言及されることもありえます。付き添いの母親や家族との面接も適切になされなければ，支援計画を立てるのが難しくなります。

　インテーク面接において特に重要なのは，インフォームド・コンセント（informed consent：告知と同意）とアカウンタビリティ（accountability：説明責任）です。前者は，専門家が行うアセスメントやカウンセリングなどの支援行為についてクライエントに説明します。クライエントは，その理解に基づき，提供される支援行為を受けることについて自己決定により同意することが保証されることを意味します。後者は，専門家としてどのような成果が期待できるかを説明し，責任を負うことです。これらは，高度の専門職業人としての臨床心理士に求められのは当然のことになります。

　なお，受理面接には，援助機関がクライエントを受け入れるための面接ということを表しているので，臨床心理士がクライエントと最初に出会うという意味を強調して，初回面接（initial session）という言葉を重くみる立場もあります。

（2） 面接の構造化

　面接の形体や過程があらかじめ決められている程度に応じて，構造化面接（structured interview），半構造化面接（semi-structured interview），および非構造化面接（unstructured interview）が区別されています。

　構造化面接では，可能なかぎり客観的なデータを得るために，面接者の質問を刺激あるいは独立変数とみなし，質問の内容や順序，話し方などを一定にします。クライエントの回答を反応または従属変数とみます。複数の対象者の回答を比較したり，整理や数量化も可能になりますが，他の実験法などに比べると，客観性・信頼性の面で見劣りすることは避けられません。

　非構造化面接では，質問の特定や配列などを決めることなく，状況に応じて自由に面接できるので，クライエントの応答に焦点をあてて会話を進めていくことができます。しかし，専門家としてのフレームの上での面接に留意して行わなければ，とりとめのないものになる危険があります。

　半構造化面接では，質問の内容・順序などの基本を構造化面接法に準じます

が，面接過程でクライエントが重要な話題に触れたとき，所定の過程を離れて柔軟に取り組むことを期待します。重要な話題に焦点化して面接を進めることで，臨床的な理解を深めることができるでしょう。臨床心理アセスメントのためには，この半構造化面接が的確に行われることが望ましいとされています。

1-3 観察による臨床心理アセスメント

　観察は，すべての心理臨床的研究の基礎になります。観察によりクライエントに関する仮説を得て，それによって実践を重ねて確認し，いっそう洗練された仮説にしていきます。さらに，この仮説をもとに観察に戻っていくという過程が重要なのです。

　観察は，所与の対象に対する最も直接的なアプローチなので，特定の状況における行動の客観的な測定形式になります。このデータは，自己報告や評定尺度のような間接的な測定についての評価基準として使うことができます。

　方法としての観察は，クライエントの特定行動の頻度や事象の継起の記録などについて，さまざまな形の量と質に関するデータを提供できます。幼児や障害をもつ人などで言語的な表現力や理解力に問題があり，心理テストや面接が難しい場合でも，対象とすることができます。

　臨床心理アセスメントのための行動観察法は，生理心理的な方法よりも間接的，投映法のような熟練性を要せず，質問紙検査のようにクライエントの能力に左右されないといった特徴をもっています。

(1) 参加観察

　観察の形態には，観察者が対象者とともにいて観察する参加観察（participant observation）と観察者が対象者の前に現れずに観察する非参加観察（non-participant observation）とがあります。

　臨床心理アセスメントでは，参加観察が重くみられます。観察する人（臨床心理士）と観察される人（クライエント）の協力関係を作り上げ，維持することが期待されます。参加観察では，観察者自身が研究の道具であり，観察者がどのように感じ，どんな行動をしたかは重要なデータになります。臨床心理士の態度の変化がクライエントによって照らし返されるという力動的な関係に注目しなければならないのです。

1-4 臨床心理アセスメントの技法

(1) 心理テストの歴史

　心理テストは，19世紀中葉に成立した科学的心理学の進展に呼応し，もともと不可解で謎に満ちた人間存在，その行動のありようをできるだけ可視的に把握しようとして考案されたものです。20世紀初頭の知能テストの開発から，生きがいテストの発表に至る経過を，簡略に述べることにします。

(a) 初等教育と知能テストの開発

　初等教育が文明先進諸国で普及し始めた20世紀初頭，フランス政府は精神遅滞児の教育問題に直面していました。文部省の「異常児問題研究委員会」の委嘱を受けた心理学者ビネー（Binet, A.）は精神遅滞児と情緒不安定児とを見分ける方法を研究するなかで，医師シモン（Simon, T.）の協力のもとに，1905年に史上初めての知能検査を発表しました。その目的は，子どもの教育のためによりよい取組みを工夫しようとして，知的水準に関する客観的な情報を得ることでした。

　ビネーの知能検査は，あらゆる知的機能の基礎としての一般知能を測定しようとしている点で画期的なものでした。当時，知能は記憶力，想像力，注意力などの要素からなるとみなされていましたが，ビネーは知能を1つの統合体と考え，包括的に知的能力の水準を示そうとしたのです。この目標にそって，年齢による尺度が設けられました。ある年齢にふさわしい問題群が，やさしいものから難しいものへと順に配列され，子どもが解決できた問題の難しさの程度によって，精神年齢が計算されます。例えば，（暦）年齢5歳の子どもがビネーの知能検査を受け，3歳児のための問題群まで解決できたときには，この子の精神年齢は3歳とみなすというわけです。

　当時の心理学では，精神測定のためには心理実験室で精密な器具を用いることが期待されていました。ビネーは，子どもたちにはこのような実験条件は不向きで実用的ではないと考え，簡単に実施できる知能検査を開発したといわれています。この検査の容易さが国内外への普及を推し進めることになりました。1916年には，アメリカのスタンフォード大学でターマン（Terman, L. M.）らがビネーの知能検査を改訂して標準化し，「スタンフォード・ビネー式知能検査」を発表しています。この知能検査で初めて，精神年齢と暦年齢との比による「知能指数」（IQ）が導入され，実際の年齢に対する知的発達の程度を示す指標として用いられることとなりました。

わが国では、ビネーの知能検査が1908（明治41）年に紹介され、広く活用されてきています。特にスタンフォード・ビネー知能尺度をもとにしてわが国の子ども向けに開発された2つの知能検査法は、あまねく普及しています。1つは、1925年に鈴木治太郎が発表した「鈴木ビネー・実際的個別的知能測定法」（通称、鈴木ビネー）です。もう1つは、1947年に田中寛一が公表した「田中ビネー式知能検査」（通称、田中ビネー）です。

（b）　第一次世界大戦と集団知能検査

ビネー式知能検査では1人の被検者と1人の検査者が1対1で行われるので、多人数の人を短時間で検査することはできません。そこで、1920年代のアメリカで必要に迫られて、集団的に実施可能な知能検査が開発されることになりました。

最初の集団知能検査は、オーティス（Otis, A. S.）が1912年に発表した「はい」「いいえ」の2件法で答える形式のものでした。第一次世界大戦は、プロとしての兵士だけでは兵員数が足りないので、ノンプロの一般人の徴募兵を必要としていました。また、強力な兵器を操作するのにふさわしい有能な兵士を選抜しなければなりませんでした。このような戦時下で多くの兵員の選抜や適性配置を短時間で的確に行うために、ヤーキス（Yerkes, R. M.）らが中心となって米国陸軍知能検査（USアーミー・テスト）を開発しました。1918（大正7）年のことです。このアーミー・テストには、α（アルファ）式とβ（ベータ）式とがあって、いずれも簡便な筆答法であり、約175万人の応募兵に実施されました。α式検査では検査素材に文字や言語が用いられましたが、β式では文字や言語ではなく図形・絵・数字・記号などで問題が構成されました。前者は英語の読解力がある者に適用された検査です。β式検査は、移民など外国生まれなどの理由で英語力にハンディキャップのある者の知能を測定するために作られたものです。これら2つの検査形式は、その後の集団知能検査の展開に大きな影響を与え、今日学校などで行われているものの多くは、α式かβ式あるいは$\alpha \cdot \beta$併用式になっています。

わが国では、久保良英が1920年にアメリカの国民知能検査を翻案のうえ標準化して「少年知能検査」として発表したのが最初になります。第二次世界大戦後占領軍の影響を受け、また児童生徒の学籍簿に知能程度を記載することが求められた時期もあったので、学級単位で簡便に実施できる集団知能検査が多用されることになりました。読者の多くが小学生、中学生の時代にこの種の知能検査を経験されているはずです。

1-4 臨床心理アセスメントの技法

(c) パーソナリティ・テスト

人の心理的な特徴の中で，知能面を除く特徴，つまり感情の状態，対人関係，動機づけ，興味や関心などの諸側面を測定するテストは，パーソナリティ・テストといわれます。ここでは，性格テストとほとんど同義語として，この用語を使うことにします。

パーソナリティ・テストの最も初期の形は，精神医学者であったクレペリン（Kraepelin, E.）が患者に用いた自由連想検査です。このテストは，あらかじめ選択された刺激語を患者に与え，最初に心に浮かんだものを回答させるものであり，さまざまな精神障害の鑑別に活用されたといわれています（1892年）。その後，ユング（Jung, C. G.）が言語連想テストを使っていますし，今日でも投映法の1つとして用いられることがあります。

質問文に回答を求める質問紙法性格テストは，主に3つの原形から派生したものです。第1は，第一次世界大戦中に心理学者ウッドワース（Woodworth, R. S.）が兵士として不適格な重い障害者をおおまかに見分けるために開発した「パーソナル・データ・シート」に始まるものです。このテストは，「川にかかった橋を渡ることは，あなたを不安にしますか」「あなたを傷つけようとしている人を覚えていますか」「あなたは子どものころ幸せでしたか」など精神病理学的な症状に関わるとされた質問（116項目）から構成され，「はい」と答えられた項目の数を得点としています。戦争直後に，一般成人用，子ども用の形式が整えられ，その後の感情面の適応に関するパーソナリティ・テストのモデルとなりました（1920年）。

第2の原形は，ハイドブレーダー（Heidbreder, E.）が1926年に発表した「内向性-外向性テスト」です。このテストは，ユングの向性モデルに準拠して内向性パーソナリティと外向性パーソナリティを分類することをねらったもので，きわめて単純なテストです。どの程度空想的か，活動より読書を好むか，目立たないところに閉じこもるか，などの簡単な質問文から構成されています。

第3は，オルポート（Allport, G. W.）が1928年に発表した「支配性-服従性テスト」です。このテストは，パーソナリティ特徴としての支配性あるいは服従性を解明するために作られました。質問は具体的で，「セールスマンは労をいとわず，数多くの商品をあなたに見せます。しかし，あなたはどれも気に入らない。あなたは『いいえ，結構です』と断るのが難しいですか」と問い，被検者に「はい，たいていは」「ときどき」「いいえ」のいずれかで答える3件法での回答を求めています。

心理測定学の進歩に伴って，これらの三原形からさまざまな質問紙法性格テストが派生してきています。国際的にみて最も有名なのは「MMPI」であり，国内的に最も使用されているのは「YG性格検査」です。

(d) 知覚分析とインクのしみテスト

外出するとき，雨が降っているのを見れば，あなたは傘をさすはずです。五感を通して，まわりの様子や自分の気分を認知すること（これを心理学では知覚とよびます）によって，行動が選択され決定されます。この知覚の働きにはさらに，あいまいで漠然としてものを見るとき，見慣れたもの（名称など）をあてはめていく（意味づけ）作用があります。例えば，古代の人々は夜空にきらめく星々を見て，一群の星に獅子座とか魚座といった名称を与えています。水漏れでできた壁のしみが，時には故郷の母のやさしい顔に見えたり，時には失恋の相手の怖い顔に見えたりすることは，決して異常なことではなく，むしろ広く経験される事実です。何を見るかは，壁のしみが何に似ているか，どんな心の状態で見ているか，を反映するものなのです。したがって，あいまいなインクのしみに何を見て，どう意味づけするかを調べると，その人の心の状態が把握できるかもしれません。このような着想から知覚分析による心理テストが開発されることになりました。

1921年にスイスの精神科医師ロールシャッハ（Rorschach, H.）が創始した「インクのしみ」テストは，人間の知覚・判断がその人の行動に影響を与えること，いわゆる精神障害者の幻覚や妄想も知覚的な根拠があることなどに気づき，それを客観的に理解しようとして企てた心理実験に始まるものです。ロールシャッハ自身は，このテストの解釈にあたって精神分析理論を適用してはいませんでした。彼の死後，アメリカで実用化が進む経過のなかで精神分析的なパーソナリティ理論による力動的な解釈法が広く普及し，戦後のわが国の心理テスト専門家に多大な影響を与えてきています。

(e) 精神分析と深層心理テスト

フロイト（Freud, S.）が創始した精神分析の理論と実践は，神経症者の発病のしくみに関わる精神病理学の発展を促すとともに，心の病を治療する方法としての心理療法が重くみられるようになりました。さらに，精神分析理論は健常者の心のしくみやパーソナリティの構造と機能を解明する1つの方法の確立におおいに貢献しました。

精神分析理論には諸派ありますが，共通に認めているのは，無意識層の仮説です。心は，意識層と無意識層からなるとする見方ですが，両者の境界に前意

識層を仮定する立場もあります。人のふるまいの多くは，無意識層に潜む真の動機によるものです。普通の常識では納得できない理由で殺人などの罪を犯すのは，無意識の深層に隠れた動機によるからです。動機なき殺人とよばれる不可解な事件については，精神分析的な説明が最も妥当にみえる場合が少なくありません。

この深層分析の客観化を目ざし，また自我の防衛や無意識の動機の解明のために心理テストを用いる試みが，精神分析理論の普及につれ1930年代になって始まりました。例えば，1938年にはマレー（Murray, H. A.）が精神分析理論モデルに準拠して人間関係病理の解明を目ざしてTAT（主題統覚検査）を発表しています。1949年に考案されたブルム（Blum, G. S.）の「ブラッキー・ピクチュア」も精神分析理論によるものでした。

（f）　職業の多様化と職業興味・適性検査

職業適性は，所与の職務を的確に効果的に成し遂げる個人の能力のことです。その職務内容を分析し具体的に記述することによって，その職務の適性を測定するテストが構成できます。ある仕事が求める技能や特性と，個人の特性や能力との一致が職業上の成功を左右するとの考えから，キャリアカウンセリングの際の必須情報源として職業適性検査が開発されてきています。

人は仕事に生きがいを感じたり，意味を実感できるときに，職務に満足するだけでなく高い業績をあげることも確かです。やる気（動機づけ）の強弱が職務への適応と成功に関わることから，意欲・価値観・興味や好奇心などの非能力面を含めて職業適性を総合的にとらえるように進んできています。これらの動きを反映して，職業への動機づけを測定する職業興味検査が考案されることになりました。

職業興味は特定の職業や職業領域についての好き嫌い，親和・拒否といった構えをさすもので，仕事の達成度に直接的に結びつくとはみなされません。とはいえ，「好きこそものの上手なれ」であって，やる気が職業上必要な能力の開発を助長し，知識を蓄積させることは体験的事実でもあります。逆に，「下手の横好き」といわれる場合には，客観的な達成は難しくとも主観的には満足感に浸ることができるかもしれません。

アメリカでは，ストロング（Strong, E. K.）の「ストロング職業興味用紙」とクーダー（Kuder, G. F.）の「クーダー一般興味調査票」が広く普及しています。ストロングのテストは早くも1927年に初版が発表されました。現在使われているのは1971年版であって，23の職業領域について興味の程度を測定

できます。他方，1970年に公表されたクーダーのテストには，11の職業領域が含まれています。これらの両テストは，日本人向けに翻案され標準化されて使用されています。ホランド（Holland, J. L.）が1965年にアメリカの大学生の進路指導，キャリア・カウンセリングのために開発した「職業選択インベントリー」を翻案，標準化した「VPI職業興味検査」はわが国の大学で広く用いられています。

予備校や進学塾の模擬試験結果に基づく偏差値によって進路を決め，入学した学生たちのなかには，卒業後の職業選択に際してあいまいな者が多いので，職業についての興味や適性をできるだけ客観的に把握できるように配慮しなければならないでしょう。それには，職業興味検査結果を手がかりに，キャリア・カウンセリングを進めるしくみの確立が肝要でしょう。

（g） 実存主義と生きがいテスト

アウシュビッツ収容所の生存者である医師フランクル（Frankl, V. E.）は，『夜と霧』や『死と愛』等の著作で国際的に高い評価を受けています。彼は，第二次世界大戦後ウィーンでの診療経験にアウシュビッツ体験を重ね合わせ，人間にとって生きる意味，人生の目的がきわめて重要であることを悟ったといわれています。若者のなかには，生存の意味を見いだせず倦怠感，実存的空虚感によって非行に走ったり，落ち込んでしまう者がいます。人間の基本動機はフロイトがいう快楽への意思でもなく，アドラー（Adler, A.）が強調する権力への意思でもない，意味への意思であることに，フランクルは気づきました。この意味への意思を調べるために，彼は文章完成法タイプの質問紙テストを考案しました。このアイディアをもとに1964年に心理テスト化したのが，アメリカの心理学者クランバウ（Crumbaugh, J. C.）らです。このPIL（人生目的テスト）と称されるもののねらいは，実存分析の主概念である意味・目的意識および実存的空虚を測定することです。PILは3部構成で，パートAは，20項目からなる態度尺度です。パートBはフランクルが作った13項目の文章完成テスト，パートCは自由記述式で人生の意味・目的，それをどのように経験し達成しているかを問うものになっています。

このテストの日本版は，筆者らのPIL研究会によって1985年以来93年までの8年間かけて翻訳，標準化され，「生きがい-PILテスト」として出版されました（河出書房新社発行，システム・パブリカ制作）。1993年5月に第1回日本実存心理療法学会出席のため来日したフランクル自身から高く評価されただけでなく，企業や大学などの精神健康施策の一貫として活用されています。

（2） 心理テストの目標

　心理テストのねらいは、被検者の行動や性格を、検査をする者の恣意や偏見によって決めつけることなく、科学的にいっそう明確に把握することにあるので、テスト構築にあたっては適正な基準（尺度）を発見することが望まれます。心理測定を行う場合に必要となる条件には、そのテストの客観性、信頼性、妥当性および実用性があります。

　心理テストの客観性は、検査者の主観や恣意がテストの手続きに悪影響を及ぼさないように、実施法・採点法・評価法がどの程度厳密に定められているかによって左右されます。特に、評価の場合には、ある被検者のテスト得点を基準と比較することになります。それにはまず、その基準（ものさし）が妥当かどうかを調べる必要があります。つまり、どのような母集団からのサンプリングをもとにして、基準が決められたかを確かめなければならないのです。その基準が被検者と関わりのない母集団の代表値であれば、それを適用するわけにはいかないからです。心理テストの基準は、時間的空間的に特定の母集団からのサンプリングをもとにして作成されるので、例えば、都会の子どもを対象に標準化した知能検査の基準表は山村の子どものテストには役立たないのは当然なのです。また、ことばや文法は時間的に変化するものですので、少なくとも作成後10年以上経過しているのであれば、基準の改定がなされなければなりません。テストを行う場合には、そのテストの客観的な有効性についてチェックする義務があります。さもなければ、日常生活場面の見本としては価値のない質問に基づいて評価してしまうおそれがあるからです。

　心理テストは、テスト場面が日常生活場面の一断面であり、テスト刺激に対する反応が行動見本であることを前提として成り立っています。被検者が裁判官の前に立たされた被告人のようにコチコチになっていれば、まれな例であって、典型的な代表例ではありません。テストを開始する前のウォーミングアップは、それゆえに特に大切になります。

　投映法については、心理測定学的な要件を満たすことは難しいのですが、そのデータは臨床心理アセスメントに際して必須のものとされています。これまで取組み方、解釈の仕方など習熟に時間をかけることによって、心理力動論に基づくデータ解釈の一般化、合理的かつ信頼できる推論の徹底などの努力がなされてきています。やがて、パソコンの普及に伴って投映法データ処理の客観化が進み、解釈の妥当性に関する検証もいっそう進展することが期待されています。

（3） 心理テストの種類

　臨床心理アセスメントに用いられる心理テストは，ある個人の行動を観察し，それを一定の数量尺度またはカテゴリー・システムによって記述するための系統的手続きです。この定義で行動というのは，ことばによる反応，筆記された応答，身体の動きや生理的反応，それに種々の実験装置に対する反応動作のことをさします。心理テストは，客観化，標準化の程度，あるいは問題やテスト刺激の漠然性や構造化の程度によって分類することができます。通例では，最大量のパフォーマンスをみるテストと典型的なパフォーマンスをみるテストに分けられます。

（a） 最大量のパフォーマンスをみるテスト

　いわゆる能力検査であり，テストを受ける人（被検者）に対してできるだけ正確に速く最善を尽くすように，教示されます。例えば，知能検査，精神運動検査，資質検査，職業適性検査等があげられます。これらのテストは，それぞれ特別の手続きによって標準化された基準をもち，その基準と被検者の反応を比較することによって，逸脱の程度をみようとするものです。つまり，平均的な反応群の範囲を逸脱すれば，その反応は異常とされるわけです。このタイプのテストは，常に標準化のよしあしが問われることになります。

（b） 典型的なパフォーマンスをみるテスト

　被検者が出会う種々の生活場面で常にみられる特徴的な行動を発見する目的で作成されています。例えば，内気とか抑うつといった性質は能力ではないので，それを肯定するか否定するかの反応によらなければ判定は難しいのです。MMPI，EPPS，YG性格検査等の質問文を用いる性格検査が，この種のテストになります。最大量のパフォーマンスをみるテストと同様に，標準化の手続き，基準の客観性・信頼性・妥当性が常に論議の対象になります。巷で売られている心理テストもどきは，大方的確な標準化の手続きが省かれているので，心理テストとみなすことはできないのです。

　さらに，典型的な動作をみるテストには，いわゆるプロジェクティヴ・テクニックがあります。これは，投映法，投影法，投射法ともいわれていますが，今日では「投映法」とよばれることが多くなっています。ロールシャッハ・テスト，TAT，ソンディ・テストなどは，その代表例になります。これらの技法は標準化が困難な心理テストではありますが，人間行動やパーソナリティを心理臨床的にアセスメントする場合にたびたび用いられるもので，総合的でダイナミックな人間理解に有力な手段とされています。なお，標準化が難しいの

1-4 臨床心理アセスメントの技法　　　　　　　　　　　　　　　　　　　17

で，厳密には心理テストというよりも技法とよぶべきだとの意見もありますが，ここでは広義の心理テストのなかに投映法を含めて記述することにしたいと思います。

（4）テストバッテリー

　テストバッテリー（test battery）とは，アセスメントの目標にそって複数の心理テストを組み合わせたものをいいます。テストバッテリーが必須なのは，心理テストそれぞれに効用と限界があり，測定目標によって心理テストが選択されることになるからです。

　テストバッテリーが登場したのは，1940年代にアメリカのメニンガー・クリニックの臨床心理士，ラパポート（Rapaport, D.）らがパーソナリティの総合診断のために，ウェクスラ―ーベルヴュー成人知能検査，ロールシャッハ・テスト，TAT等を組み合わせて実施し，パーソナリティを多面的・多水準的に記述することを強調したときです。それ以後，さまざまな理論的な立場や，施設や対象者の特性に応じたテストバッテリーが提案されてきています。

　臨床心理アセスメントには，ウェクスラー法の知能検査に投映法が組み合わされて実施されることが少なくありません。

（5）結果の報告

　臨床心理アセスメントを行う者が結果を使うときと，依頼されて臨床心理アセスメントを行った場合では，結果報告の仕方が異なります。依頼者や第三者への報告の場合には，一定の方式によって報告することが望ましいのです。また，施設や病院によっては，臨床心理アセスメント報告書を定式化して使用していることもままあります。

　生態システム論的アプローチによる臨床心理アセスメントの報告書には，次の項目が含まれていることが期待されます。

　　① 査定面接時に観察されたクライエントの特徴
　　② 心理テストデータの要点と解釈
　　　a．認知的機能の程度
　　　b．現実把握の程度
　　　c．衝動抑制度（他害性）
　　　d．抑うつ度（自傷性）
　　　e．主な機能不全領域

ⅰ）主な対処機制
　　　ⅱ）対人葛藤領域（父・母・男・女・人々・権威者）
　　　ⅲ）生活空間内の困難領域（家庭・学校・職場・地域）
　　③ 援助の方針⟶援助方法の選択と勧告
　　④ 心理テスト・データの添付
　以上の要件を定式化し，書式化した例を，図1-1に示すことにします。

（6） 検査者の研修

　心理テストは，心の健康・障害を含めて人間を理解するメディアであって，誤用や濫用は厳に慎まなければなりません。検査者の倫理が問われるゆえんです。どんな心理テストも，その妥当性・信頼性によってテスト自体の良否が決められます。すべてのテストは，特定の目的を目ざして作られているので，その目的から外れた意図で用いられてはならないのです。知能検査のデータだけで，パーソナリティや性格の評価をするような誤りを犯すべきではありません。

　大方のテストは，適用範囲は狭いものです。それを逸脱しないように，諸テストに習熟する努力が求められています。知能・性格・パーソナリティおよび心理テストに関する理論と実際の両面で高度の学習を修了しないままで，テスト手引書を頼りに個別の知能検査や投映法を実施するのは，心の問題をもつクライエント・患者の福祉上きわめて危険なのです。心理テストを用いて，個人の臨床心理アセスメントを行うにたる基礎資格としては，臨床心理学領域で修士の学位を取得し，財団法人日本臨床心理士資格認定協会が実施する試験に合格し，臨床心理士として認定されていることが必須の条件になります。臨床心理士であっても，まだ研修を受けていない心理テストを実施することは，専門職倫理に反することを忘れてはならないでしょう。

　心理テストは，人間理解の手段であり，臨床場面では被検者のパーソナリティのトータルな把握のための一過程です。異常性の確認だけでなく，積極的な潜在能力の発見こそ大切なのです。これまでは，ともすれば精神病理の心理診断に傾きがちであった心理テストはもっと健全な面や心の健康の条件について探究すべきです。それには，心理臨床家がそれにふさわしい知識，経験，技量を修得しているだけでなく，積極的で肯定的な人間観をもち，人と人との関係を重視する立場から取り組むことが要請されます。

　臨床の場で行われる心理テストは，テストをする人とされる人との相互作用の過程において進められます。相互の信頼と協力がなければ，データの確実さは

1-4 臨床心理アセスメントの技法

```
                                          年　月　日
            臨床心理アセスメント報告書

                 臨床心理士氏名：_____㊞
クライエント氏名：_____［男・女］，（年齢）　歳　月

査定面接時の印象：_____
          _____
          _____
          _____

認知的機能の特徴：_____
          _____

パーソナリティ機能の特徴：
 1) 現実把握の程度：_____

 2) 衝撃抑制度（他害性）：_____

 3) 抑うつ度（自傷性）：_____

 4) 主な機能不全領域：_____
   1. 主な対処規制 _____

   2. 対人葛藤領域：_____

   3. 生活空間内の困難領域：_____

予後のアセスメント：
 1) 予後の見通し：_____

 2) 援助方針の提言：_____
          _____

［添付データ］1)
       2)
       3)
       4)
```

図 1-1　臨床心理アセスメント報告書の例

疑わしいものになるでしょう。いわゆる実験の対象物のように被検者が取り扱われたら，おそらく人間としてではなく物として反応することになるかもしれません。当然，そのデータは，その人のパーソナリティを記述するのに役立つとは思えません。このような失敗を避けるには，経験豊かな専門家の指導のもとに必要にして十分な臨床実習を積み重ねる以外に道はないといえそうです。

　心理テストで得られたデータは，本来被検者個人に帰属するものであり，被検者は自分が受けた心理テストの結果を知る権利があり，専門家には知らせる義務があるとしなければなりません。もっとも，被検者にデータ結果を知らせるには，被検者が容易に理解できるように被検者のことばを用いるべきです。また，標準化された知能検査の得点や精神年齢あるいは IQ の数値は，点ではなく幅をもったものですが，大方の被検者には連続する数の1つ（点）として受け取られ誤解されやすいので，結果の通知には慎重でなければなりません。テスト・データに関する守秘義務と同様に，被検者に結果を的確に伝えることが，専門家の基本的な責務なのです。

　要するに，心理テストの目的は，被検者個人の幸福と安全をめざして，知能・性格などのパーソナリティの全体または一部を科学的に把握するために，可視的なデータを得ることにあります。それが有効であるには，科学的に支持された心理テストでなければならないし，その適用範囲が効用と限界を含めて明らかでなければならないのです。また，必要にして十分な修練を受けた心理臨床専門家が被検者の福祉をめざして行うべきものです。臨床の場においては，特に被検者のための治療方法の選択や，危険の予測といった面が当然重くみられることになります。

（岡堂 哲雄）

■ 参 考 文 献

小口　徹　2001　「国際的質問紙法心理テスト MMPI-2 と MMPI-A の研究」，いわき開成病院.
岡堂哲雄 編　1993　『心理検査学――臨床心理査定の基本』（新版）　垣内出版.
岡堂哲雄 編　1993　『潜在能力の発見』（臨床心理テスト・シリーズ①）　至文堂.
岡堂哲雄 編　1994　『精神病理の探究』（臨床心理テスト・シリーズ②）　至文堂.
岡堂哲雄 編　1996　『新版 心理臨床入門』　新曜社.
岡堂哲雄 編　1998　『心理査定プラクティス』（臨床心理学シリーズⅡ）　至文堂.

参考文献

岡堂哲雄 編　2000　『臨床心理学』（第2版）　日本文化科学社.
岡堂哲雄・矢吹省司　1976　『ロールシャッハ・テスト入門——知覚分析的アプローチ』　日本文化科学社.

2. 心理テストの施行上注意すべきこと

> **はじめに**
>
> 　この章は，心理テストを施行する上で，注意すべきことがまとめてあります。心理テストは，熟練した検査者がベストを尽くして実施することと，被検者が心身ともに健康でベストな状態で受検することが重要です。全国的に標準化され，妥当性・信頼性・実用性もある心理テストであっても，検査者も被検者もよい条件で実施することが必要になります。
>
> 　本章では，心理テストの必要性を述べた後に，検査者の心得，テストを行う時刻と場所，テストのために準備するもの，テスト試行前後における配慮，練習問題のやり方なども詳細に記述しています。また，テスト前後の諸注意についても細かく述べています。テスト結果は，被検者を評価（診断）し，時には人生を左右する重大な結果になることもありますので，十分に留意して心理テストを施行していただきたいと思います。

2-1　心理テストの必要性──カウンセリングと心理テスト

　カウンセリングを行う場合，いろいろな理論や技法があり，心理テストを積極的に利用する立場とまったく用いない立場とがあります。

　医師は，健康診断や病気のために診断するとき，X線写真を撮ったり，CTスキャンを行ったり，血圧・体温・脈拍などを調べてから病気の治療方針を決めています。問診だけでなく，科学的に診断してから治療方針を決め，さらに，治療後もよくなったか否かを上記のような測定機器や方法によって診断しています。

カウンセリングにおいても，カウンセリングの方針を決めるときには，どのような問題があるかを心理テストによって診断し，カウンセリングの方針を決めて，カウンセリング後にも心理テストによってよくなった（カウンセリング効果）か否かを診断するのに，心理テストを用います。このことを臨床心理アセスメント（査定）とか，心理測定ともいいます。なお，医学と違う点は，アセスメントはその人の潜在的能力や健康で積極的な適応力を見立て，それを伸ばそうとすることにあります。

　しかし，ロジャーズ（Rogers, C.R.）らの来談者中心カウンセリングにおいては，年齢や生活歴，職業などについてもカウンセラーは尋ねないし，心理テストも用いません。この方法は，来談者の悩みを面接によってありのままに受容し，共感的に理解し，自己洞察を促すことを目ざしています。そのために，カウンセリングを始めても何が問題なのか主訴も原因もわからなくて，長時間かかるという欠点もあります。しかし，ロジャーズが開発したエンカウンターグループを実施する日本の研究者のなかには，エンカウンターの前と後で，効果の測定をYG性格検査とか自己実現尺度などを用いて測定し，効果を調べている人もいます。

　行動的カウンセリングでは，カウンセリング前の心理状態をベースライン（base line）といって心理テストを実施し，カウンセリング後に同様な方法で心理テストを実施して，効果を調べています。また，進路相談や学業相談においては，心理テストがかなり利用されています。

　ただ学校カウンセラーのなかには，大学時代に心理テストを学習しなかったために，心理テストにどんな種類がありどのように活用するかを知らず，利用しない人もかなりいます。そういうカウンセラーは，医学でいう新しい診断方法（例：CTスキャンとかHIV診断等）や新薬を知らなかったために使用しないで，治る病気も治療できずに終わらせるようなものなのです。

　ここでは，カウンセリングにおいて心理テストをどのように採用するか，その利用方法やテストの効果と限界などについて述べます。

2-2　心理テストの諸注意

　心理テストには，児童生徒を対象に行うものと，親や先生を対象に行うものとがあります。多くは児童生徒や社会人を対象に直接行うもので，しかも精密な診断をするときには個別テストが多く用いられます。心理テストを実施する

2-2 心理テストの諸注意

ときは，各テストの実施要領（手引書）を十分に理解して行うことが大切ですが，共通していえることをここに述べます。

（1） 検査者の心得

どんなテストも正しく実施しなければ，無意味になってしまいます。それどころか誤って実施すると，時によっては被検者の教育や福祉上に悪影響を及ぼすことすらあります。そのためには十分な注意が必要です。

（a） 子どもに安心感を与える

テスト前に子どもに気軽に話しかけたり遊んだりして，安心感を与えます。怖い顔をしたり，怒ったりしないで，もてる力を十分に発揮できるような雰囲気を作ります。

（b） 手引書を十分に読んでおく

どんなテストも十分に手引書を読んでテストの仕方を理解しておきます。テスト中は手引書を見なくてもできるくらいになっていることが望ましいのです。

（c） 正規のテスト方法による

手引書どおり，正しい手順・方法によって実施します。また，ある程度慣れるためにテスト前に実際に何回か試行してみる必要があります。ウェクスラー（Wechsler, D.）は，WPPSIやWISC-IIIを実施する前に，20人くらいに練習するのが望ましいと述べています。

（d） 長時間かかるときは休憩を入れる

新しいテストを初めて実施するときは，慣れないために長時間かかることがあります。長時間かかるときは，途中で少し休憩を入れるなり，翌日実施するなりの配慮が必要です。ただし，知能テストを中断するときは1週間も10日間も期間をおいて実施しないで，なるべく早いほうがよいとされています。

（e） 体調の悪いときは実施しない

子どもが風邪，頭痛，腹痛，その他で体調が悪いときは，無理にその日に実施しないで，体調のよい別の日に実施します。

（f） 援助を与えない

知能テストを実施するとき，子どもがもう少しできそうだと思って特別に援助を与えたりしたくなることがありますが，心理テストは子どもを客観的に理解し，以後の指導に役立てるものですから，特別な援助やヒントを与えないようにします。手引書に忠実に実施することが大切です。

(2) テストを行う時刻と場所
(a) テストを行う時刻

① **なるべく午前中（8時～11時）に**　子どもは大人と違って，おおむね午前中はきわめて活動的で，午後になるとだいぶ疲れてきます。それゆえにテストは，なるべく子どもにとって心身のコンディションが最良である午前中が望ましいのです。

② **行事の前後は避ける**　運動会，遠足，学芸会，展覧会など学校行事の前後は，子どもも先生も多忙になります。こうしたときは子どもの心身は疲労し，感情も平静さを失っているため，子どもの本当の能力を測定することは難しく，なるべく避けたほうがよいでしょう。

③ **厳寒，酷暑や雨降りなどもなるべく避ける**　寒くて手がかじかんでいるときは，子どもの能力までかじかんでいます。暑くて身もとけるようなときも，子どもはだらけています。また雨がざあざあと降り，なんとなく湿っぽい嫌な感じの日などは，やはり避けたほうがよいでしょう。

(b) テストを行う場所

① **採光を適当にしておくこと**　窓に近い人が直射日光を受けないように，また窓から遠い座席にいても十分な光が与えられるように，採光を調整することが必要です。

② **気温は10℃から20℃くらいがよい**　テスト中は，暑すぎても寒すぎてもよくありません。だいたい10℃から20℃くらいの範囲がよく，できるならば，テスト中にときどき少しずつ温度を上下させるように調節することが望ましいでしょう。それは，変化的気温は能率を高めるからです。

③ **騒音が聞こえないところがよい**　騒音は作業能率を低下させるため，隣室の話し声，廊下を歩く音，車の走る音，運動場での騒音などが聞こえないようにすることが必要です。

④ **落ちついた教室がよい**　面接室とかテスト室がよいでしょう。

(3) テストのために準備するもの

"備えあれば憂いなし"といわれるように，テストをするときにも，あらかじめ準備するものをよく調べて整えておく必要があります。そのためにはまず手引書を十分に読んでおくことが大切です。たいていのテストの手引書の中には，準備するものが記載されています。ここでは一般に必要なものの準備の仕方について述べます。

2-2 心理テストの諸注意

(a) 鉛筆は少し柔らかい，濃いものを2本用意する

テストによって，鉛筆は，少し柔らかいFとかBなどを2本ずつ用意させます。また短いものは避けたほうがよいでしょう。検査者も数本用意し，子どもの鉛筆の芯が2本とも折れたり，落ちたりした場合に，すぐに貸し与えることができるようにしておきます。

(b) ストップウォッチは調整しておく

特に知能テストは，1分1秒という速度を測定するテストもあるので，正確な時計を使用する必要があります。遅れても，進みすぎてもテスト結果はよくありません。もし故障していたら，あらかじめ修理しておきます。

(c) テスト記録簿を作って，あらかじめ記入しておく

テスト年月日，天候，気温，テスト開始および終了時刻，そのほか被検者の行動を特記すべき事項があったら，必ず記入しておきます。特に，集団で実施するときは子どもの精神的，身体的状態などについて配慮されないこともあるので，十分注意し，記録しておきます。

(4) テスト試行前後における配慮

テスト予告の問題ですが，テストによってはいわゆる練習効果が入り込む可能性があり，望ましくないといわれます。テストは，本来公開であるべきですが，わが国では，例えばある種の知能テストが一般に販売され，容易に練習ができたり，そのような機会をもつことができます。練習をした者とそうでない者を同様に評価するのは明らかに不公平になるわけです。

なお，心理テストの意味や目的，結果の伝え方は慎重にするべきです。どのように結果を伝えるかは，プライバシーの問題とともに，検査者にとって重要な課題です。知能テストは，知能段階は教えてよいが，知能指数まで教える必要はありません。性格テストは，人により，内容により，十分注意して結果を処理します。知らせないほうがよい場合もあります。なお，適性テストや学習法などは早く本人に知らせ，以後の指導に役立てるとよいでしょう。

(5) 練習問題の仕方

練習問題というのは，テストの仕方を十分に了解させることを目的とするものですから，その長さは児童生徒の発達の程度によって加減が必要です。

(a) 小さい子どもは，少し長めに練習時間をとるようにする

手引書にある練習時間は，各年齢を平均したおおよその時間になっています

ので，子どもの発達段階に応じて調整が必要です。知能が低い子や低学年児には，少し長くてもよいので回答の方法が十分に理解できるまで説明します。反対に，理解の早い子どもには手引書どおりの時間で練習や説明をする必要はありません。

(b) 途中で少し休憩するのもよい

知能テストを真剣に5分，10分していると，頭が痛くなったり，肩がこってくる者も出てきます。練習→テスト→練習→テストと連続して長時間かかるような場合は，途中の練習時間に，少し（5分くらい）休憩するのもよいでしょう。そして，手首を振ったり，首を上下左右に振ったり回したり，また，大きなあくびや深呼吸をして心身をリラックスさせるのも1つの方法です。

(c) 練習問題実施中は，子どもの回答ぶりをよくみること

正しく回答方法を理解したかどうかを確かめるために，練習中は，子どもの回答ぶりをみる必要があります。そして，わかっていないようであれば親切に教えてあげることです。

2-3 テスト実施後の諸注意

(1) 採点の仕方

手引書の採点基準にそって正確に行います。個別知能テストなどでは採点に迷うこともありますが，疑問点は専門家に確認してもらい，正確な採点をするように心がけます。なお，難しいテストの場合は，著者（テスト作成者）に指導を受けるのが最も確かな方法です。また，各地で実施されている心理テスト技術講習会などにも参加し，専門家から正しい実施法，採点法，効果的な利用法などを学ぶことが望ましいでしょう。最近，テストごとに講習会を実施し，修了資格を与えている機関もあります。

(2) 前に実施したテストと違う結果が出た場合の解釈

同じ子どもに同種の知能テストを実施したにもかかわらず，その結果が違った場合は，どのように解釈したらよいでしょうか。これには，いろいろな見方があります。

(a) 子どもの健康はよかったか

病気をした後とか，少し熱が高いとき，気分のすぐれないときなどは，子どもの知的活動に，大きな影響がありますから，それについて調べます。

2-3 テスト実施後の諸注意

（b） 子どもの心理状態は平静であったか

運動会や学芸会など子どもの楽しい学校行事の前後であれば，子どもの気持ちも平静ではありません。そんなときにテストをしても，真の知能測定はできません。また，天気の悪い，子どもの気分を陰うつにした日でなかったかどうかを考えます。また，友人とけんかしたり，先生に叱られたりしなかったか。学力テストの答案をもらった後で，悲観していなかったかどうか。朝の出がけに，親に苦言をいわれてこなかったかどうかなどを調べてみます。

（c） 子どもは，回答方法がわかっていたか

練習問題が不十分なために，子どもが誤った回答をしていなかったかどうかを調べます。

（d） 子どもの環境に変化はなかったか

家族の誰かに不幸があったり，また引越しをしたりなど，家庭内に，子どもの感情を動揺させる原因はなかったかどうかを調べます。

（e） 検査者の心理状態は平静であったか

検査者の気分がすぐれず，テスト前に子どもを叱ったりしなかったか，また，テスト中も説明不十分でなかったかどうかなどを考えます。

（f） 時間は正確であったか

集団知能テストは，特に時間が大切です。そのため，ストップウォッチは正確であったかどうか，また検査者が正しく時間を計ったかどうかなども調べてみます。

（g） 採点方法は正しかったか

意外に採点ミスもあるものなので，その点もう一度検討してみます。

以上いろいろ考えられますが，そのほかにもあると思われます。いずれにしても，違った結果が出た場合は，もう一度ほかのテストまたは個別テストを実施すべきでしょう。

（3） 知能テストの結果は，本人や親に知らせるべきか

知能テストの結果は，どの程度まで本人や両親に知らせたらよいのでしょうか。この問題は現在のところ統一されていません。しかし，知能テストの場合は，学力テストの場合と違って，知らされた結果の影響も大きく，慎重に取り扱うべきです。

まず第1に，就学児の健康診断の1つとして実施される知能テストの場合は，主として，精神遅滞児を判別するのが目的ですから，知能指数の結果を，いち

いち保護者に知らせるべきではありません。精密テストの結果およびその他の調査結果から総合して，精神遅滞児であるということが確定した場合には，保護者に，教育的措置への協力を頼むため，はっきり知能指数を知らせてもよいでしょう。場合によっては，知らせないと保護者が納得しないこともあります。もし知らせる場合は，知能指数（IQ）や知能偏差値（SS）の数値までは，知らせる必要はないでしょう。このIQやSSの意味や知能テストの結果の利用というものを，十分に理解していない本人や保護者に知らせて，無駄な神経を使わせないほうがよいのです。母親の中には，このIQやSSの1点2点を重大視し，神経質にふるまう人もいました。ある母親は，自分の子がクラスで1番IQが高いことを自慢していました。また別の母親は，他の子どものIQより2点低いことを心配して，教育相談に来たこともありました。このようなたとえは，いずれも，知能テストの意味を十分に理解していないために起こる弊害です。

　このような余計な心配や苦労を本人や保護者にかけないために，IQやSSの結果まで知らせる必要はありません。もし知らせる必要があるにしても，知能段階程度でよいのです。また"あなたのお子さんの知能指数は，109〜124の間であって，知能段階では「中の上」に相当します"程度であればよいのです。なお，知能の高低によって子どもの価値を決定すべきでなく，人間全体（whole personality）として望ましく発達しているかを重視すべきでしょう。

(4) 精神遅滞児の判別はどうするか

　"学校保険法"では，精神遅滞児を小学校就学前に発見し，適当な教育的措置をとることになっています。児童相談所や教育委員会で診断しています。

　精神遅滞児を判別する第1の方法は，全国的に標準化された個別知能テスト（ビネー式やウェクスラー式）を実施することです。このテストによって，精密な知能指数を調べます。その結果，知能指数で，①20ないし25以下（重度），②20ないし25〜50（中度），③50〜75（軽度），のように分け，まず知能程度から精神遅滞児の疑いをかけます。

　第2段階として，上記の者について，次のような4方面から最終的な判断をします。

(a) 発達テスト

　遠城寺式発達分析的テストや新版K式発達テスト，社会生活能力テストなどを実施し，心身の発達を診断します。

2-3 テスト実施後の諸注意

（b） 既往症の精密調査

難聴，視力障害，寄生虫，栄養不良，アデノイド，扁桃腺肥大，発育不良，劣等感，意志的阻害の有無などを調査します。異常があれば，それによって知能が遅れている場合もあります。このような原因によるものは類似精神遅滞者といって，原因を治療すれば普通に発達する場合が多いのです。

（c） 生育史および既往症の調査（後天的原因）

胎児期における親の大酒，梅毒の有無，妊娠中における母親の疾病・外傷など。出産時における早産，難産，鉗子分娩，仮死などの有無，出産時の軽体重。また，離乳期が遅すぎたり，立ち始め，歩き始め，しゃべり始めが人並み以下であったりする場合，さらに，乳幼児における肺炎，しょう紅熱，急性熱性伝染病などの熱性疾患，極度の消化不良，脳脊髄膜炎，脳膜炎，脳性小児麻痺などの神経中枢疾患やその他重い外傷などがあれば，精神遅滞児にもなることも考えられます。

（5） 問題行動の不適応を診断

私たちは，毎日の生活を，ある一定の法律や習慣にそって行っているわけです。しかし，世の中には，時に常軌を逸した不適応行動をする人がいます。こうした子どもがいるとすれば，一刻も早くそれを発見し，診断し，適切な教育的措置をとったり，心理療法などをします。それをとることは，本人のためでもあり，また社会周囲の人たちのためでもあります。こうした不適応傾向を診断するためには，客観的測定の用具としてテストがあり，観察法，面接法，評価法，その他のテクニックがあります。

テストというのは，できるだけ測定可能な側面について客観的に明らかにするのであり，人格テスト，知能テストなどがあります。人格テストとしては，YG性格検査，CMI，MMPI，不安傾向診断テスト，親子関係診断テストなどがあります。これらのテストを実施して，問題があるかどうかを診断します。また，投影法である人格テストの中のロールシャッハ・テスト，TAT，CAT，P-Fスタディ，文章完成法テストなどは不適応傾向をみるには，重要な役割を果たします。これらのテストは，むしろ，神経症，ヒステリー，統合失調症，そううつ病など深層心理を診断するために作成されたテストでありますから，これらのテストによって診断するのが望ましいのです。しかし，これらのテストは，前記の質問紙法と違って，いずれも豊富な経験と高度な心理的素養が必要ですから，実施がやや困難です。

そのほか，観察法，面接法，評定法などによって，諸テストでは診断できない別の側面をとらえることができます。このように，広い視野からいろいろの方法を利用して，子どもの不適応傾向を全体的に明らかにし，カウンセリングや心理療法を適用します。

（松原 達哉）

■ 参 考 文 献

上里一郎　1993　『心理アセスメントブック』　西村書店.
橋本泰子・大木桃子　1999　『臨床現場のための心理検査入門』　オーエムエス出版.
松原達哉　1980　『知能の診断』　日本文化科学社.
松原達哉　1993　『児童生徒理解の方法』　ぎょうせい.
松原達哉　2002　『心理テスト法入門』（第4版）　日本文化科学社.
岡堂哲雄　1993　『心理検査学——臨床心理査定の基本』（新版）　垣内出版.

3. よい心理テストの条件

> **はじめに**
>
> 　心理テストを使用する場合，使用目的にそって，よい心理テストを選択して利用することが必要になります。ここでは，よい心理テストの条件として，妥当性，信頼性，客観性，実用性について詳しく解説しました。妥当性については，内容的妥当性と統計的妥当性について詳述しました。信頼性については，等価テスト法，再テスト法，折半法，キューダー・リチャードソンの公式について述べました。標準化された心理テストで最も重要な条件になっているのが，妥当性と信頼性の2つになります。
>
> 　心理テストの中には，ものまね的に質問文を作成し，妥当性も信頼性も測定しないで実施している人もいます。それでは何を測定しているのかわからない場合もあります。ほんとうによい心理テストには，手引書に前述の内容についての結果をきちんと明示してありますので，利用する場合は十分に吟味してから選択し，利用するようにして下さい。

3-1 妥当性

　標準テストは，それぞれ人の何らかの側面（知能，性格，職業適性など）を測定することを目的として作られています。その目的としているものを，どの程度確実に測定しているかどうかが妥当性（validity）の問題です。したがって，この妥当性は 3-2 節で触れる信頼性とともに標準テストにはぜひとも備わっていなければならない重要な条件です。妥当性には内容的妥当性と統計的妥当性の2つが考えられます。

(1) 内容的妥当性

知能テストを例にとれば、テストを構成している問題の材料が、そのテストで予定されている適用範囲の子どもの精神発達にそったものであるとか、また、学力テストであれば各学年のカリキュラムに合った問題が含まれているかどうか、ということが内容的妥当性の問題となります。

(2) 統計的妥当性

統計的妥当性とは、テストの結果をいろいろな角度から検討して妥当性をみる方法です。

(a) 基準との比較

基準となるものとそのテスト得点との関係をみて、その相関関係が高ければ妥当性が高いものとします。一般に妥当性係数でその程度を示しています。例えば、学力テストの場合には教師の与える評価との相関をみたり、知能テストならばすでに妥当性の認められているテストとの相関をみたりします。

(b) 因子分析

テストを構成している下位テスト相互間の相関係数を算出し、これをもとにして因子分析を行って妥当性を検討します。例えば新制田中B式知能テストでは、因子分析の結果、記憶因子・関係把握因子・知覚因子が抽出され、妥当性の高いことが認められました。

(c) 得点の上昇

テストの得点は年令あるいは学年の増加とともに上昇することが考えられます。したがって、年令間あるいは学年間の得点平均に有意な差があることが必要です。これを検討するには統計的検定法が用いられます。

3-2 信頼性

標準テストは、できるだけ信頼のある標準尺度をもっていなければなりません。もし信頼性（reliability）が低くなれば、テストの結果は測定のたびに異なった得点を与え、常に不安定なものとなります。例えば、昨日行ったテストの結果偏差値が60であったものが、今日再び同じテストを行って45でしかなかったとすればその結果を信用することができなくなります。これは極端な例ですが、実際には、同じ個人に対して、同一条件でテストを実施することはきわめて困難です。そのためテスト得点の若干の変動はやむをえないものですが、

それにしても，この変動を少しでも小さくすることによって信頼性の高いテストにすることができます。

テストの信頼性の程度を示す方法として信頼性係数がありますが，この求め方には次のようなものがあります。

(1) 等価テスト法による求め方

問題の構成の仕方，内容的妥当性，テスト得点の平均，標準偏差などがまったく等しい2つのテストを作り，両テスト間の相関係数を求めてこれを信頼性係数とするものです。

(2) 再テスト法による求め方

同一のテストを同じ集団に対してある期間をおいて実施し，得点間の相関係数を求めてこれを信頼性係数とするものです。

(3) 折半法による求め方

1つのテストを等質な2つの部分に折半して，2つの部分の合計得点の相関係数を求め，これを次の公式によって修正したものを信頼性係数とするものです。

$$r_{tt} = \frac{2r}{1+r} \quad \begin{pmatrix} r_{tt} : 信頼性係数 \\ r : 2つの得点間の相関関数 \end{pmatrix}$$

(4) キューダー・リチャードソンの公式による求め方

奇数・偶数に分ける必要も，相関計数を計算する必要もなく，ただ1回のテストだけで，そのテストの問題項目数 n，全テストの標準偏差 σ，各問題項目の正答率 p と誤答率 q があれば，次の式から算出することができます。

$$r = \frac{n}{n-1} \cdot \frac{\sigma^2 - \sum pq}{\sigma^2} \quad (q = 1-p)$$

3-3 客観性

テストを採点する者の個人的判断が採点に影響しないとき，テストは客観性 (objectivity) をもつといいます。1つの問題に対して答えが何通りもあったり，小論文のように採点に迷うようでは，客観的であるとはいえません。誰が

採点しても一致した評価になるように，個人的好悪，先入観，意見などを除くことが大切です。

3-4 実用性

よいテストには以下のような実用性も大切です。

（1） 実施の容易さ （administrability）

優れたテストでも非常に複雑であったり，手続きが面倒で専門家以外は手がつけられないようでは困ります。時間もあまりかからずに児童生徒が比較的理解しやすい方法が選ばれているとか，教師の側も労力の点や熟練の点で無理がないものほど実施の容易さは高くなります。

（2） 採点の容易さ （scorability）

採点方法が単純で，速やかに，誤りが少なくできるものほど実用性は高いといえます。

（3） 経済性 （economy）

利用する場合，あまり高価でないという意味です。

以上の条件は，テストの手引書に書いてあります。こうした条件についての解説や利用法について書いていないテストは，よいテストとはいえません。また，これらの条件は，実際に実施してみたり，テスト用紙などを吟味してみるとわかります。

3-5 よいテストの選び方

いかに優れた標準テストでも，その使用方法が適切でなければ，その価値は半減します。使用にあたっては十分な計画を練り，利用法を決定すべきです。
　①テスト問題や手引書をよく見て，テストをする目的に合致したものかどうかを吟味して選びます。（妥当性）
　②手引書を見て信頼性の高いものを選択します。
　③テストの標準化に使われたサンプルがどの地域・範囲から選ばれているかを調べ，自分の学校で実施するのにふさわしいかどうかを検討し

て選択します。
④ テストの標準化の時期が新しいものを選択します。
⑤ テスト用紙を調べ，実施しやすく，経済的にも安いものを選択します。
⑥ 診断結果が多面的で，多方面から広く活用できるものを選択します。
⑦ 手引書を見て，全国の資料，地方の資料，他校の資料などがたくさんあり，比較資料，参考資料のあるテストを選択します。

(松原 達哉)

■ 参 考 文 献

橋本重治　1976　『新教育評価法総説』　金子書房.
鈴木　清・奥田　真・青木孝頼 編　1975　『教育評価事典』　第一法規出版.

4. 心理テストの効用と限界

はじめに

　カウンセリングや判定業務，教育・訓練の場面や人事管理など，人間についてのさまざまな対応や処遇を必要とする活動や業務があります。担当者は自分の判定基準に従って，相手の人に判断を下します。しかし，個人的な見方だけを基準として対応をした場合には，判断をする者によるバイアスが生じかねません。またこれだけでは，関係者の間の共通理解を得ることが難しいこともあります。

　そこで，人間に対する客観的な理解，あるいは科学的な理解が必要になってきます。

　その手段として，心理テストが誕生しました。

　このようなことから，いわゆる臨床活動にとどまらず，現実のさまざまな対人関係の業務を行う場合に，心理テストは必要な条件の1つであるといえます。しかしそれぞれのテストが効用をもつ一方，判断の制約や限界があることも現実です。心理テストの利用については，訓練を受け，納得がいくテストを，その限界を理解した上で実施することが必要です。

　この章では特に性格・人格テストを中心として，心理テストの効用と限界について考えてみたいと思います。

4-1 はじめに

　カウンセリングにおける心理テストの役割を評価したのは，ミネソタ大学のウイリアムソン（Williamson, E. G.）です。彼の立場は臨床的カウンセリング（clinical counseling）とよばれます。臨床的カウンセリングは，オーソドックスな心理学の認識，すなわち人間に対する客観的，科学的な理解を前提としてカウンセリングを進めるという立場です。

この臨床的カウンセリングの基本的段階は，分析 - 総合 - 診断 - 予測 - カウンセリング - フォローアップのステップとして知られています。彼のカウンセリング論では，この第4の「予測」の段階，すなわち狭義のカウンセリング（面接相談）の前に，ある程度来談者についての知識・情報を得ておくという意図があります。それに基づいて，面接の際に必要な準備をしておきます。心理テストはこの過程の最初の段階——分析の段階，において用いられる方法の1つです。また臨床科学における診断を重視したのが，折衷的カウンセリング（eclectic counseling）の立場のソーン（Thorne, F.C.）です。彼は治療の方法として10の原理をあげています。その1つがテストも方法論とした，適切な診断的研究です。

　人間についての客観的な理解が可能でしょうか。

　前世紀に実験科学として誕生し，今日ではいわばその裾野を広げている心理学に対する基本的な問いかけです。

　しかし，このことについては，可能か不可能かという思考様式をとるよりも，人間のどの水準・側面を問題や課題としているのかと考えるほうが現実的ではないでしょうか。例えば岡堂（1998）は，生態システム論をもととして，表層から深層へ至る4つのアセスメントのレベルを示しています。すなわち，「水準A：生活空間内の脈絡，B：生活史上のエピソード，C：意識的な自己像，D：私的象徴的なコミュニケーション」です。これらのどの水準を問題や課題とするかによって，理解のための取組みが異なってくるでしょう。また，心身医学の立場で池見（1982）は図4-1のモデルを設定しています。このモデルに従えば，少なくとも健康への無知・体への気づきの障害から体質・気質のレベルまでは，客観的なアプローチの導入が可能な領域と考えることができるでしょう。ただし客観的な理解とは，現在の論理の枠の中における認識であるといわざるをえません。客観的な理解をすることには，関係者の共通理解ができるという大きな利点があります。しかし，「より深い人間理解に際しては，客観性だけが真実に近づく道ではないことも知っておく必要があろう」（安香，1990）というのも事実ではないでしょうか。すなわち，臨床心理学的理解とは，究極的には全体的・個別的・現象的理解でなければなりませんが，体系的な診断枠にのせて発達的・構造的に理解することが科学的処遇のために必要です。そこでは，重要な要素ができるだけ客観的操作的にとらえられている必要があります（水島，1986）。

　心理テストを実施する場合の課題は，その効用と限界とを認識して，一定の

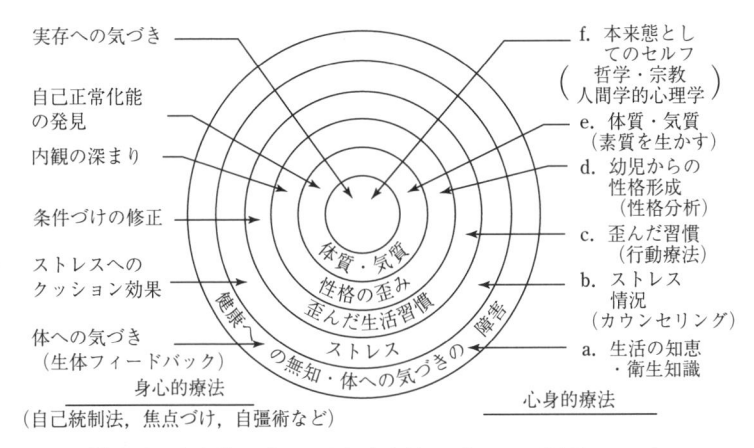

図4-1 心身的アプローチと身心的アプローチ (池見, 1982)

限度の中で，自分が訓練を受けたものを，いかに賢く用いるかということではないでしょうか。この場合，心理テストを用いないという判断も含まれます。そしてさらに，「心理検査によって『見えてくるもの』と『見えないでいるもの』の間に分け入っていく感性が求められる」(高江洲, 1987) のです。あわせて，特に性格・人格テストの場合では，被検者が質問に答えることによって，いままで意識していなかったストレスや精神的問題を意識するようになることも留意しなければなりません。それとわかった場合には適切な対応が必要です。

心理テストの効用と限界ということには，現実にはテストそれ自体の効用と限界と合わせて，用いる側と受けとめる側の意識とが関与するところも大きいのです。

4-2 心理テストの効用

(1) カウンセラーあるいは担当者に対して

(a) 基礎的情報の提示

心理テストは限界はあるにしても，その結果は来談者・被検者（被検査者）についての客観的に判断された情報を提示します。そしてこのデータは，アセスメントの次の段階に来る活動や援助の前提となります。

面接や対人関係の中で，来談者や対応をしている人の表面的な印象に，何か違和感を感じることはあります。こうした場合に，心理テストの結果は面接と

は異なる視点からの判断の1つの資料となります。

　また例えば、学業不振児は本来の能力に比べて学業成績が低い児童生徒 (under-achiever) をさします。「本来の能力」として知能を用い、現実にはそれに知能検査の結果を置き換えます。心理テストは、問題や課題の所在を示唆する基礎的情報を提示します。

（b）　**処置，処遇への方向づけ**

　テストによって判断された内容によって、処遇の方針が異なってきます。先の例では、同じく学業が振るわない児童生徒でも、学業成績と「本来の能力」との関連いかんによって違った対応がなされる必要が出てきます。またテスト、特に性格・人格テストの結果によっては、異なるカウンセリング・心理療法の方法が用いられるでしょう。

　さらには、来談者・被検者のパーソナリティに病理的傾向が著しく医学的対応が求められる場合には、医師へ回すこと（リファー）が必要になります。サイコロジストも対応するとしても、この場合は医師を抜きにした対応はできません。この点を無視すると、カウンセラーの専門性に関わる倫理上の問題が生じます。さらに病理の疑念がもたれる状態の人に対して、単なる印象のみをもととして対応をすることは論外です。知能測定の結果も、被検者の処遇の方針に影響します。

　このように、心理テストを抜きにしては、来談者・被検者への妥当な対応ができない場合があります。

（c）　**カウンセリング・心理療法および心理教育の効果の測定**

　心理テストは、カウンセリング・心理療法および心理教育 (psychoeducation) の効果の測定の方法の1つとして用いられます。特にこうした手続きは今日、行動療法（行動カウンセリング）の分野で活用されています（認知行動療法を含む）。

　行動療法は、人間の属性とその問題とを客観的に、具体的に把握することを前提とします。さらに可能な場合には、これらを数量化して理解しようとします。ここで来談者の変化を記述する手がかりの1つとして、心理テストやスケール（尺度）が用いられます。すなわち、カウンセリングの初回、終回（および途中の経過過程）に同一のテストやスケールを実施し、得点の変化の過程を比較するという方法です。これによって来談者の行動や人格の側面の変化を立証します。

　このように、テストの結果が提示されることによってその事例の内容や過程

についての共通理解が可能になります。このことは，事例討議や事例研究においても大きな利点となります。

こうした，行動療法における効果の測定にはもう1つの意味があります。行動療法は学習理論（行動理論）に基づくアプローチです。このことは行動療法による手続きの共通の認識です。しかし，学習理論をどのような技法として特定の事例に適用するかということも検討されなければなりません。強化，モデリング，脱感作など，行動療法の技法もさまざまです。その事例の性質や段階に合った適切な技法を適用する必要があります。そして特定の行動療法の技法を適用した場合，カウンセリングの効果がみられない場合は，適用する技法を変える必要が出てきます。性格・人格テストやスケールの結果は，このような方法論（技法）の選択について，示唆と方向づけを与える条件の1つです。

テストおよび尺度は，特定の心理教育の試みの評価の手段としても用いられています。心理教育は，今日医療機関や保健所のほかに，教育の場などでも実施されています。

（d） インフォームド・コンセントとしての情報

インフォームド・コンセント（informed consent）は，来談者（および関係者）に必要な情報を提供し，可能な範囲での了解のもとでカウンセリングあるいは治療を行う手続きです。この際に，心理テストの結果は，カウンセラーと来談者や関係者が共通理解をする上で重要な資料の1つとなります。もちろんこの場合には，テストの結果を単に生の情報のままで提示するのではなくて，十分な解説をする必要があることはいうまでもありません。

（e） カウンセリングの進行の促進

心理テストの実施と提示は，カウンセリング関係の促進に役立ちます。この役割として，瀧本（1998）は，「面接が行き詰まった時テストによって必要な洞察が得られること，来談者に問題意識がないか，自己を語るのに困難がある場合テスト結果を話すことが進行に役立つ」という利点を指摘しています。このように，心理テストの実施によって，カウンセリングの場面や進行に対して来談者を促すことができます。

またカウンセラーと来談者という関係が行き詰まったとき，心理テストを活用することで，カウンセラー対来談者という二者関係が，カウンセラー－テスト（実施および結果についての情報）－来談者という三者関係に変換されます。このようにテストの活用は，来談者との関係状況を変える契機とすることができるのです。

(f) 行動変革のモデルの提示

性格・人格テストは，行動変革のモデル（特にマスタリー・モデル）を明確にする意図でも活用できます。

例えば交流分析の構造分析[1]の応用として，次のような試みがあります。

来談者あるいは被検者は，まず理想的なエゴグラム（8-3節参照）を作成します。あるいは，そのようになりたいと思う人があれば，その人にエゴグラムを書いてもらうか，自分でその人のエゴグラムを書いてみます。このエゴグラムが行動モデル（マスタリー・モデル）となります。理想と考えるエゴグラムを，自分のエゴグラムと対比させます。それから，時間をかけて，日常生活でその理想的なエゴグラムの示す行動様式をとるように努めます。漸次，意図的に自分の行動を変えていこうとする方法です（杉田，1985）。

目標の提示は，具体性がなければ行動変革への影響力は弱くなります。したがってこのような方法は，来談者の行動変革を促進する契機となります。

(g) カウンセリング活動への関心の促進

カウンセリングの意味，あるいはカウンセリング・センター（相談所／室）の役割や必要性といっても，実際にはきちんと理解されていない場合が少なくありません。

周知のようにカウンセリングには，治療，予防，開発の機能があります。それにも関わらず，一般にはカウンセリングの場は，困った問題をもつ人だけが行くところというイメージがありそうです。いわゆる治療モデルの印象が強いのだと思います。

可能な範囲で各種の心理テストも実施するとうことで，人々が相談所，相談場面に対して，いわばネガテイブなイメージを変える契機となるかもしれません。このようにして，相談機関のPRを行っているところもあります。そして心理テストが問題提起や契機となって，治療のみならず予防，開発的なカウンセリングへの導入や参加が促されることがあります。

(2) 来談者・被検者にとって

(a) 来談者・被検者自身の自己理解の契機

心理テストを受けることによって，来談者・被検者は自分自身（あるいは子どもなどの関係者）のデータを知ることができます。

---

1) 自我についての交流分析の概念に従って，自分の状態を分析すること。

4-2 心理テストの効用

もちろんこの場合に，用語や概念についての十分な説明がなされる必要があることはいうまでもありません。人はそれぞれの用語を，自分のイメージや概念に従って解釈します。そのために思わぬ誤解が生じることがあります。例えばIQ（知能指数）と知能偏差値とを混同して，悩む人もいました。カウンセラーや担当者は，結果の伝達の方法について習熟する必要があります。

「自分探し」という言葉も使われているように，多くの人がさまざまな意図や視点から自分自身に対する興味をもっています。「性格が変わるか」というのは，関心のもたれるテーマです。結果の提示はいわゆる来談者でなくても，自分に対する関心を高め，自己理解や自己変革を促す契機ともなります。この手続きは，心理教育の方法としても活用されています（國分他，1998）。

人は関係の世界に生きています。

確かに，自分だけで考えても理解できる自分の側面もあります。しかしさまざまな対象と関わることによって，気づき，理解できる自分の側面もあります。ということは，その関わりがなければ気づきにくいということです。そして心理テストとその結果も，自分と関わる1つの対象です。

テストの結果をみて，被検者は無条件にそれを容認するだけではなく，それを契機として自分を振り返ることができます。よかったと思い，これではまずいと思います。あるいは次のステップを考えます。または，より深いレベルの自分に目を向けます。一方では，失望するというような負の反応もありうるでしょう。ただしこの場合は，提示や対応の仕方が課題となるはずです。

さらに自己理解を求める人へ，きちんとした具体的な理解の方法が提示されなかった場合には，人々は「血液型性格論」などのような懸念の伴うものを求める可能性があります。能力などの場合でも同様ではないでしょうか。

（b） 面接の促進

二者関係が行き詰まったり，限界に近くなった場合に，そこに第三者的な機能が存在することによって状況が変わることがあります。あえてカウンセラーの側で意図しなかったとしても，二者関係のもたらす緊張の緩和や，話のきっかけができること，話し合いの進展の手がかりとなることが，来談者・被検者の立場からも期待されるでしょう。話のきっかけができれば話しやすいものです。そのために，「心理検査は，患者との出会いの手みやげになるように運用すること」（藤土，1987）が求められます。

4-3 心理テストの限界

カウンセラー，検査者および判定者の力量の問題は，基本的なこととして当然すべての場合に関与します。

(1) 理論上の制約

性格・人格テストは，それぞれ特定の性格理論（性格に対する了解の仕方も含む）に基づいて作成されています。しかし，性格・人格テストは性格（人格）という概念の全体を描写しようという方向性はもちながらも，現実には理論的立場による制約を受けざるをえません。「特定の性格理論にこだわらない」というアプローチもありますが，既存の性格理論にとらわれないという主張は理解できるとしても，やはりこれも性格についての1つの了解の仕方ではないでしょうか。

いずれにせよ，テストの結果は「〇〇という性格・人格テストによって理解された君の性格である」と理解され，提示される必要があります。もし仮に「これで君の性格が全部わかる」という提示の仕方がされるとしたら，それは倫理上の問題に抵触します。また不安傾向など，性格の構成要因の全体を対象としないものもあります。この場合も「このテストで測定された範囲で理解された不安傾向」ということになります。

これらの点については，能力テストなどの場合も同様です。すなわち特定の手続きによって明らかになった知能であり，適性・興味です。それぞれ，その枠組みの中で理解される必要があります。

(2) 方法論上の限界

性格・人格テストでは質問紙，投影法，作業検査など，それぞれの方法論における長所と限界とがあります。以下の点についてはテストの作成者は十分に留意されており，必要な努力をされていることではありますが，結果的にはいくつかの限界は残るといわざるをえないでしょう。

(a) 質問紙

質問紙は，被検者の意識のレベルで性格を判断しようとします。

① **被検者が意識していないことは，直接の反応としては表れない**

被検者の意識を越えたものが，間接的な反応として表現される可能性はあるとしても，少なくとも直接の反応としては表現されません。意識レベルのチェ

② 作為の問題

　一般には，質問項目に対して望ましい答えはないというコメントがなされる場合が多いのですが，被検者は望ましいとみなされうる回答の傾向を感じ取ってしまいます。もちろん質問紙には，いくつかの種類の虚偽尺度（lie scale）が設定されています。しかし，現実にはそれが常に有効に機能しているとは限りません。例えば虚偽尺度として，同一の質問が繰り返され，その一貫性をチェックするという方法があります。この場合，被検者がさまざまな理由から同じ回答傾向を繰り返すとすれば，虚偽尺度のチェックの対象から外れます。特に検査の結果によって何らかの利害が生じる場合，要注意です。

　また特に作為を防ぐという目的から，直感――深く考えないで答えるようにという設定がなされます。しかし被検者がどの程度この指示に従っているのかは，実際にはわからないところがあります（テスト実施における時間制限法は，この問題を軽減する役割は果たします）。

　さらにこの点については，次のような指摘があります。すなわち，この「深く考えるな」ということは，2通りの理解ができます。質問文の意味のとり方について深く考えるなということと，自分がどの程度該当するかを深く考えるなという点です。多義的にとれる質問文に直感的に回答を求めると，それは投影法に近づくことになる（尾見，1998），という指摘です。

③ 特に質問項目の量が多い場合には，質問紙のはじめと終わりの部分の回答者の態度の一貫性に疑問が生じる場合がある

　問題数が多い場合には，特に疲労の影響によって回答者の態度が漸次変化することもあります。

④ ことばへの反応の問題

　ことばはそれぞれ受け取り方があります。被検者は言語や文章を自分なりに解釈します。そして，自分が解釈した内容に対して反応しています。したがって世代や生活様式など「文化」が相違した場合，作成者の意図どおりの概念とニュアンスで言葉をとらえているかの問題は残るでしょう。ここに，いわゆる意味論[2]上の問題が関与します。

　大村（1992）は，被検者が「自分の性格についての質量的な認知を持っていない人」である場合，テストの内容が単なる呼び出し刺激でしかないことを指

---

2) あるいは一般意味論。semantics または general semantics.

摘しています。さらにウィリアムズ（Williams, J. M. G.）は質問紙の場合，項目の論理と言葉のトーンの分離が困難であることを取り上げ，質問紙のみによって成立した情動についての論理を否定します。

(b) 作業検査

作業検査は，複雑な人間の心的メカニズムを，比較的短時間の作業を通して表現させようという試みです。そのため，以下のような問題が残ります。

① 検査時の身体の状態の影響を受けやすいこと。
② 作為の可能性も防げないこと。

一般に作業検査は質問紙よりは作為が入りにくくなっています。しかし，それでも一部には望ましい反応様式をあらかじめ教え，望ましいスタイルの反応をするようにとの指導を行うという現実もみられました。

(c) 投影法

投影法の場合には，特に以下の条件が関与します。

① 検査者と被検者とのラポート（rapport）の成立のレベル。
② 性格のより深いレベルを測定するということではあるが，被検者の受検時の気分の影響を受ける場合があること。

投影法は解釈論です。同一テストでも解釈についてのさまざまな立場があります。したがって，どの論理を採択するかということも含めて，判定者の力量が特に厳しく問われます。

(d) 能力検査

能力測定の場合，複雑な人間の能力を短時間で測定するということが一般的です。そのために，検査時の被検者の条件，特に疲労の条件を受けやすいという限界があります。もちろんこのような状況は避けます。

(3) 「客観的」という概念が，いわばひとり歩きしかねないこと

テストは確かに，被検者の特定の側面を客観的に把握しようとします。現実にはこの客観性にはさまざまな限界が伴います[3]。しかし，テストの結果は「客観的」なデータであるという認識が，ひとり歩きをすることがあります。例えば，テスト結果と矛盾するその人の現実の行動様式のほうが，不思議であるかのような受けとめ方がなされることもないわけではありません。

---

3) 心理学の科学性について大村（2000）は次のように論じています。「心理学は部分的には自然科学的な実験方法を採用しているが中心思想は科学ではない。心理学は，まだ万人共通の客観性を持たない主観の学なのだ」。

「性格（特性）は状況を通じて相対的に一貫性の高い傾向ではあるが，その人が常にその特性を示すというわけではない」（越川，1998）のです。この場合，能力測定のほうが，性格測定よりは客観的な把握がしやすいというところはあるでしょう。

(4) 心理テストが「逃げ場」になってしまうこと

前述のように，面接が行き詰まったときに，テストを打開の方法の1つとすることもできます。その反面カウンセラーあるいは担当者が，テストに「逃げて」しまう危険もあります。すなわち，「患者が治療者に不信感や陰性感情転移を抱き，治療者が対応に困難を感じ，治療者が自分の威信を守るために検査を指示するということがある」（成田，1987）というリスクです。

(5) 判断・評価されること自体へのアンビバレントな態度を刺激すること

人は自分が判断され，評価されることを好まないところがあります。単に悪く判断されることをおそれるということよりも，判断されること自体を好みません。確かに人をほめること自体も失礼にあたるという文化は，わが国にもあります。それはブーバー（Buber, M.）が示すように，自分が対象化されること，人を対象化することへの懸念でもあるのでしょう。

確かに，人間には一方で判断・評価を求めるという面もあるので，アンビバレント[4]な態度といえるでしょう。しかし，このような感情は，人間の本質が関与するところではないでしょうか。

(6) 心理テストの誤用・誤認

心理テストは，人間の特定の属性に対する判断・評価です。

しかし下手をすると，その結果が，その人の人柄全体に対する評価に置き換えられてイメージされかねません。特に性格・人格テストの場合，その危険性が大きいです。また時によっては，テストの結果が人をみる場合の先入観を与えてしまいます。ハロー効果の役割を果たすことがあります。

確かに「テスト自体は，観察を行うための方便にしかすぎない。不的確，ずれ，単純なまちがいが存在する可能性は，テスト情報を利用する者が，これらの観察から推論を引き出そうとする時に限られている」（Blocher／中西・神

---

[4] 両面感情あるいは両向感情。

保訳,1972)のです。

「また何のためのテストなのかの説明も十分なされず,テストという患者診断の方法が補助的機能という本来の意味を失い,実施自体が目的となる」(藤土,1987)ことも,利用の仕方にまつわる問題です。

いうまでもありませんが,仮に検査者がテストのよって立つ理論的根拠に習熟せず,単に手引書を読んだだけでテストを実施し,結果を提示するようなことがあったとしたら,この誤用の概念に入ります。一見簡単にみえるようなテストであっても,しかるべき訓練を欠いた検査者が実施,提示した場合には被検者の福祉を損なうことになります。

4-4 心理テストの役割

心理テストの限界を強調するという点から,テスト批判がみられます。

人は自分の人生観と決定的に矛盾する形で,臨床活動はできません。

したがって,テスト批判を行う人の意見も尊重される必要があります。それと同様に,テストを支持する人の意見も尊重されなければなりません。いわば両者のぶつかり合いの中に,本当の人間理解への認識が生まれてくるのではないでしょうか。

その1つは,実存主義の立場からの批判です。

この代表的な存在の1人であって,ロジャーズ(Rogers, C. R.)に思想的な影響を与えたブーバーは,人間への関わりの仕方を,我-汝(ich und du)と我-それ(ich und es)とに対比させています。そして,我と汝の関係,すなわち主体的関わりを人間理解の前提とします。確かに自分と関わる人を「相手」してとらえ,客体化し,対象化するという関係によっては,逆にその人の本質的なものを見失ってしまうことはあるでしょう。

しかし日常生活で,特に仕事で会う数多くの人と「出会い」の体験をもつことや相互に深い理解を経験することは,望ましいことではあっても現実には限界があるといわざるをえません。ブーバーが主張するような批判を受ける可能性もある人間理解であったとしても,とりあえず人間関係をもち,その限界を承知の上で,了解した範囲をもととして活動を進めていかざるをえないことも現実ではないでしょうか。

また,テストが差別およびプライバシー侵犯につながるという批判があります。

そのような現実が存在したため，またありうるために，この批判が生じたと考えられます。しかしこれは，基本的にはテストの活用のされ方，テストに対する社会の了解と扱いの問題として理解できるでしょう。考えてみると人間についてのすべての判断が，対応や了解の仕方いかんによっては，差別の手段となる可能性を含んでいるのではないでしょうか。

心理テストも，人間の属性に対する判断の1つなのです。

われわれは人間の属性に対してさまざまな判断をし，それに基づいて自分や相手に働きかけています。「いま疲れているようだ」「論理に矛盾がある」など。そして，休むように勧め，批判をします。そのような営みが日常生活の基本となっているとすれば，特定の理論をもとに成立した心理テストも，一定の限界の中で，用い方によって1つの役割を果たすことができるはずです。

人間理解は，オルポート（Allport, G. W.／小林訳，1966）のいう tentativeness（吟味）と commitment（委託）の態度を発展させるところにあります（沢田慶輔はそれぞれを，試案性と専心従事と訳されました）。すなわち，絶対に確かなものはないとしてもより確かなものを選択し，限界をわきまえつつ選択したものにコミットメントするという態度です。

性格・人格にしても，知能や適性にしても，その概念を用いる限り，何らかの操作を通して理解するしか方法はないでしょう。ここに心理テストの果たす役割があります。

(林　潔)

■ 引 用 文 献

Allport, G. W.　1965　Psychological models of guidance. In Mosher, R. L., Carle, R. L., & Kehas, C. D. *Guidance: An examination.* N. Y.: Harcourt, Brace & World Inc.（小林純一訳　1966　『現代カウンセリング論』（精神医学全書5）　岩崎学術出版社.）

安香　宏　1990　「性格の理解」　安香　宏編　『性格の理解』（性格心理学新講座4）　金子書房.

Blocher, D. H.　1966　*Developmental counseling.* N. Y.: Ronald Press.（中西信男・神保信一訳　1972　『開発的カウンセリング』　国土社.）

藤土圭三　1987　「心理臨床における心理検査の利用法」　藤土圭三・中側賢幸・宇賀勇夫・小林俊雄　『心理検査の基礎と臨床』　星和書店.

池見酉次郎　1982　「心身医学，行動医学，生命倫理」　心身医学，**22**, 382-388.

國分康孝・片野智治・小山　望・岡田　弘　1998　『サイコエジュケーション』　図書文化.

越川房子　1998　「総論——状況・関係性のなかでの対象者理解」　詫間武俊 監修　『性格心理学ハンドブック』　福村出版.

水島恵一　1986　『臨床心理学』　大日本図書.

成田善弘　1987　「各職種からの心理検査への期待，要望，限界について——精神科医の立場から2」　藤土圭三・中側賢幸・宇賀勇夫・小林俊雄 編　『心理検査の基礎と臨床』　星和書店.

岡堂哲雄　1998　「臨床心理査定」　岡堂哲雄 編　『心理査定プラクテイス』（現代のエスプリ別冊）　至文堂.

尾見康博　1998　「『尺度』研究の問題点」　佐藤達哉 編　『性格のための心理学』（現代のエスプリ 372），221-227.

大村政男　1992　「性格検査の妥当性とはなんだろう？」　研究紀要（日本大学人文科学研究所），**44**，69-91.

大村政男　2000　「応用心理学の研究領域におけるアナクロニズムとシンクロニズム」　応用心理学研究，**26**，1-12.

杉田峰康　1985　『交流分析』（講座サイコセラピー8）　日本文化科学社.

高江洲義英　1987　「各職種からの心理検査への期待，要望，限界について——精神科の立場から3」　藤土圭三・中側賢幸・宇賀勇夫・小林俊雄 編　『心理検査の基礎と臨床』　星和書店.

瀧本孝雄　1998　「カウンセリングと心理テスト」　林　潔・瀧本孝雄・鈴木乙史　『新訂版・カウンセリングと心理テスト』　ブレーン出版，149-150.

Wiiliams, J. M. G.　1984　*The psychological treatment of depression.*　London: Croom Helm, 189.（中村昭之 監訳　1993　『抑うつの認知行動療法』　誠信書房.）

■ 参 考 文 献

Buber, M.　1923　*Ich und Du.*（野口啓祐 訳　1958　『孤独と愛——我と汝の問題』　創文社.）

市川伸一　1991　『心理測定法への招待』　サイエンス社.

松原達哉　1995　『最新心理テスト法入門』　日本文化科学社.

岡堂哲雄　1975　『心理検査学』　垣内出版.

沢田慶輔　1984　『カウンセリング』　創価大学出版会.

Thorne, F. C.　1950　*Principles of personality counseling.*　Brandon, Vermont: Journal of Clinical Psychology.

Williamson, E. G.・沢田慶輔・肥田野直　1964　『カウンセリングの理論と実際』　民主教育協会.

5. 発達テスト

> **はじめに**
> 本章では，わが国で公刊されている発達テストを総覧した後，著名で有用な発達テストを「発達スクリーニング検査」と「発達診断検査」の2つのタイプに大別し，それぞれの発達テストの構成・特色や使用上の利点・問題点について論述します。その上で，発達テスト（特に，発達診断検査）を活用する上での留意点について提言します。

5-1 発達テスト総覧

わが国で公刊されている著名な発達テストには，牛島ら（1949）の「乳幼児精神発達検査」をはじめとして，遠城寺ら（1977）の「乳幼児分析的発達検査法（九大小児科改訂版）」，津守・稲毛（1961）の「乳幼児精神発達診断法（0歳～3歳まで）」，津守・磯部（1965）の「乳幼児精神発達診断法（3歳～7歳まで）」，古賀ら（1967）の「MCCベビーテスト」，ノブロックとパサマニック（Knobloch & Pasamanick, 1974）の「発達スクリーニング表」と「ゲゼルとアマトルーダの発達診断」，シェーファーら（Schafer, et al., 1977）の「早期療育のための発達評価表」，西村（1979）の「実践と発達の診断」，上田（1980）の「日本版デンバー式発達スクリーニング検査」，川村・志田（1982）の「早期発達診断検査」，嶋津ら（1983）の「新版K式発達検査」，等々があります。これらの発達テストは用途の上で，次の2つのタイプに分けることができます。

① 発達の水準と輪郭を知るための発達スクリーニング検査
② 発達課題を把握するための発達診断検査

発達の気がかりな乳幼児と発達障害児のための「早期発達診断検査」を標準化した川村・志田（1982）は，発達テストは3歳未満の発達水準にある子どもを対象として活用するときに，きわめて有効な力を発揮するであろう，と指摘しています。発達水準が3歳以上の子どもになると，解決すべき発達課題が多くなりすぎて，その子どものための指導計画を作成しようとする際に，発達テストの結果から有効な指針を得ることが困難になるからです。

そこで今般，わが国で公刊されている著名な発達テストのうちでも，発達スクリーニング検査や発達診断検査として有用だと思われるものを検討するに際しては，0月以上3歳未満の月齢・年齢範囲に焦点をあてることにします。

5-2 発達スクリーニング検査

発達スクリーニング検査は本来，発達危険児を早期に発見することで，乳幼児や発達障害児の医療・保健面のサービスに従事している人々を助けることをねらいとして，開発されたものです。しかし昨今，発達障害児の教育や療育の場では，子どもが現在どのような発達水準にあるのか，また，どのような発達輪郭をもっているのかを知ろうとするときに利用されています。このタイプに含まれる発達テストのうちで有用だと思われるものには，表5-1に掲げるようなものがあります。

発達スクリーニング検査としては，年齢別・領域別にみた検査項目数とその内容の豊かさからして，ノブロックとパサマニック（1974）の「発達スクリーニング表」が最も有用であり，遠城寺ら（1977）の「乳幼児分析的発達検査法

表5-1 有用な発達スクリーニング検査の項目数と領域別内訳
（川村，1984を修正）

テスト名	1歳未満の項目数	3歳未満の項目数	全体の項目数	全体の領域別内訳
発達スクリーニング表	136	224	224	適応58，粗大運動55，微細運動27，言語41，個人-社会43
乳幼児分析的発達検査法（九大小児科改訂版）	73	127	157	移動運動27，手の運動27，基本的習慣27，対人関係27，発語27，言語理解22
日本版デンバー式発達スクリーニング検査	54	86	103	個人-社会23，微細運動-適応30，言語19，粗大運動31

（九大小児科改訂版）」がそれに続き，上田（1980）の「日本版デンバー式発達スクリーニング検査」がさらにそれに続くといえます。

（1）発達スクリーニング表

ノブロックとパサマニック（1974）の「発達スクリーニング表」は，ゲゼルら（Gesell, et al., 1934）の行動発達検査をもとにしており，このテストの適用範囲は4週以上3歳未満とされています。

全体の検査項目数は，224（1歳未満のそれは136，3歳未満のそれは224）です。また，その領域別内訳は，適応58，粗大運動55，微細運動27，言語41，個人-社会43ですので，実に重厚さを感じさせられます。後述する発達診断検査としても，十分に通用するものだといえるでしょう。

しかしその反面，発達の水準と輪郭を知るための発達スクリーニング検査としては，検査項目数が多すぎて簡便さに欠けるともいえます。

（2）乳幼児分析的発達検査法

遠城寺ら（1977）の「乳幼児分析的発達検査法（九大小児科改訂版）」は，遠城寺（1958）の「乳幼児分析的発達検査法」の全面的な改訂版であり，このテストの適用範囲は0月以上4歳8月未満とされています。

全体の検査項目数は，157（1歳未満のそれは73，3歳未満のそれは127）です。また，その領域別内訳は，移動運動27，手の運動27，基本的習慣27，対人関係27，発語27，言語理解22です。このテストの特徴をあげると，次のようなことがいえます。

① 乳幼児の発達傾向を全般的に分析し，発達の個人的特性を見いだすことができます。
② 検査結果は検査表に何回も記入できるので，ある時点での発達の個人的特性を横断的にとらえるだけでなく，以前の検査結果と比較してみるという縦断的な発達診断ができます。
③ 検査の方法が簡便で，短時間で検査できます。
④ 発達の程度が検査表の上に折れ線で描かれるので，子どもの保護者に説明しやすいです。

このテストは，全般的に過不足なく構成されており，検査方法が簡便で，検査時間が短いという特徴と相まって，発達スクリーニング検査としては理想的なものだといえます。

(3) 日本版デンバー式発達スクリーニング検査

　上田（1980）の「日本版デンバー式発達スクリーニング検査」は，フランケンバーグら（Frankenburg, et al., 1975）の「デンバー発達スクリーニング検査」をもとにしており，このテストの適用範囲は0月以上6歳未満とされています。

　全体の検査項目数は，103（1歳未満のそれは54，3歳未満のそれは86）です。また，その領域別内訳は，個人-社会23，微細運動-適応30，言語19，粗大運動31です。このテストの特徴をあげると，次のようなことがいえます。

① このテストは，外見上は問題のないようにみえる子どもに実施し，発達的に障害のある可能性が高い子どもを抽出するためのものです。
② 全検査項目の約45％は，保護者の報告でチェックすることができます。
③ 出生予定日よりも2週間以上早く生まれた子どもは，暦年齢からその週数を引き，修正年齢を出すようになっています。
④ それぞれの検査項目の出来・不出来は，一般児の25・50・75・90％の者ができるようになる時期をプロフィール上に示した月齢・年齢のバーのところに，記入するようになっています。
⑤ 検査結果は，上記のバーと子どもの暦年齢を基準にして，正常・疑問・異常・検査不能と解釈されます。また，発達年齢や発達指数は出しません。
⑥ 気候因子・都会性因子を考慮して，検査結果を修正できるようになっています。

　このテストは，全体的にきめの粗さが目立ちます。しかし，いくつかの特色ある工夫（早産児の暦年齢を修正すること，気候因子や都会性因子による誤った解釈を取り除こうとしていること，など）が凝らされている点は，注目に値するといえます。

5-3　発達診断検査

　個々の子どもの発達課題を把握しようとする場合には，その子どもの発達状態をはじめとして，健康状態や生活経験，興味・関心などについて，十分に理解している必要があります。特に，発達状態に関しては，その子どもの発達の現況と将来性について，十二分に理解している必要があります。現下の発達状態やそれを規定している諸々の要因をとらえるだけでなく，子どもの内部でい

5-3 発達診断検査

ままさに育ちつつある予測的な発達状態をしっかりととらえておく必要があるということです。また，子どもの個人内発達のそれぞれの側面が相互にどのように関連し合っているのかとか，どの側面がどの程度どんなふうに進んでいるのかなどについても理解しておくことが大切です。発達診断検査は本来，子どもの発達課題を把握しようとするときに活用されるべき性質のものだからです。

このタイプに含まれる発達テストの中で有用だと思われるものは，表5-2に掲げるようなものがあります。

表 5-2 有用な発達診断検査の項目数と領域別内訳（川村，1984を修正）

テスト名	1歳未満の項目数	3歳未満の項目数	全体の項目数	全体の領域別内訳
ゲゼルとアマトルーダの発達診断	216	369	461	適応154，粗大運動94，微細運動41，言語72，個人-社会100
実践と発達の診断	162	293	408	神経生理学的チェック17 3つの機能115（体の働き35，手の働き34，ことば・認識の働き46） 発展・発達の総体134（集団26，学習の基礎33，働きかけ45，環境30） 発展・発達のつまずき142（障害77，障害との取り組み65）
早期発達診断検査	124	331	331	無条件反射の発達を促す主導的活動12，情意の発達を促す主導的活動15，移動の発達を促す主導的活動86，手行為の発達を促す主導的活動83，言語の発達を促す主導的活動100，生活習慣の発達を促す主導的活動35
早期療育のための発達評価表	140	274	274	知覚・微細運動40，認知33，言語34，社会性・情緒35，身辺自立48，粗大運動84
乳幼児精神発達診断法	133	264	264	運動70，探索・操作60，社会47，食事・排泄・生活習慣54，理解・言語33
新版K式発達検査	170	224	324	姿勢・運動62，認知・適応161，言語・社会101

発達診断検査としては，年齢別・領域別にみた検査項目数とその内容の豊かさからして，ノブロックとパサマニック（1974）の「ゲゼルとアマトルーダの発達診断」が最も有用であり，西村（1979）の「実践と発達の診断」や，川村・志田（1982）の「早期発達診断検査」がそれに続き，シェーファーら（1977）の「早期療育のための発達評価表」や津守・稲毛（1961）の「乳幼児精神発達診断法（0歳～3歳まで）」や嶋津ら（1983）の「新版K式発達検査」がさらにそれに続くといえます。

(1) ゲゼルとアマトルーダの発達診断

ノブロックとパサマニック（1974）の「ゲゼルとアマトルーダの発達診断」は，ゲゼルら（1934）の行動発達検査を原典とするゲゼルとアマトルーダ（Gesell & Amatruda, 1947）の「発達診断」の改訂版であり，このテストの適用範囲は4週以上6歳未満とされています。

全体の検査項目数は，461（1歳未満のそれは216, 3歳未満のそれは369）です。また，その領域別内訳は，適応154, 粗大運動94, 微細運動41, 言語72, 個人-社会100です。このテストの特徴をあげると，次のようなことがいえます。

① 乳幼児の精神発達は行動発達とまったく同じ意味だという立場から，子どもの発達を理解しようとしています。
② 子どもの行動を自由場面と一定条件でコントロールされた場面の両方から観察することを原則としています。
③ 5つの領域（適応・粗大運動・微細運動・言語・個人-社会）の行動は，いわゆるキー年齢を中心にして評定され，それぞれの発達年齢が決められます。また，発達指数も，ある幅をもたせて決められます。
④ 行動観察だけでなく，家族との面接や神経学的な診断などをその中に広く織り込んで，全体的に診断することが原則です。
⑤ それほど手が込んだ複雑なものではないにしても，特定の検査場所と検査器具を必要とします。
⑥ 検査結果を解釈する際には，複数の検査者が話し合いながら検討することが望まれます。
⑦ 定期的に（乳児では1か月～2か月ごとに，幼児では半年～1年ごとに）実施することが望まれます。こうしてこそ，子どもや保護者を援助・支援するための基礎が固められるからです。

5-3 発達診断検査

このテストは，微細運動領域で若干の弱さがみられるものの，総じて実に重厚さを感じさせられます。発達診断検査としては抜群のものだといえます。

(2) 実践と発達の診断

西村（1979）の「実践と発達の診断」は，発達障害児のために開発されたものであり，このテストの適用範囲は1月以上8歳未満とされています。

全体の検査項目数は，408（1歳未満のそれは162，3歳未満のそれは293）です。また，その領域別内訳は，神経生理学的チェック17，3つの機能115（体の働き35，手の働き34，ことば・認識の働き46），発展・発達の総体134（集団26，学習の基礎33，働きかけ45，環境30），発展・発達のつまずき142（障害77，障害との取り組み65）です。このテストの特徴をあげると，次のようなことがいえます。

① このテストを手がかりにしての発達診断は，3つの課題（「どのような取り組みが必要か」「治療・機能的訓練，養護などの保障はどう必要か」「どのような環境を必要としているか。また，現在の環境をどう変えるか」）を出すことを目的としています。

② 上記の目的を全うするために，神経生理学的チェック，3つの機能（体の働き，手の働き，ことば・認識の働き），発展・発達の総体（集団，学習の基礎，働きかけ，環境），発展・発達のつまずき（障害，障害との取り組み）という広範な観点に立脚します。

③ 時間をかけてじっくりと観察し，観察した結果を必ず集団で討論します。この観察結果はプロフィール上に表すことになっていますが，このテストでチェックされた範囲を越えた討論の内容は，診断表の最後のページに書き込むようになっています。

④ 3つの課題を出すときにも，必ず集団討論を踏まえます。

⑤ プロフィールだけで機械的に解釈するのではなく，保護者や保母・教員などの願い・要求を聞くことから発達診断を開始し，3つの課題を出すときに最終的に，これらの願い・要求が再検討されます。

このテストは，3つの機能（体の働き，手の働き，ことば・認識の働き）領域できめの粗さがみられます。しかし総じて，発達診断検査としては，ほかに類のない独創的なものといえるでしょう。

(3) 早期発達診断検査

川村・志田（1982）の「早期発達診断検査」は，発達の気がかりな乳幼児と発達障害児のために開発されたものであり，このテストの適用範囲は0月以上3歳未満とされています。

全体の検査項目数は，331（1歳未満のそれは124，3歳未満のそれは331）です。また，その領域別内訳は，無条件反射の発達を促す主導的活動12，情意の発達を促す主導的活動15，移動の発達を促す主導的活動86，手行為の発達を促す主導的活動83，言語の発達を促す主導的活動100，生活習慣の発達を促す主導的活動35です。このテストの特徴は，次のような点です。

① このテストの実施に先駆けて，事例史（特に，健康と発達に関する情報）を収集したり，発達スクリーニング検査を実施したりする必要があります。情意・移動・手行為・言語・生活習慣の発達について，子どもがどの水準にまで達しているのかを事前に知ることによって，領域ごとにどの発達水準の検査項目をチェックの出発点にしたらよいのかを理解することができるからです。

② 各領域の検査項目をチェックする際には，3つの段階（行動観察，保護者との面接，実際の検査）を経ることになっています。

③ このテストを手がかりにしての発達診断は，指導計画（「どのような指導内容（日課と課業の具体的内容）を展開するのか」「どのような指導形態を編制するのか」「どのような指導場面を構成するのか」「どのような教材・教具を使用するのか」「どのような指導方法に則るのか」「指導する上で特にどのような点に留意するのか」など）を立案することを目的としています。

④ 上記の目的を全うするために，情意の発達を促す主導的活動，移動の発達を促す主導的活動，手行為の発達を促す主導的活動，言語の発達を促す主導的活動，生活習慣の発達を促す主導的活動という5つの観点に立脚します。

⑤ 観察した結果はプロフィール上に表すことになっていますが，このとき，「主要な活動（基層固めの必要な活動，先取りの必要な活動）はどれか」「ステレオタイプ化しやすい活動（ステレオタイプ化の防止が必要な活動，ステレオタイプ化の除去が必要な活動）はどれか」「核とそれに関連づけるべき活動（核となる活動，関連づけるべき活動）はどれか」というように，発達のダイナミックな解釈が行われます。

5-3 発達診断検査

このテストは，1歳未満の発達水準にある子ども用のものとしては若干の弱さがあったり，情意の発達を促す主導的活動領域にきめの粗さがみられたりしますが，移動・手行為・言語の発達を促す主導的活動領域では実に重厚さを感じさせられます。また，発達のダイナミックな解釈を通して，指導計画の立案に迫ろうとしている点に，特色があるといえます。

(4) 早期療育のための発達評価表

シェーファーら(1977)の「早期療育のための発達評価表」は，同氏による「乳幼児の発達指導法」に連動するものであり，このテストの適用範囲は0月以上3歳未満とされています。

全体の検査項目数は，274(1歳未満のそれは140，3歳未満のそれは274)です。また，その領域別内訳は，知覚・微細運動40，認知33，言語34，社会性・情緒35，身辺自立48，粗大運動84です。

このテストは，1歳未満の発達水準にある子ども用のものとしては若干の弱さがあったり，言語領域や社会性・情緒領域などにきめの粗さがみられたりしますが，総じてかなりの重厚さを感じさせられます。また，発達障害児の早期療育プログラムに連動するように開発されている点に，特色があるといえるでしょう。

(5) 乳幼児精神発達診断法

津守・稲毛(1961)の「乳幼児精神発達診断法(0歳〜3歳まで)」は，保護者(母親)との面接によって実施されるものであり，このテストの適用範囲は1月以上3歳未満とされています。

全体の検査項目数は，264(1歳未満のそれは133，3歳未満のそれは264)です。また，その領域別内訳は，運動70，探索・操作60，社会47，食事・排泄・生活習慣54，理解・言語33です。

このテストは，1歳未満の発達水準にある子ども用のものとしては若干の弱さがあったり，理解・言語領域にきめの粗さがみられたりしますが，総じてかなりの重厚さを感じさせられます。しかも，母親との面接によって行われ，面接時間も短くて済むという検査方法の簡便さや，他の発達テストに比べても検査項目数が引けをとらないなどの理由から，広範な職種の人々によって実によく使用されてきています。

しかし，母親との面接だけで，検査項目のすべてを正確にチェックできるのかどうかという疑問が残ります。また，このテストは40年も前に標準化されたものであり，現代の子どもにそのまま適用することには問題があります。

(6) 新版K式発達検査

嶋津ら (1983) の「新版K式発達検査」は，関西地方の障害児療育・教育の現場で以前から広く利用されてきたものの決定版であり，このテストの適用範囲は0月以上14歳未満とされています。

全体の検査項目数は，324（1歳未満のそれは170，3歳未満のそれは224）です。また，その領域別内訳は，姿勢・運動62，認知・適応161，言語・社会101です。

このテストは，3歳未満の発達水準にある子ども用のものとしては弱さがありますが，1歳未満の発達水準にある子ども用のものとしてはかなりの重厚さを感じさせられます。いわゆる重度・重複障害児の発達診断検査として活用するときに，その特色を発揮することができると思われます。

(7) 総　括

総体的にみて，発達課題を把握しようとするときに役立つ発達診断検査として，単一で必要十分条件を満たしているものは，現在のところ見当たらないといえましょう。したがって，有用なものとしてあげたノブロックとパサマニック (1974) のものをはじめとして，西村 (1979) や川村・志田 (1982) のもの，シェーファーら (1977) や津守・稲毛 (1961) や嶋津ら (1983) のもののうちの，いずれか2つ以上を併用することが望ましいといえます。このとき，それぞれの発達診断検査の長短をよくよく吟味した上で，検査対象となる子どもの特性をも考慮に入れて，しかるべきテストを取捨選択することが肝要です。

5-4　活用する上での留意点

発達テスト（発達スクリーニング検査，発達診断検査）を活用して，発達の気がかりな乳幼児や発達障害児の発達課題を把握しようとする場合や，その解決のために指導計画を立案しようとする場合の留意点について提言すると，次のようなことがいえます。

5-4 活用する上での留意点

(1) 原則的な留意点

(a) 専門家集団の衆知を結集すること

個々の子どもの発達課題を把握するとひと口にいっても，このことは一朝一夕には成し遂げられない困難な仕事です。まず，専門家集団の一人ひとりが分担し合って，いろいろな発達テストの実施と解釈の方法を習得する必要があります。その上で，複数の専門家の各自が習得した発達診断の技法を駆使して，できる限り客観的に子どもの発達課題を理解し合うことです。そして，お互いが把握した発達課題を衆目の場で説明・討論し合うことで，子どもにとって大切だと思われる発達課題の理解をより確かなものにしていくことが肝要です。

(b) よりどころを多面的に求めること

療育・教育の臨床に携わる専門家が自分の知識や経験をよりどころにしようとするのは，ごく当然のことです。だが，コツコツと蓄えてきた自分なりの知識や経験が自分の実践を支えるのに必要十分な条件を備えていると思い込むことは，たいへん危険です。自分が把握した子どもの発達課題を解決するためには，指導計画を立案し，それに基づいて具体的な指導を展開し，展開した指導を評価する必要が出てきます。このとき，自分の知識や経験だけをよりどころにするのではなく，先達が開発してきた有用な発達テストや療育・教育プログラムを積極的に活用することが肝要です。

(c) 子どもとの出会いを大切にすること

どんなに立派な発達テストや療育・教育プログラムをよりどころにしたとしても，それが借り物のままである限り，子どもとの出会いを大切にしたことにはなりません。それらを自分のものとしてしっかりと吸収するまで，多くの研鑽を積む努力が大切です。公刊されている発達テストや療育・教育プログラムを借り物でない自分のものにしきったときにこそ，それらから離れて，子どもと専門家のユニークで素晴らしい出会いが始まるからです。

(2) 実際的な留意点

(a) 将来性レベルの発達状態を潜在能力としてとらえておくこと

子どもの各領域における発達状態については，その現況だけでなく将来性レベルについても，十二分に理解しておく必要があります。子どもの顕在能力である現下の発達状態やそれを規定している要因をとらえるだけでなく，子どもの内部でいままさに育ちつつある予測的な発達状態を潜在能力としてしっかりととらえておく必要があります。というのは，療育・教育とは，子どもの発達

の後を追いかけるものではなく，発達に歩調を合わせるものでもないと考えられるからです。また，療育・教育とは，子どもの発達の前に立ち，成熟しつつある発達状態のなかから新しい発達を導き出すべきものだと考えられるからです。

（b）　発達の進んでいる側面と遅れている側面の両方をとらえておくこと

どんな子どもでも，その子どもなりに発達の進んでいる側面が必ずあります。また，多かれ少なかれ子どもにはその子どもなりに発達の遅れている側面があります。子どもの発達課題を把握しようとする際には，発達の進んでいる側面と遅れている側面の両方を過不足なく的確にとらえておくよう努める必要があります。そのとき同時に，それらがどのように関連し合っているのかについても，理解するよう努めることが肝要です。というのは，発達の進んでいる側面をさらに促進させることで，遅れている側面を補うことができるからです。

（c）　各領域における発達状態をダイナミックにとらえ直すこと

どの発達テストも，いくつかの領域別・発達段階別に区分けしてプロフィール上に描くことで，子どもの発達状態をとらえようとしています。ですから，そのままでは子どもの発達状態をモザイク的にとらえたにすぎません。しかし一般的に，子どもの発達はさまざまな遊びや学習のなかで具体的な活動や体験を積み重ねていくことで，心身の諸側面が相互に関連し合って成し遂げられていくものです。したがって，一人ひとりの子どもの発達課題を把握しようとするときや，見通しをもった指導計画を立案しようとするときには，子どもの各領域における発達状態をダイナミックにとらえ直すことがぜひとも必要なのです。

（d）　発達状態を障害状態や生活経験などとの関連のなかでとらえ直すこと

発達障害児の発達には，その子どもの障害状態や生活経験などが深く関わっている場合が多いものです。したがって，一人ひとりの子どもの発達課題を把握しようとするときや，見通しをもった指導計画を立案しようとするときには，子どもの発達状態を障害状態や生活経験などとの関連のなかでとらえ直すことが肝要です。

（e）　興味・関心なども十分に考慮すること

一人ひとりの子どもの発達課題を把握しようとするときや，見通しをもった指導計画を立案しようとするときには，子どもの興味・関心なども十分に考慮することが肝要です。

(f) 事前にメリットとデメリット（リスク）の両方を押さえておくこと

見通しをもった指導計画を立案しようとするときには，取り上げる指導内容などのどこにメリットがあるのか，また，デメリット（リスク）があるのかを，すでにそれを設定した時点で予測しておく必要があります。その上で，事前にデメリット（リスク）への対応策を具体的に考えておくことが肝要です。

(g) 発達診断検査を定期的に実施すること

子どもの発達課題を解決するために作成された指導計画の適合性は，定期的に検討されなくてはなりません。作成された指導計画そのものも，変容する子どもの実態に照らして微調整されなくてはならないからです。この変容する子どもの実態を的確に把握するためには，発達診断検査を定期的に（1歳未満の発達水準にある子どもに対しては2〜3か月ごとに，1歳以上3歳未満の発達水準にある子どもに対しては半年〜1年ごとに）実施することが肝要です。

（川村　秀忠）

■ 引用文献

遠城寺宗徳　1958　『乳幼児分析的発達検査法』　慶應通信.

遠城寺宗徳ら　1977　『乳幼児分析的発達検査法（九大小児科改訂版）』　慶應通信.

Frankenburg, W. et al. 1975 *Denver Developmental Screening Test, Reference Mannual*. University of Colorado Medical Center.

Gesell, A. L. et al. 1934 *Infant Behavior*. McGraw-Hill.（新井清三郎訳　1982　『小児の発達と行動』　福村出版.）

Gesell, A. L. & Amatruda, C. 1947 *Developmental Diagnosis*. Paul B. Hoeber.（新井清三郎・佐野　保訳　1958　『発達診断学』　日本小児医事出版社.）

川村秀忠　1984　「脳性まひ児の発達診断」　特殊教育学研究，22，44-49.

川村秀忠・志田倫代　1982　『発達の気がかりな乳幼児の早期発達診断——個別的指導プログラムの立案』　川島書店.

Knobloch, H. & Pasamanick, B. 1974 *Gesell and Amatruda's Developmental Diagnosis*. Harper & Row.（新井清三郎訳　1976　『新発達診断学』　日本小児医事出版社.）

古賀行義ら　1967　『MCCベビーテスト』　同文書院.

西村章次　1979　『実践と発達の診断——障害児の発達と育児・保育・教育実践』　ぶどう社.

Schafer, S. et al. 1977 *Developmental Programming for Infants and Young Children*. The University of Michigan Press.（高松鶴吉ら訳　1979　『乳幼児の発達指導法』　医歯薬出版.）

嶋津峯真ら　1983　『新版 K 式発達検査法』　ナカニシヤ出版.
津守　真・稲毛教子　1961　『乳幼児精神発達診断法——0 歳〜3 歳まで』　大日本図書.
津守　真・磯部景子　1965　『乳幼児精神発達診断法——3 歳〜7 歳まで』　大日本図書.
上田礼子　1980　『日本版デンバー式発達スクリーニング検査』　医歯薬出版.
牛島義友ら　1949　『乳幼児精神発達検査』　金子書房.

6. 知能テスト

> **はじめに**
>
> この章では，知能テストの意義や歴史，実施上の注意点を概説し，さまざまな知能テストを紹介します。臨床心理士はクライエント理解のために，構造化された面接や性格テストなどさまざまな道具を使いますが，なかでも知能テストは使用頻度や標準化手続の厳密さからみて，最も信頼できるものの1つです。定められた手続きに従えば，誰が行っても同じデータが引き出せるという意味では，信頼性の高い道具です。しかしながら，実施や解釈に習熟が必要なことはいうまでもありません。
>
> 例えば，知能テストの成績がよいことがそのまま社会的な成功を意味しないこと，またそれぞれのテストが測ろうとしている範囲でしか個人の知能の特徴を測ることはできないこと，などはその道具を使う者にとって，心得ておかなければならないマナーです。この章を通して，知能と知能テストをめぐって多面的な見方ができるようになることを願っています。

6-1 知能テスト総論

(1) 知能診断の意義と目的

さまざまな臨床的問題の背後に知能の障害や偏りが推測される場合，客観的な視点から知能水準や知能構造を同定することは，欠かすことのできない作業です。臨床的な評価を行う場合，通常の面接やより構造化された面接，さらには症状に合わせたスクリーニングテストなどを用いて総合的に判断しますが，なかでも知能テストはその歴史や使用頻度からみて，最もよく研究され，洗練されてきた道具であるといえます。

例えば,インテーク面接で語られる受診歴,相談歴,語彙のバリエーション,話題の展開,クライエントの反応などから,精神発達遅滞が疑われる場合,2回目以降の面接で押さえなければならないのは,知的水準の鑑別を行うことです。アメリカ精神遅滞協会は,①一般に知的機能が明らかに平均よりも低いこと(IQが70未満),②同時に以下の少なくとも2領域において関連した適応機能の制限があること;意思伝達,自己管理,家庭生活,社会的ないし対人技能,地域資源の利用,自律性,学習能力,仕事,余暇,健康,安全,③発達期に生じる(18歳未満),の3項の基準を満たすことで,精神発達遅滞を定義しています(栗田,1997)。DSM-IV,ICD-10ともに,IQ 50～70を軽度,IQ 35～49を中等度,IQ 20～34を重度,IQ 20以下を最重度と分類しており,それぞれの水準に合わせた対応や生活目標が求められることになるのです(表6-1)。重症度判定のための知能テストは,必ず個別的方法で実施される必要があります。

また,上記の例で述べた知能水準の把握に加えて,知能構造の検討がより重要になるケースもあります。自閉性障害,アスペルガー障害などの広汎性発

表6-1 IQによる知能水準の分類

		DSM-IV (1994)	Wechsler (1958)	生活のゴール(15歳以上)*
	最優～優		120以上	
	中の上～中の下		80から119	
	境界線		70から79	
精神発達遅滞	軽度	50-55からおよそ70	69以下	身支度,食事,排泄,入浴の管理が可能で,単純技能職に従事できる.複雑な考えを言語化し,理解する.簡単な手紙を書ける.おつりを払える.
	中等度	35-40から50-55		食事,入浴,身支度が自立し,簡単な家庭内の雑用ができる.簡単な会話ができ,看板など単純な文章は一部読める.少量の買い物が可能.
	重度	20-25から35-40		食事は自立.入浴には監視を要する.簡単な家庭内の仕事を手伝える.言葉は認知するが,看板などを理解して読まない.メモつきで買い物が可能.
	最重度	20-25以下		食事はスプーン等を使用するが,こぼしやすい.仕事は困難である.簡単な言語で自分の経験を話す.経済活動には適応しない.

＊:American Association on Mental Retardation (1992)をもとに作成.

障害や，注意欠陥/多動性障害（attention-deficit and disruptive behavior disorders; ADHD），学習障害などの特異的発達障害などがそれにあたります。例えば注意欠陥/多動性障害は，不注意，過活動，衝動性のゆえに，教室で着席できなかったり，同級生とのトラブルが多かったりといった，生活のさまざまな場面での妨げが生じやすくなりますが，その認知プロセスを検討すると，1つの対象に注意を持続させることへの困難さや，視覚と運動の協応がとれず不器用であること，といった特徴が認められます。また広汎性発達障害に位置づけられるアスペルガー障害では，自閉性障害に比べ言語発達は良好なものの，物語の筋道を理解したりものごとの因果関係を把握する，抽象化や概念化能力の弱さのため，人との関わりがすれ違いがちなものになりやすくなります。後述しますが，こういった知能構造の偏りは，ウェクスラー法による知能テストのプロフィールにばらつきとして現れてきます。子どもの問題行動が，単に本人の粗暴や情緒的な葛藤を処理するためアクティングアウトによるものか，それとも何らかの知能における偏りがパフォーマンスに現れたものなのか，初期の段階できちんと鑑別を行うことは，その後の方針を考える際の重要な資料となります。また臨床的な診断に加え，セラピーの効果を評定するための道具としても役に立ちます。その際には，半年あるいは1年おいた後に再度実施し，全体のプロフィールがどのように変化したか把握することが大切です。

　ここまでは，主に通常幼児期や小児期までに診断される障害を理解する上での知能テストの意義について述べてきました。一方，成人に実施する場合の意義はどうでしょうか。その目的はさまざまですが，子どもの場合と若干ニュアンスが異なり，より合理的，理性的に行動するための実行機能に焦点をあてている傾向があります。例えば，境界例と総合失調症の鑑別に関して「よいWAIS（Wechsler Adult Intelligence Scale），悪いロールシャッハ」とよくいわれます。これは境界例が，WAISのような構造化された，期待される答えが明確な場面では適切に対応できるのに，ロールシャッハのような漠然とした感情に触れる刺激が与えられた状況では，混乱して逸脱した思考が現れやすいことを端的に示しています。発病後ある程度の期間を経た総合失調症になると，一般に知能テストやWCST（Wisconsin Card Sorting Test）などの神経心理学的検査の結果は劣る傾向があります（Kaplan, et al., 1994）。したがって，成人に実施する際には，単独でというよりテストバッテリーの1つとして，知能テストは採用されます。

　また総合病院におけるコンサルテーションの一環として，脳外科などから交

通事故等による頭部外傷の知的機能への影響を評価するよう求められることもあります。結果が保険会社との交渉に用いられることもしばしばですので，影響が可逆的なものなのか，非可逆的なものなのかということも含めて，信頼性の高い明解な説明が必要となります。

　以上，知能テストが臨床的に使用されるケースを想定して，知能テストの意義についていくつか記述してみました。またこれは副次的なものですが，知能テストが構造化された状況で行われるという特徴を生かして，検査時の行動観察も重要な情報を引き出す機会となることがあります。落ち着いて課題に取り組めているか，検査に協力的か，知能テストへの猜疑心をもっているか，課題の理解はスムーズか，注意の転導性はどうか，手先は不器用でないか，回答のスピードはどうか，などといった点に注目することができます。知能テストそのものはコーチン（Korchin, 1980）が述べる知的で鋭敏な「フォーマルなアセスメント」ですが，より直感的な「インフォーマルなアセスメント」に裏づけをもたらす機会にもなるのです。実際，テスト結果と行動観察から得られた印象が矛盾する場合もあり，そういったときの情報のまとめ方と伝達には，検査者の臨床的なセンスと力量が反映されます。

（2）　知能テストの発展

　近年，MRIなど画像診断技術の進歩により，脳の各部位と言語・注意・記憶など，ある特定領域に限った知能との関係がしだいに明らかになりつつあります。例えば，前頭葉と抽象化能力や論理的思考，側頭葉と聴覚性言語能力の関係は，神経心理学の観点からみて，よく知られるところです。また，情報処理の分野では，コンピュータの処理パターンになぞらえて，知能の働きをモデル化していこうという取組みもなされています。こういった学際的な取組みは，今後ますます発展していくでしょう。しかしながら，そのような特定の能力の複合体である，個人の総体的な知能の働きは依然として謎のままで，それゆえに人々の関心を引き続けています。知能とは，実体を伴って存在するものではなく，ある現象を説明するために生み出された概念であることを，まずは押さえておきたいと思います。

　さまざまな能力の個人差を測定しようとする取組みのきっかけとなったのは，イギリスの遺伝学者であるゴールトン（Galton, F.）の研究です。ダーウィンのいとこでもある彼は，1884年に開催された世界健康博覧会で人間測定実験室を開設し，視覚や聴覚などの感覚について，質問紙法や統計手法を用いてそ

の弁別の正確さや速度を明らかにしています。また伝記資料の分析から，知能も身長などと同じように，正規分布を描くことを仮定しました。また，直接的な因果関係ではなく，もっと緩やかな結びつきの強さを測る「相関」という概念を考え出したのもゴールトンです[1]。キャッテル（Cattell, R. B.）にも影響を与え，それは1893年にコロンビア大学におけるメンタルテストとして結実しています。

ヴント（Wundt, W.）が個人の内省報告に注目し，ライプチッヒ大学に心理学実験室を設置したのが1879年でした。19世紀後半を経て，個人の心のあり方や働きをアセスメントする方法が，しだいに形をもちつつあったのです。

フランスでは1882年に義務教育法が公布され，法律上はすべての国民が教育を受けることになったのですが，それは同時に，「同級生ほどには学校で与えられる教育からの恩恵を受けることができない」（Binet & Simon, 1977）精神発達遅滞児の問題を浮かび上がらせることにもなりました。そこで，1904年に公教育省の依頼を受けた心理学者ビネー（Binet, A.）が，精神科医シモン（Simon, T.）の協力を得て，1905年に作成したのが，互いに異なる30個の課題を，しだいに難しくなるように並べたビネー式知能テストです。このときビネーは，知能は傾向の束のような全体的な存在である，という精神機能統一論を基盤においています。さらに彼は，知能が，①方向性（一定の方向をとり，持続しようとする），②目的性（目的を達成するためにはたらく），③自己批判性（自己の反応結果について適切に自己批判する），の3機能をもつものであるとも考えていました。そしてこれらの機能は，従来実験室で研究対象としていた単純な心的過程ではなく，高次の精神機能に属するものであるとし，ビネー式知能検査にはこの考えが十分反映されています。

1908年の改訂版では，精神年齢（mental age; MA）が結果を示す概念として導入されました。ドイツ，イギリスなど諸外国にも早くから紹介され，中でもアメリカのターマン（Terman, L. M.）は，3歳から16歳の児童を対象にテストの標準化を行い，1916年のスタンフォード・ビネー版の発表とともに，知能指数（intelligence quotient; IQ）[2],[3] を導入した点で注目されます。日本では，1908年に三宅鉱一が紹介し，1919年に久保良英が改訂を加えています。

---

1) ゴールトンの弟子ピアソンが相関係数としてまとめた。
2) IQ（知能指数）＝MA（精神年齢）／CA（Chronological Age：生活年齢）×100
3) 1912年の講演において，精神年齢と生活年齢の比率に着目したのがドイツのシュテルン（Stern, W.）で，ターマンは彼のアイデアをもとに知能指数を導入。

一方，集団法で行う知能検査は，兵士の適材配置を目的に，第一次世界大戦のころのアメリカで開発されました。大量の志願兵に対応するため，短時間に効率よく実施する必要があったのです。1917年，ヤーキス（Yerkes, R. M.）は陸軍式知能検査を考案しています。これはペーパーテスト形式をとっており，当初は言語性の課題を並べた α 式のみでしたが，後に外国からの移民など，英語に不自由な被検査者を対象にするために，図形課題や計算などから構成される β 式も用いられるようになりました。その混合型の $\alpha\beta$ 式も開発されています。臨床で使うことはまれですが，集団法であることを生かして，被検者が属する集団の中での相対的位置づけ，いわゆる知能偏差値（ISS）として結果を示すことができます。

　第二次世界大戦のころには，TAT（主題統覚検査）で有名なマレー（Murray, H. A.）らが，戦略事務局の依頼で，機密保持に関わる知的能力の高い人物を選び出すため，インタビュー・作業テスト・場面テストなどを組み合わせたアセスメントプログラムを開発しています。テストバッテリーの考え方が浸透し始めたのも，この時期でした。

　現在，最も多く採用されている知能テストであるウェクスラー式知能検査は，ニューヨーク大学ベルビュー病院の心理学部長であったウェクスラー（Wechsler, D.）によって，1939年にウェクスラー・ベルビュー尺度として，その原型が出版されました。それまで成人の精神疾患をもつ患者にスタンフォード・ビネー式知能検査を使用していたウェクスラーは，同じIQを示す人でもその知的機能の働きはさまざまであり，必ずしも同じ臨床症状を示すわけではないことに注目したのです。彼の診た患者は，統合失調症，脳器質性疾患，頭部外傷後の精神障害などと診断されていました。シンプルな精神発達遅滞であれば，知能発達の水準を調べればよいのですが，二次的な知的機能の障害をもつ患者には，より個別的に知能の構造を把握することが必要であると考えたのです。これには，ビネー式知能検査の限界を補う意味がありました。

　ウェクスラーは，知的機能について，言語的因子と動作的因子の2つを想定しています。言語的因子は話しことばや文字を介して表される知的機能であり，概念や観念などの抽象的な思考を反映します。これに対し，動作的因子は視覚や運動機能を介して表される知的機能で，より具体的な思考を反映します。そして広範囲にわたって個人の能力を測定するために，それぞれの因子に対応した課題を下位検査として作成したのです。以上の考えに基づいて，ウェクスラーは知能を「自分の環境に対して目的的に行動し，合理的に思考し，効果的に

表6-2 知能の定義

ピアジェ（Piaget, T.）
・生体の環境に対する活動と環境の生体に対する活動を均衡させる能力
スピアマン（Spearman, C.）
・ものごとの関係を認識する能力
シュテルン（Stern, W.）
・生活の新しい課題や条件に対する一般的精神的順応力
フリーマン（Freeman, F. N.）
・知能検査で測られたもの
ウェクスラー（Wechsler, D.）
・目的的に行動し，合理的に思考し，環境を効果的に処理するための，個人の集合的ないし総体的能力
アメリカ心理学会
・学習する能力，学習によって得た知識や技能を新しい場面で利用する能力であり，その得た知識により選択的適応をすること

処理する個々の能力の集合的または全体的なものである（Intelligence is the aggregate or global capacity of the individual to act purposefully, to think rationally and to deal effectively with his environment.）」と定義しています（Wechsler, 1958）。これは「意欲や性格要因とも関連する柔軟な課題解決能力として」（Wechsler, 1998）知能を位置づける定義です。その他の研究者による，主な知能の定義を表6-2に示します。

標準化する上でのサンプルは，アメリカの社会階層と人種構成に合わせて慎重に選ばれ，スタンフォード・ビネー式知能検査との併存的妥当性も検討されました（およそ0.8の相関）。1955年に成人用のWAISとしてまとまり，1958年には児玉らによって日本版が出版されています。児童用のWISCは少し早く，1949年に作成されました。1967年に幼児用のWPPSIが開発され，年代に合わせた3種のウェクスラー式知能検査がそろいました。それぞれ改訂を加えながら，現在，さまざまな領域で使用されています。

(3) 知能テストを実施するにあたって

臨床で使用する場合，ほとんどの知能テストが個別式で行われます。実施上配慮が必要な点について，以下に記述します。

(a) 目的

検査の目的と被検査者の年齢や負担を考慮して，テストバッテリーを組みます。知的障害や高次脳機能のアセスメントが目的の場合，ウェクスラー法を軸

にして，その他のテストを選択するとよいと思われます。鑑別診断が目的の場合，治療的な働きかけの策定が目的の場合，また薬物の治験等治療の効果判定が目的の場合など，検査の目的はさまざまです。

例えば，面接場面ではしっかりと受け答えしている老人でも，家族の訴えを聞くと痴呆が疑われる場合があります。そういった場合は，MMSEや長谷川式といった痴呆による認知障害をスクリーニングするテストを併用するとよいでしょう。WAIS-R で言語性 IQ が高くても，スクリーニングテストでは低い成績をとることがあります。

（b）検査者

テストの手引書を通読し，検査道具に習熟していることが肝要です。単語の意味を問う問題などでは，回答によって点数が違っていたり，追加質問をしなければいけない場合が決められているので，採点基準を確認しておく必要があります。テンポよく実施することは，被検者の能力を適切に引き出すことにもつながります。ストップウォッチを使用する際は，これみよがしにならないようにします。

検査用紙には正誤だけでなく，回答を逐語的に記録しましょう。行動観察についても同様です。間違いのパターンや課題への取組み方（迅速か，試行錯誤か，熟考しているのかなど）を細やかに記載しておくことは，質的な分析を行うためにも重要です。

自分が担当しているケースで，経過の途中に知能テストを実施する場合は，別の人に検査者として関わってもらったほうが，被検者にとって治療者イメージの混乱を招かず，よい結果になるように思います。

（c）場　所

採光が十分で，静かに落ち着ける場所という意味では，面接室と変わるところはありません。もし検査室を専用に設けられるのであれば，面接室よりもやや事務的な雰囲気のほうが集中しやすいでしょう。経過の途中で知能テストを施行するケースであれば，いつも面接している部屋とは別の部屋で行ったほうがよいのは，治療者と検査者の役割分担と同様です。

（d）時　間

テストバッテリーによって異なってきますが，健康な人であっても，一般に2時間を超えると疲労などの影響で集中力は低下します。できれば1回で終わらせるのが望ましいのですが，長時間に及ぶ場合は2回に分けて実施することもあります。

(e) その他

病院で実施する場合，薬物療法の影響を考慮し，身体状況にも気を配る必要があります。てんかんの場合，検査中に発作が起こることもあります。

6-2 個別式知能テスト

個別式知能検査は表6-3に示したように，その目的や対象年齢などによってさまざまなものが考案されています。この節では，表6-3にあげたもののうち，6つを取り上げてもう少し説明を加えます。

(1) 田中ビネー式知能検査

1905年にフランスで開発されたビネー・シモン式知能テストは早い時期から各国語版に翻訳されており，田中ビネー式知能検査は，直接には1937年に

表6-3 個別式知能検査の概略

名称	目的	対象年齢	所要時間	検査結果	実施される対象の例
田中ビネー	知能水準の測定／MRの鑑別	1歳〜成人	30〜60分	IQ, 精神年齢	MR／児童
鈴木ビネー	知能水準の測定／MRの鑑別	2歳〜成人	25〜90分（年齢による）	IQ, 知能年齢	MR／老人
WPPSI	知能構造の検討	3歳10か月〜7歳1か月	50〜75分	IQ（全体／言語性／動作性）	超未熟児のフォロー
WISC-III	知能構造の検討	5歳〜16歳11か月	60〜70分	IQ（全体／言語性／動作性）	ADHD／LD／広汎性発達障害
WAIS-R	知能構造の検討	16歳〜74歳11か月	60〜90分	IQ（全体／言語性／動作性）	成人の精神障害
K-ABC	認知処理過程と習得度の測定	2歳6か月〜12歳11か月	30〜60分	継次処理, 同時処理, 認知処理, 過程習得度	CD, MR
ITPA	情報伝達と処理機能の測定	2歳6か月〜9歳11か月	90分以上	PLA（言語学習年齢）	言語性LD
WMS-R	記憶力の多面的評価	16歳〜74歳11か月	45〜60分	全般的記憶, 言語性記憶, 注意集中, 視覚性記憶, 遅延再生	記憶障害／痴呆

アメリカのターマンが発表した新改訂スタンフォード・ビネー式知能検査をもとにしています。1947年に田中寛一による初版が発行され，1954年，1970年と2度の改訂を経ています。その後，子どもの生活様式に合わせ，田中教育研究所が用具や絵を全面的に改定し，再標準化を行い，1987年に全訂版として出版したものが現在使われています。

　田中ビネー式知能検査は，他のビネー式知能テストと同様に，一般的な知能水準の測定を目的としています。測定する際の基準を各年齢の平均的な子どもの知能に求めており，それと比較してどれだけ進んでいるか，あるいは遅れているかで判断します。具体的には，各年齢の被検者の60～75％が正答を得られる問題をもって，その年齢級の問題を構成します。これを年齢尺度とよびます。例えば，1歳級は〇△□の図形を板にはめ込んだり，箱に隠された犬のミニチュアを見つける問題，6歳級はひし形の模写や電車に乗り遅れた状況での対応を考えさせる問題，12歳級は5桁数字の逆唱や論理的推論を求める問題，などをそれぞれ含んでいます。1歳級から成人級まで，全部で118問が難易度の低い順から高い順へ並べられており，基底年齢[4]から正解がまったく得られなくなった年齢級までの正当数を合算して精神年齢（mental age；MA）を計算し，実際の生活年齢（chronological age；CA，暦年齢）との比率を求めることによってIQを算出します（計算式：IQ＝MA／CA×100）。つまり，精神年齢が生活年齢よりも上であれば知能能力の高い子どもとみなせるし，下であれば遅れがあると推測できるように作られているのです。

　特徴をまとめると以下のようになります。
　　① 精神年齢により知能発達の水準を簡便に把握できること。
　　② 年齢尺度で構成されることにより，本検査のみで子どもから成人まで検査できること。
　　③ 低年齢級では動作性課題が中心で，子どもが取り組みやすいように構成されていること。
　　④ 該当する年齢級の問題から始めるので，比較的所要時間が短いこと。

　結果の読み方については，まず精神年齢とIQを把握し，次に各年齢級での正答と誤答のパターンを概観します。生活年齢に比してどの年齢級まで進んだかということは，知能のばらつきや偏りを知る手がかりになります。また課題

---

[4] 被検者がある年齢級のすべての課題に正答した場合，その1つ上の年齢が基底年齢となります。例えば5歳級の問題すべてが正答の場合，5歳級＋1歳→6歳が，基底年齢です。

への意欲，取組み方，理解力，集中力といったテスト時の態度も貴重な情報源になります。反応が素早いのかじっくりか，断定的か試行錯誤的かなど，行動観察も重要です。ウェクスラー法のように，各問題に対応した特定の知的機能が仮定されているわけではありませんので，総合的に読み取っていきます。実施はシンプルでも，解釈には習熟を要するテストです。

IQについてはおおよそ±5の測定誤差があるので，得られた数字を絶対的なものとしないことが肝要です。また後述するWISC-IIIやWISC-Rと比較すると，5から10ポイント近くIQが高くなる傾向が，事例研究などを通して報告されています（上野・牟田，1992；藤田・上野 他，1992）。

(2) 鈴木ビネー式知能検査

その歴史は田中ビネー式知能検査よりも古く，1930年鈴木治太郎により初版が出版されています（鈴木，1930）。鈴木は1905年，大阪師範学校付属小学校に教育治療室を開設しており，初期の特殊教育に貢献しました。1956年の再標準化研究に基づいて改訂が行われますが，その問題構成は，比較的オリジナルのビネー・シモン式知能検査に類似しています。2～3歳では実際に自分の鼻や目などを指示する問題や，子どもの名前，性別を尋ねる問題が含まれており，田中ビネー式知能検査に比べてもより日常生活に密着した設問となっています。動作性課題よりも言語性課題のほうが多く，2～14歳までは各年齢により3から8問，14～15歳より2問ずつの問題が用意されています。

1956年以降改訂されておらず，火鉢や割烹着姿の母親が描かれたカードがみられるなど，課題が時代遅れであるという批判もありますが，その課題内容の古さゆえにかえって老人には親しみやすいともいえます。田中ビネー式知能検査は1987年の改訂によって，課題が幼児や児童に親しみやすくなるよう変更が加えられたので，対象によってこの2つのビネー式知能検査を使い分ける工夫が大切です。精神年齢やIQについての考え方は，田中ビネー式知能検査と相違ありません。鈴木ビネー式知能検査と日常生活での適応力がよく合致することから，精神障害者年金受給資格の鑑別に有用である，との指摘もあります（島田，1999）。

(3) WAIS-R

1939年のウェクスラー・ベルビュー検査をもとにして，1955年に最初のWAISが出版されました。その後1981年にWAIS-Rとして改訂版が刊行さ

れ，1990年にはその日本語版が公刊されています（品川 他，1990）。対象年齢は16～74歳11か月，所要時間は60～90分です。ウェクスラー式知能検査の下位検査について，表6-4にまとめました。

アメリカでは1997年にWAIS-IIIが出版されました。後述するWISC-IIIの特徴を引き継いで，いくつかの重要な変更が加えられています。それは，①新たな下位検査の採用，②対象年齢の拡大（16～89歳），③群指数（index score）の採用といった点です。特に，群指数は因子分析によって特定された4つの知的機能を表すもので，脳の機能局在を想定した神経心理学的なアセス

表6-4 ウェクスラー式知能検査の下位検査

	下位検査：検査項目の内容	WPPSI	WISC-III	WAIS-R	WAIS-III
言語性検査	知識：一般的(常識的)知識について問う	○	○	○	○
	類似：2つの概念の類似点を高次の概念を使って説明	○	○	○	○
	算数：算数問題を読み上げ，暗算で答える	○	○	○	○
	単語：単語の意味（定義）を問う	○	○	○	○
	理解：実際的な判断常識を問う	○	○	○	○
	数唱：一連の数字を，同順・逆順で復唱させる	—	△	○	○
	文章：文章を読み上げて復唱させる	△	—	—	—
	Letter-Number Sequencing	—	—	—	○
動作性検査	絵画完成：重要な部分が欠けた絵を見せ，欠落部分を指摘	○	○	○	○
	絵画配列：絵カードを意味のある話の順に並べ替える	—	○	○	○
	積木模様：色積木を組み合わせて，見本と同じ模様を作る	○	○	○	○
	組合せ：断片を組み合わせてもとの絵を作る	—	○	○	△
	符号：見本を見て符号に対応する数字を記入させる	—	○	○	○
	迷路：迷路図形の出口までの道筋をなぞる	○	△	—	—
	記号探し：刺激記号が記号グループの中にあれば○をつける	—	△	—	○
	動物の家：見本をみて動物の家の色に対応する色のコマをはめ込み，板に差し込む	○	—	—	—
	幾何図形：見本と同じ幾何図形を描く	○	—	—	—
	Matrix Reasoning	—	—	—	○

注：△は補助検査。

メントの際に役立ちます（表6-5）。現在その日本語版の出版が待たれているところです。

WAIS-Rの言語性検査は「知識」「数唱」「単語」「算数」「理解」「類似」の6下位検査，動作性検査は「絵画完成」「絵画配列」「積木模様」「組合せ」「符号」の5下位検査から構成されています。例えば，「知識」では物の用途や都市の地理を問う問題，「積木模様」ではカードに描かれた図形と同じものを赤と白で塗られた積木を使って作ることが求められます。それぞれの下位検査が測定する知的機能が仮定されており，結果がプロフィールとなって視覚的に明示されるので，被検者の得意なところと苦手なところを手早くとらえることができます（表6-4）。ビネー式知能検査が個人間の比較を目的として作成されたのに対し，個人内の差を把握することが得意なテストです。

IQについては，ビネー式知能検査とはまったく異なる「偏差IQ」という考えを採用しています。偏差IQは知能偏差値（standrd score）に基づいて算出され，ほぼ同一年齢の集団の平均値が100，標準偏差が15となるように定められています。手続きとしては，「18〜19歳」「45〜54歳」といった年齢級ごとに用意された表を用いて，下位検査の素点を10点が平均となるよう設定された評価点に換算し，算出された評価点の合計をもとに「言語性IQ」「動作性IQ」「全検査IQ」を出します。18歳にとってのIQ85と64歳にとってのIQ85は，その年齢の中での相対的な位置づけという点では同じ意味をもっていますが，18歳の人が65歳の人と同じIQを得るためには，絶対的により高い能力を示す必要があります。ここがビネー式知能検査とは異なる点です。

解釈については，①全検査IQによる知能水準，②言語性IQと動作性IQのバランス，③下位検査のプロフィールの偏り，④回答内容の質的側面，といった点を検討します。

言語性IQと動作性IQの差をディスクレパンシー（discrepancy）といい，その差が臨床的には15，統計的には20以上ある場合は何らかの問題があると考えられます。言語性IQ＞動作性IQとなるのは抑うつ状態・神経症・知的

表6-5　WAIS-Ⅲの因子構造

郡因子	下位検査
言語理解	言語，類似，知識，理解
知覚統合	積木模様，Matrix Reasoning，絵画完成，絵画配列
作業記憶	数唱，算数，Letter-Number Sequencing
処理速度	符号，記号探し

水準の高い精神病など，言語性 IQ＜動作性 IQ となるのは反社会性パーソナリティ，精神発達遅滞，認知と運動の協応に優れた人などにあてはまることが多いとされています（島田，1999）。一般に知的水準が高くなるほど，言語性 IQ が勝る傾向があります。

各下位検査の意味についてまとめたものが，表 6-6 です。下位検査の成績に顕著な差がみられるか，評価点が 10 を下回るものはどれか，ある特定の能力に障害がみられるか，などといった点から検討していきます。プロフィールがなだらかな線を描くか，それともギザギザかなどというように，直感的に把握できるのはこの検査の強みです。成績の最もよい下位検査と悪い下位検査の差が評価点で 10～12 点以上あるケースは標準化集団で 5％未満ですので，著しいばらつきがあるといえます。

表 6-6　WAIS-R の下位検査の意味づけ（鈴木 他，1999 に補足）

	下位検査：意味づけ	特　徴
言語性検査	**知識**：個人が環境や教育から吸収してきた一般的知識	強迫的な人は好成績／教育歴，家庭環境と関係
	数唱：数字を用いた直接的な聴覚的再生，短期記憶	不安状態では低下／受動的だが注意集中を要する
	単語：語意能力，分類と概念化の技術	全検査 IQ と高い相関／文化的な関心と関係
	算数：時間制限の中での計算能力，抽象的な数概念の理解	集中力や数の操作の能力を反映する
	理解：ある習慣の根拠を分析・判断する能力，社会化の程度	現実的な状況での反応／非行は低成績
	類似：類似性や差異を判断する能力，概念的な抽象思考能力	脳損傷や陽性症状があると成績が低下しやすい
動作性検査	**絵画完成**：欠けている本質的な要素の識別，要素間の相互関係の認識	用心深い人，妄想性パーソナリティは好成績
	絵画配列：全体的状況の理解，因果関係を把握する能力	計画する能力を反映する
	積木模様：視覚運動系の統合性と動作の速度	全体と部分関係の把握や視覚イメージ化の能力
	組合せ：視覚的分析と単純な組合せ技術の協応動作	柔軟性や試行錯誤の能力／手先の器用さ
	符号：普段慣れていない新奇な作業を習得する能力	機械的な作業を正確にこなす能力／集中を要する

またウェクスラー式知能検査は，テスト課題としての刺激が明確で構造化されたものですが，被検者の回答には内的なこだわりや空想を投影したものもみられます。例えば「理解」の「映画館での火事」問題で，「走って逃げる」のは自己中心的なタイプ，「もう少し確かめる」のは思考優位で動かないタイプ，「大声を出す」のは演技的なタイプといえます。「絵画配列」でどういう話か尋ねてみると，独特なストーリーを語る場合もあります。まわりくどい説明や単純化，奇妙な意味づけなどから，思考障害の程度を推測することも可能です。

老年期に関して，「単語問題のような検査は，老化が進行しても保たれるが，類似問題や数唱-符号の代用問題はそうではない」「WAIS-R の動作性テストは，言語性テストよりも脳器質性障害をより鋭敏に反映する尺度である」という指摘もあります（Kaplan, et al., 1994）。「知識」「単語」「絵画完成」「組合せ」が年を重ねても持久する機能（"hold" tests），「数唱」「算数」「積み木模様」「符号」が減退する機能（"don't hold" tests）であるとする考えから，減退指数（deterioration index）[5]を算出することもできます。さまざまな事例を集めた書籍も出版されています（小林 他，1969）。

また検査が途中で中断になった場合などには，限られた下位検査から「全検査 IQ」を推測する方法もありますが，個人内差を理解するためのプロフィール分析は困難になります（小林 他，1993）。

（4） WISC-Ⅲ

ウェクスラー式知能検査の児童版で，日本語版の対象年齢は 5～16 歳 11 か月，所要時間は 60～70 分です。1949 年に最初の WISC が出版され，その後 1974 年に WISC-R，1991 年に WISC-Ⅲ（Wechsler Intelligence Scale for Children Third Editon）と改訂が加えられています。翻訳の出版は WISC-R が 1989 年，WISC-Ⅲが 1998 年となっています。

WISC-Ⅲの言語性検査は「知識」「類似」「算数」「単語」「理解」「数唱（補助検査）」，動作性検査は「絵画完成」「符号」「絵画配列」「積み木模様」「組み合わせ」「記号探し（補助検査）」「迷路（補助検査）」で，計 13 の下位検査から構成されています。「言語理解」「知覚統合」「注意記憶」「処理速度」という 4 つの群指数が採用されており，ADHD，学習障害，アスペルガー障害，自

---

[5] 知能減退率＝（「持久機能の評価点合計」－「減退機能の評価点合計」）÷「持久機能の評価点合計」×100

表6-7 自閉性障害, 小児期発症の統合失調症, 受容-表出混合性言語障害
(Campbell & Green, 1985 より抜粋)

	自閉性障害	小児期発症の統合失調症	受容-表出混合性言語障害
発症年齢	36か月以前	5歳以下ではみられない	―
発生率	1万人に2～5人	不明*	1万人に5人
性差 (男:女)	3～4:1	1.67:1(ほぼ同等か若干男子に多い)	まったく同等もしくはほぼ同等
知的水準	多くが正常下限, またはしばしば重篤な障害あり(70%以下がIQ70以下)	平均的	障害されているが, それほど重篤ではない
IQテストのパターン	ばらつきがあり, 不全失語者と比較して言語性検査と理解の検査で低い	平均的	ばらつきは少ないが, 動作性IQより言語性IQが低い

*:自閉性障害と同等またはより少ない可能性あり。

閉性障害などの見立てや, 治療的手がかりを得るために使われています。自閉性障害, 小児期発症の統合失調症, 受容-表出混合性言語障害における知的水準とIQのパターンをまとめたものが表6-7です (Campbell & Green, 1985)。

(5) WPPSI

ウェクスラー式知能検査の乳幼児版で, 適用年齢は3歳10か月～7歳1か月, 所要時間は50～75分です。アメリカでは1967年にWPPSI (Wechsler Preschool and Primary Scales of Intelligence-Revised) が, 1987年に改訂版のWPPSI-Rが出版されています (Wechsler, 1987)。日本語への翻訳はいまのところWPPSIまでで, 1969年版が現在も使用されています (ウェクスラー, 1969)。WPPSIの言語性検査は「知識」「単語」「算数」「類似」「理解」「文章(補助検査)」, 動作性検査は「動物の家」「絵画完成」「迷路」「幾何図形」「積み木模様」「組み合わせ」で, 計11の下位検査から構成されています。

発達上のハイリスク児といえる超未熟児の成長をフォローするため, また言語／聴覚障害児の発達を検討するために, WPPSIを使うこともあります。

(6) ITPA

ITPA (Illinois test of psycholinguistic abilityies) は, 1968年にアメリカのカーク (Kirk, S. A.) が開発した心理発達検査で, 学習障害のアセスメント

にしばしば採用されます。オズグッド（Osgood, C. E.）のコミュニケーションモデルをベースにしており，言語学習能力を，回路（聴覚-音声回路／視覚-運動回路），過程（受容過程／表現過程／連合過程），水準（表象水準／自動水準）の3次元構造からなるものとして仮定している点が特徴です。そして，各

精神科臨床における知能テストの活用

　精神科臨床の領域において，心理アセスメントをきちんと実施でき，役に立つレポートを書ける心理職は重宝がられます。そこには患者の負担をなるべくミニマムに実施できる，あるいは診断の補助となるようなデータを明確に示すことができるなど，さまざまな意味が含まれています。このコラムでは，同じ精神科であってもそれぞれ異なった特性をもつ，単科精神病院，精神科クリニック，総合病院精神科の各領域において，知能テストがどのように使用されるのか，まとめてみたいと思います。

　単科精神病院　近年では外来が充実し，入院患者の平均在院日数も短くなりつつありますが，伝統的に病棟中心，地域精神保健の第一線を担う場所です。慢性期の統合失調症が多く，病状が落ち着いた時点での適応評価の目安として，知能テストが依頼されることがあります。また精神障害の認定を受け，手帳を発行するためには正確なIQが必要とされます。経過の長い患者や病前の適応水準や学歴が高い患者にとって，知能テストがコンプレックスを刺激する場合もあるので，配慮が必要です。一方接枝分裂病の場合には，ウェクスラー法よりもビネー式の知能テストが取り組みやすいかもしれません。

　精神科クリニック　神経症，パーソナリティ障害，社会復帰途中の精神障害者など，病態水準はさまざまです。性格テストや症状評価尺度が主で，知能テストはあまり使わないクリニックもあります。ロールシャッハ・テストとバッテリーを組んで，統合失調症や境界例の鑑別を行ったり，集中力や記憶力の低下を訴える患者に対して実施されたりします。

　総合病院精神科　患者の病態水準がさまざまであるという点は精神科クリニックと似ていますが，総合病院の中にあるので，他科からの依頼によるコンサルテーションが重要な仕事になります。具体的には，事故で一瞬無酸素状態になった患者が記憶力の低下を訴えているので知的な面の評価を（脳外科），というものや，とても落ち着きのない子どもがいて母親も困っている，心理のスタッフがいるなら知的発達的な面の評価をして専門的な機関につなげないか（小児科），などのケースです。多種多様な依頼があり，勉強になります。全般的というよりむしろ専門的な所見が求められますので，WMS-R (Wechsler Memory Scale Revised)，WCST (Wisconsin Card Sorting Test) など神経心理学的テスト，高次脳機能の測定ができるテストが有用です。

次元の組合せに従って，それぞれの下位検査が作成されています。理論的な整合性を意識して作成されたテストといえます。ウェクスラー法の知能テストと同じく，個人内差の把握を目的としています。

対象年齢は2歳6か月から9歳11か月，所要時間は60分から90分です。下位検査は「ことばの理解」「絵の理解」「ことばの類推」「絵の類推」「ことばの表現」「動作の表現」「文の構成」「絵さがし」「数の記憶」「形の記憶」の10課題が用意され，そのすべてを実施します。ITPAの理論モデルに関して説明すると，例えば，4つの絵の中を見せ「はさみはどれですか」と尋ねる「ことばの理解」は，聴覚回路から入ってきた刺激を理解し受容する過程の能力を，かなづちとクギの描かれたカードを見せ「この2つをどうやりますか，どう使いますか」と尋ねジェスチャーで答えさせる「動作の表現」は，表象水準で考えイメージしたことを表現する過程の能力を測定しています。「ことばの類推」ではカセットテープを使うなどユニークな課題も用意されており，児童を飽きさせない工夫が凝らされています。

6-3 集団式知能テスト

(1) 田中A式知能検査

集団式知能検査は，主に言語性の課題から構成されるA式と，動作性の課題から構成されるB式に分類されます。田中A式知能検査はA式知能検査の代表的なもので，小学1年生から高校3年生まで使用できる新A1新田中A式知能検査や，高校生を対象にした田中A-2式知能検査などが発行されています。所要時間は，田中A-2式知能検査でテスト説明のための練習時間が10分間，テストの制限時間は20分間です。実施が容易で，マークシート方式により速やかに採点できるなどの利点があります。そのため，学校や就職試験といった場面で多く採用されています。課題は「数字群弁別」「文章理解・構成」「反対概念の理解」「思考推理」「類推推理」「空間認知」などから構成されます。学業成績との相関が高いこと，また課題と回答が言語に規程されるため，文化的社会的要因の影響を受けやすいことが特徴です。

(2) 田中B式知能検査

実施や採点の簡便さは田中A式知能検査と同様です。図形や数字などの非言語的な素材による動作性の課題から構成されます。1949年に発行された

TK式田中B式知能検査の対象年齢は8歳から成人までと幅広かったのですが，現在では小学校1・2年生用の低学年田中B式知能検査，3・4年生用の新制田中B式知能検査，5・6年生用の高学年用田中B式知能検査などのように，年齢に合わせた検査が使用されています。記憶能力，関係把握能力，知覚能力を把握するための課題として，「迷路」「立方体分析」「幾何学的図形構成」「置換」「異同弁別」「数系列完成」「図形抹消」などが用意されています。一般にB式知能検査は言語の影響が少なく，北米のような多民族文化圏において，言語的なマイノリティにとってはより公平な状況で検査を受けることができるといえます。「nature or nurture」（氏か育ちか）でいうところのnature，つまり生まれもった本来的な資質をより強く反映します。

（3） 京大NX知能検査

課題の形式はA式とB式の両方が含まれています。ウェクスラー式の知能検査と同様に，知能にはいくつかの因子があると仮定しており，各下位検査の結果をもとに知能構造に関するプロフィール分析ができる集団式知能検査です。対象の年齢に応じて，5～8歳用のNX 5-8検査，8～12歳用のNX 8-12検査，9～15歳用のNX 9-15検査，15歳以上のNX 15-検査などが発行されています。NX 15-検査は，「類似反対語」「重合板」「計算法」「マトリックス」「文章完成」「日常記憶」「折紙パンチ」「符号交換」「図形分割」「乱文構成」「ソシオグラム」「単語完成」の下位検査から構成されています。

（4） 教研式学年別知能検査

課題の形式は，A式とB式の両方が含まれています。学校などの教育場面で児童の知的能力を測定するために作成されており，小学1～6年生，中学1～3年生それぞれ学年ごとの検査が発行されています。知的発達における環境からの働きかけを重視したギルフォード（Guilford, J. P.）の考えを取り入れており，知的機能として「認知」「記憶」「拡散的思考」「集中的思考」「評価」，想像性として「流暢性」「柔軟性」を，それぞれ仮定しています。1996年に，コンピュータによる自動解析システムがより詳細なものに改訂されました。国語・数学などの教科学習に役立てられるような情報を提供できるようになっている点が特徴です。

（橋本 忠行・島田 修）

■ 引用文献

Binet, A. & Simon, T. H./大井清吉・山本良典・津田敬子 訳 1977 『ビネ式知能検査法の原点』 日本文化科学社.

Campbell M. & Green W. H. 1985 Pervasive developmental disorders of childhood. In Kaplan H. I. & Sadock B. J. (eds.) *Comprehensive Textbook of Psychiatry*, 4th ed. p. 1681. Williams & Wilkins, Baltimore.

Kaplan, H. I. & Sadick, B. J & Grebb, J. A. 1994 *Kaplan and Sadock's Synopsis of Psychiatry: Behavioral Science, Clinical Psychiatry*, 7th ed. Williams & Wilkins.（井上令一・四宮滋子 監訳 1996 『カプラン臨床精神医学テキスト——DSM-IV診断基準の臨床への展開』 医学書院 MYW.）

栗田　廣編　1997 「精神遅滞の精神医学」, 精神医学レビュー No 23, ライフ・サイエンス.

Measurement and Appraisal of Adult Intelligence. 1958 Williams & Wilkins. Baltimore.（茂木茂八ほか訳　1972　成人知能の測定と評価　日本文化科学社.）

森永良子・中根晃責任編集／日本LD学会編　1997 『LDの見分け方——診断とアセスメント』（わかるLDシリーズ2）日本文化科学社.

鈴木國文・宮岡等・大原浩市　1999 『心理検査』（精神科ハンドブック6）星和書店.

Wechsler, D. 1991 *Wechsler Intelligence Scale for Children*, 3rd ed. The Psychological Corporation, U. S. A.（日本版WISC-III刊行委員会訳編著　1998 『日本版WISC-III知能検査法』 日本文化科学社.）

■ 参考文献

Binet, A. & Simon, T. H./中野善達・大沢正子 訳　1982 『知能の発達と評価——知能検査の誕生』 福村出版.

藤田和弘・上野一彦・前川久男・大六一志　1992 『新・WISC-R知能診断事例集』 日本文化科学社.

小林重雄 他 編著　1993 『日本版WAIS-R簡易実施法』 日本文化科学社.

小林重雄 他 共編著　1998 『日本版WAIS-Rの理論と臨床——実践的利用のための詳しい解説』 日本文化科学社.

Korchin, S. J./村瀬孝雄 監訳／山本和郎・近藤邦夫・牟田隆郎・伊藤直文 訳　1980 『現代臨床心理学——クリニックとコミュニティにおける介入の原理』 弘文堂.

大山　正・岡本夏木・金城辰夫・高橋澪子・福島　章　1990 『心理学のあゆみ』（新版）有斐閣.

島田　修　1999 「Binet式およびWechsler式知能検査」（臨床精神医学講座第16巻精神医学的診断法と検査法）中山書店.

鈴木治太郎　1930 『実際的個別的智能測定法』 東洋図書.

参考文献

上野一彦・牟田悦子　1992　『学習障害児の教育』日本文化科学社.

Wechsler, D. 1967 *Manual for the Wechsler preschool and primary scale of intelligence*. (D. ウエクスラー　1969　『WPPSI知能診断検査手引』　日本心理適性研究所日本版.)

Wechsler, D.　1981　*WAIS-R Manual*, Psychological Corporation, New York. (品川不二郎・小林重雄・藤田和弘・前川久男共訳編著　1990　『日本版WAIS-R成人知能検査法』　日本文化科学社.)

Wechsler, D.　1987　*Wechsler preschool and Primary Scales of Intelligence-Revised*. Psychological Corporation, San Antonio.

(財) 田中教育研究所 編著　1987　『田中ビネー知能検査法 (1987年全訂版)』　田研出版.

Mental retardation; Definition, Classification, and Systems of supports, 9th ed. 1992 American Association on Mental Retardation, Washington DC.

Wechsler Adult Intelligence Scale-Third Edition. 1997 Psychological Corporation, San Antonio.

スクールカウンセリングと知能のアセスメント

　1975年アメリカ合衆国における全障害児教育法の施行以来，LD や ADHD といった軽度発達障害を抱える子どもに対する IEP（Individualized Educational Program；個別教育プログラム）という考え方は，しだいにわが国でも定着しつつあります。これまでは，特殊教育を担当する教師や発達心理学を専攻するサイコロジストが IEP の主な役割を担っていました。しかしながらスクールカウンセラー制度が軌道に乗りつつある今日，そういった領域を専門としない一般のスクールカウンセラーに対しても，生徒の能力評価や学習上のつまずき要因を探るため，学校内で個別式の知能テストを依頼されるケースが見られるようになっています。上野（1997）は「医学的な背景が懸念されたり，より困難な認知の問題をもつ者をスクリーニングできることがスクールサイコロジストの大きな条件である」（p.146）と述べています。

　就学判定を目的とした知能テストとは異なり，学年の中での相対的な位置づけよりも，個人内差異，個人の認知能力の偏りに関する情報を集めたいので，そういった場合は主にウェクスラー法を実施します。言語領域に障害が推測される場合，ITPA を併用すると有用です。またスクールカウンセラーでなく，特殊教育担当の教師が知能テストを実施していることもあります。そういった際，情報交換の中でテスト結果を一緒に検討すると，それぞれの立場からの見方も合わさって非常に有意義な知見を得られます。

　実施する際には，本人，保護者，教師の同意が必要です。また知能テストの結果が，単なるラベリングや就学場所の決定のためだけに使われないよう，配慮しなければなりません。学校や地域の中に，個別的な教育が可能な，ことばの教室や情緒の教室が整備されてきつつあるので，そういった機関につないでいく際に重要な情報を提供できる道具として，知能テストを使用することが肝要と思われます。

7. 性格・人格テスト

> **はじめに**
>
> 本章では，さまざまな性格・人格テストについて学んでいきます。性格・人格テストは被検者の知能や適性，パーソナリティの特徴や人間関係での被検者の行動様式などを客観的に診断・把握し，心理療法やカウンセリングの中で利用していくために用いられます。性格・人格テストは大別すると質問紙法と投影法に分けられますが，そのどちらにもいろいろな種類があります。また，テストの成立過程や特徴・しくみを知ることは，なぜそのテストを行う必要があるのかを理解することにも通じます。しかし性格・人格テストは万能なものではありません。テストにはそれぞれ効用と限界というものがあります。また，テストは被検者の内面の理解のために行われる大切なものなので，テスト結果の取扱いや被検者への伝達方法には細心の注意を払わなければなりません。そのためには，まず各種テストについて基本をしっかりと押さえることが重要です。そうすることで性格・人格テストは各臨床現場で初めて有効性を発揮することができるのです。

7-1 性格・人格テスト総論

性格・人格テストは，個人の比較的安定した要因——基本的な行動様式を測定しようとする試みをさし，測定の手続きによって3つのタイプに分けられます。すなわち，質問紙，投影法，作業検査です。

質問紙は実施の容易さから，幅広くさまざまな場で用いられています。特に，スクリーニングテストとしての役割は大きいです。投影法は意識を越えた，人間の深層に迫ろうという手続きです。作業検査は仕事の仕方から，その人の基本的な行動様式を明らかにしようという試みです。

さらに、性格・人格テストは、その根拠となる性格理論によって、それぞれの特徴をもっています。

性格・人格テストについては、いくつかの基本的な了解事項があります。テストの実施と活用については、守らなければならない倫理的な条件があります。またテストを実施していると、いろいろな問題や疑問に当面します。自分が実施したテスト、実施しようとするテストについて、必要に応じて意見や援助が求められるルートやネットワークも必要です。すなわち、コンサルテーションやスーパービジョンの人間関係やシステムが求められます。

現在、性格・人格テストについても、発展の次のステップを目ざして、さまざまなアイディアが出され、検討が進められています。また性格・人格や感情・情動についても、いろいろな角度からの研究が進められています。これらの性格心理学や感情心理学などの関連領域の最近の動向についても、関心を払いたいものです。

(1) はじめに

心理学は人間についての科学的・実験的なアプローチを方法論として、19世紀に哲学から分離独立しました。その舞台の中心は象徴的な意味も込めてドイツであるというのが一般的な認識です。

心理学の誕生の時期において、科学的方法に基づいて、人間についての普遍的な理解に取り組むことを主な課題とする一方で、個人差の問題にもまた関心がもたれました。心理テストは、この個人差に対する関心の流れの中から生まれました。ここでいう性格・人格テストは、パーソナリティ・テストをさしています。パーソナリティ・テストは性格テスト（検査）、あるいは人格テスト（検査）と訳されます。あるいはパーソナリティ・テストとそのまま用いられています。

性格・人格テストは、個人のある程度安定した基本的な行動様式を測定の対象としています。もちろん変化の可能性はあるとしても、そう急激には変化するものではない恒常的な要因です。したがって、単なる気分（mood）を測定するものとは異なります。

この性格・人格テストの対象であるパーソナリティの定義も、さまざまなものがあります。パーソナリティについては、例えば田中（2001）は「行動の個人間変動や個人内変動を説明もしくは予測するために用いられる構成概念の集合」と定義しています。また詫摩（1990）は、性格というのは「1. 相手に対

する刺激価，あるいは社会的効果と，2．その人の内部にあって，その人らしい行動の傾向を生み続けていくもの」という2つの側面があることを指摘しています。このように現実にはパーソナリティの概念あるいはイメージとしては，研究者によってそれぞれ強調点に違いがみられます。

心理テストには，基本的な了解事項あるいは仮定があります。

このことについては，花沢ら（1998）は，次の4点をあげています。すなわち，「1．人間の本来の能力・特性は，その個人を比較するレベルに差があること，2．特定の能力・特性に関して個人間差異があること，3．多くの能力や特性に関して個人内差異があること，4．ある個人の個人間差異における位置，個人内差異の様相は，相対的な安定性があること」の諸点です。

(2) 性格・人格テストのタイプ

性格・人格テストは，質問紙法，投影法，作業検査の3つのタイプに分けられています。

(a) 質問紙法

質問紙法は文章を提示し，それについての回答を被検者に求める方法です。質問紙法による性格・人格測定の試みは，肥田野（1989）によれば3つのタイプに種別されます。すなわち，①基準に基づいて経験的に構成された検査（MMPI，CPI，CMIなど），②人格理論によって作成された検査（外向-内向検査，MPI，EPPSなど），③一般的健常者集団の因子分析に基づいて作成された尺度（YG性格検査，16人格因子質問紙など）です。

質問紙の性格・人格テストへの回答は，一般には設定されている選択肢から被検者に選択を求める方法がとられます。採点も所定の手引書にそって，ほとんどのものが機械的に行われます。したがって誰が行っても，基本的には共通の結果が得られます。この方法によって多数の被検者のデータを比較的短時間で処理できることも，大きな利点です。テストによっては，コンピュータ採点も活用されています。

性格・人格テストはその理論的基盤が問われることと合わせて，実施と採点の容易さも，使用についての大きな条件です。実施や採点が容易ではないものは，実際には現場では敬遠されることが少なくありません。もし使用されなくなったり，使用の頻度がきわめて少なくなると，そのテストについてのデータの蓄積が乏しくなります。テストは現場で数多く実施され，それらのデータがフィードバックされて，多角的に検討されて発展しています。また実施例がき

わめて少数であった場合には、時間的経過に伴う改訂への足がかりを失いかねません。

一般に質問紙のテストは、使いやすさという利便性を備えています。したがって質問紙のテストは、特にスクリーニングテスト（screening test）として用いられます。スクリーニングテストは、いわばレントゲンの一般検診と同様にまず大勢の人に試みて、問題をチェックするという方法です。

このように性格・人格テストによる判定は、まず大勢に実施して、問題があるという疑いのある反応が出た人に、再検査を行うのが一般的なパターンになっています。もちろん、カウンセリング・心理療法の場合は、最初から個別検査が実施されることが普通です。

いずれにせよ、1つのテストだけで重大な決定をしてはいけないというのが、性格・人格テストだけではなくテスト一般に関する倫理です。何らかの判定を要する場合には、再度別の種類のテストを実施します。再検査については、若い人や成人には、投影法が用いられるのが普通です。

（b）投影法

投影法は、あいまいな図形や場面を見せて、判断を求める検査のことをいいます。

例えば鉛筆のような具体的な物を見せ、何かと尋ねる方法は知能検査の問題にはなっても性格・人格テストの問題とはなりません。知的な判断のレベルで答えが出せるからです。しかしあいまいな図形や場面が示された場合には、そのような過程で「答え」を出すことができません。いきおいその人の内面が判断の枠組み――基準にならざるをえません。また「君はいま、何を考えていますか」と聞かれた場合、考えている内容によっては答えにくいものです。しかし絵の中の人物が何を考えているのかと問われた場合には、その人物は現実の人間ではないので、何を考えていると答えても抵抗がありません。架空の場面のほうが、かえって現実が入りやすいことがあります。また一般に、質問紙が適用されるのは思春期前後の年齢層以上の被検者です。それ以下の年齢の場合は言語発達の限界から、投影法、作業検査あるいは行動観察が性格・人格理解の手続きとなります。

（c）作業検査

作業検査は、一定の作業を被検者に課して、その結果をみるものをさします。

論理的にはさまざまな作業課題の適用が可能ですが、わが国では一般的に内田クレペリン精神作業検査をさします。後述のように、これは単純な1桁の数

字の加算検査です。作業検査は作業の仕方から性格をみるという発想ですから，今日これを採用試験に関連して実施している企業も少なくありません。

(d) 性格・人格テストの留意点

性格・人格テストのこれらの方法には，それぞれ長所と短所とが存在します。それらをよく把握して実施する必要があります。

確かにテストの結果それ自体は，手引書どおりの手続きで出していきます。そうはいっても得点の微妙な変化やズレの読み取りは，一見単純にみえる質問紙であっても熟練を要します。また被検者への結果の提示の仕方は，きわめて注意が必要ですし，習熟が求められます。特に臨床の場面では，結果の提示の仕方いかんによってテストとその結果が活きもするし，かえって来談者に迷惑を与えることにもなります。テスト結果の報告を受ける際に，被検者はかなり敏感になっている場合があります。何気ないひと言にも，微妙な反応が生じるし，カウンセラーや検査者の言葉の裏にあるものを，被検者なりに読み取ろうとします。残念ながら，与え方に問題があって，被検者にダメージを与えてしまったという例すらあります。

テストについては，テストの結果のデータだけではなく，テスト場面における被検者の行動観察も重要な意味をもちます。テスト結果のデータは，被検者の受検態度との相互関係によって読み取る必要があります。

自分が使用するテストの生まれた背景，前提となる理論とその流れ，特に新らしい状況にも関心をもちたいものです。例えば今日，検査や尺度によって人の性質をとらえること自体を，反省的に考察しようという動向もあります（佐藤，1996）。尺度測定における「定型」的研究についても疑問が提示されています。特に質的データについての解析の問題です（平井，2001）。分析方法においても，例えば自己関係づけの立場から，質問項目とそれに対する反応時間との関連について関心がもたれています。すなわち被検者のパーソナリティにあてはまる項目ほどより反応時間は短く，再生率は高いであろうというのが論拠です（山田・辻，2000）。このように，性格・人格テストの分野も，次のステップについてのさまざまな模索が続けられています。

テストについての，スーパービジョンやコンサルテーションの機会も整備される必要があります。また，テストの実施については，テストの方法の修得だけではなく，テストに関する倫理も熟知して実施と対応にあたることは当然です。現在いくつかの学会で，臨床関係の倫理綱領が整備されています。

（林　潔）

7-2 質問紙法

(1) 質問紙法とは何か——特徴としくみ

質問紙法（questionnaire method）は目録法（inventory method）ともいわれます。個人の性格特徴や心理的特徴を示す多数の質問項目が印刷された用紙（質問紙または目録）を被検者に渡し，各質問が自分にあてはまるかどうかを自己判断により回答してもらう方法の性格検査です。

この検査は，実施法・採点法・解釈法などが決まっている標準検査であるので，使いやすいことと，集団で一斉に実施することができることなどのために，諸種の性格検査の中で最も広く使われています。

質問紙法の検査は，後述のように多数の研究者によりいろいろな種類・内容のものが作成されていますが，標準検査としての作成過程は，基本的にはほぼ同じ手続きが踏まれています。すなわち，質問項目の収集から始まり，調査用紙の試作，その実施（予備調査），結果の統計的分析・判定・修正，調査用紙の再構成など多岐にわたる手続きを経て標準化（standardization）がなされています。図7-1にその手順の概略を示しておきます。

また，上述のように質問紙法は，被検者が自分のことについて自己判断し自己報告してもらう方法であることが一番の特徴といえますが，このことに関して主たる意義が2つあります。第1は，他者にはあまり観察できない個人的な行動や経験と個人の内面的世界（感情・認知・考え等）を質問項目を通して知ることができるということです。

第2の意義は，この第1のことの帰結でもあるのですが，被検者は質問事項に対して，自覚しているレベルでのみ回答しているということです。すなわち，7-3節や7-4節で述べられる「投影法」や「作業検査法」においては性格の無意識面をも把握できるのに対して，質問紙法では被検者自身の意識面のみを把握するのです。つまり，自己への意識ということからすれば，公的自己意識（自分の身体や行動など外から見える自己に対する関心）と私的自己意識（外から見えない心理面に対する関心）という両側面から性格をとらえようとするのが質問紙法です。

次に，質問紙法において使われる質問項目の具体例を表7-1に示します。

表7-1のように，ほとんどの検査において，一定数の質問を列挙し，それに対して「はい」，「？」（あるいは「どちらともいえない」），「いいえ」のいずれかを選んで○印をつけるようになっています（3件法という）。この他に，回

7-2 質問紙法

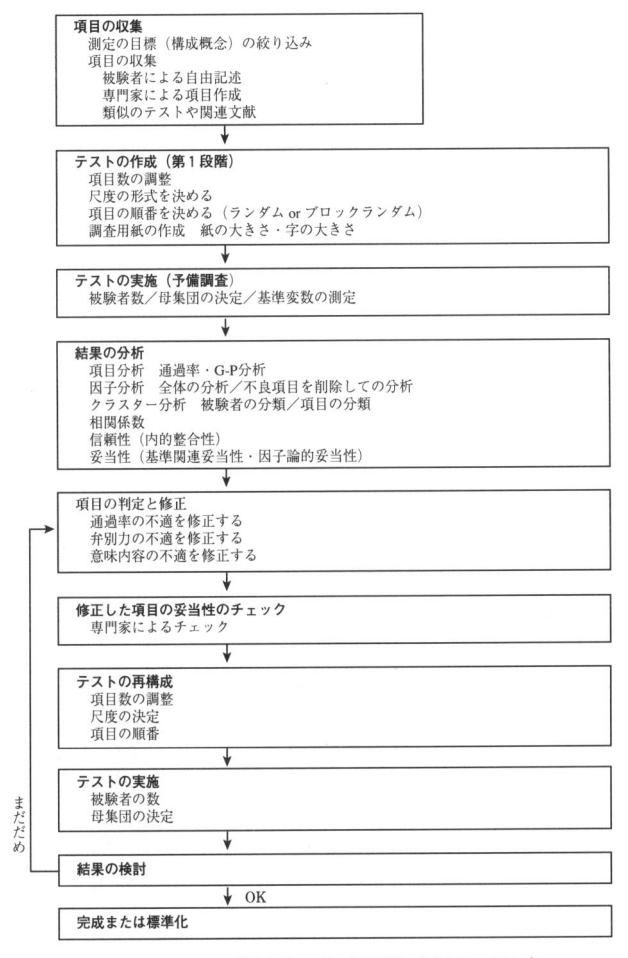

```
┌─────────────────────────────┐
│ 項目の収集                   │
│   測定の目標（構成概念）の絞り込み│
│   項目の収集                 │
│     被験者による自由記述     │
│     専門家による項目作成     │
│     類似のテストや関連文献   │
└─────────────────────────────┘
            ↓
┌─────────────────────────────┐
│ テストの作成（第1段階）      │
│   項目数の調整               │
│   尺度の形式を決める         │
│   項目の順番を決める（ランダム or ブロックランダム）│
│   調査用紙の作成　紙の大きさ・字の大きさ│
└─────────────────────────────┘
            ↓
┌─────────────────────────────┐
│ テストの実施（予備調査）     │
│   被験者数／母集団の決定／基準変数の測定│
└─────────────────────────────┘
            ↓
┌─────────────────────────────┐
│ 結果の分析                   │
│   項目分析　通過率・G-P分析  │
│   因子分析　全体の分析／不良項目を削除しての分析│
│   クラスター分析　被験者の分類／項目の分類│
│   相関係数                   │
│   信頼性（内的整合性）       │
│   妥当性（基準関連妥当性・因子論的妥当性）│
└─────────────────────────────┘
            ↓
┌─────────────────────────────┐
│ 項目の判定と修正             │
│   通過率の不適を修正する     │
│   弁別力の不適を修正する     │
│   意味内容の不適を修正する   │
└─────────────────────────────┘
            ↓
┌─────────────────────────────┐
│ 修正した項目の妥当性のチェック│
│   専門家によるチェック       │
└─────────────────────────────┘
            ↓
┌─────────────────────────────┐
│ テストの再構成               │
│   項目数の調整               │
│   尺度の決定                 │
│   項目の順番                 │
└─────────────────────────────┘
            ↓
┌─────────────────────────────┐
│ テストの実施                 │
│   被験者の数                 │
│   母集団の決定               │
└─────────────────────────────┘
            ↓
┌─────────────────────────────┐
│ 結果の検討                   │
└─────────────────────────────┘
      まだだめ ↓ OK
┌─────────────────────────────┐
│ 完成または標準化             │
└─────────────────────────────┘
```

図7-1　標準検査の作成過程（小川，1994）

表7-1　YG性格検査（成人用）の質問項目の一部
（数字は配列順番を示す）

1.	色々な人と知り合いになるのが楽しみである……………	はい，？，いいえ
27.	人のすることの裏を考えることが多い………………	はい，？，いいえ
41.	困ることがあっても，ほがらかでいられる…………	はい，？，いいえ
93.	心配性である………………………………………………	はい，？，いいえ
106.	何かにつけて自身がない………………………………	はい，？，いいえ

答肢が「はい」と「いいえ」の2件法（諾否法）や「大変そうである」,「かなりそうである」,「あまりそうでない」,「まったくそうでない」というような4件法なども使われています。

　また，このような回答様式でなく，複数の陳述項目の中からどれか1つを選択して回答させる方法（強制選択法）を採用している検査も若干あります。例えば，EPPS（エドワーズ人格的偏好目録）では，各質問項目において，2つの下位項目のいずれかを選ばせるようになっています。例えば，項目1（a. 友だちが困っているときには，助けてあげたい。b. 何でも手がけたことには，最善をつくしたい。）のようにです。

　その理由は，諾否法や3件法などでは質問内容の「社会的望ましさ」（social desirability）のあるほうへ回答されやすいので，そのような回答の「動機性歪み」（motivational distortion）を防ぐためと，質問項目にどう答えたらよいか判断しにくい場合は「はい」と回答しやすいという「黙従傾向」（acquiescence）を防ぐためという2つがあります。

　そこで，上記のEPPSのように，「社会的望ましさ」がほぼ同程度の下位項目群の中から1つを選ばせる方法は有効ですが，現在この様式を採用している検査はEPPS以外にはほとんどありません。

　しかし，諾否法や3件法を採用している検査のほとんどにおいて，各質問項目の陳述の仕方を変えることにより，回答の「動機性歪み」などを最小限にくい止めるようにしています。すなわち，各質問項目について，「はい」が社会的に望ましくなるような陳述の仕方と，逆に「いいえ」が社会的に望ましくなるような陳述の仕方の両方を用いることです。このような質問項目の構成の仕方をカウンターバランシング（counter balancing）といいます。上述のYG性格検査（表7-1）において，項目1と41は「はい」が社会的に望ましく，項目27と93と106は「いいえ」が社会的に望ましいといえましょう。

（2） 質問紙法の理論

　質問紙法は，性格検査の中でも実施や解釈がしやすく，手引書をよく読めば，だれでも使うことができるかもしれませんが，それを適正に使うためには，心理学の全般にわたり特に性格理論や心理テスト理論について理解していることが不可欠になります。心理テスト一般については，すでに前章までにおいて述べられているので，ここでは質問紙法に直接関わる性格理論である「特性論」を中心に簡単に説明することにします。

7-2 質問紙法

　人類は太古の昔から，各個人は人柄としての性格が一人ひとり違っているが，その全体像の類似した人々が存在し，いくつかの性格類型（タイプ）に分けられることを経験的に認識していたと思われます。古代ギリシャの哲学者たちは4つの類型があるとし，その原因は想像上の4種の体液のいずれが優勢であるかによると考えました。

　近代になってから，精神医学・心理学・精神生理学などの発達に伴い，精神病理や体型や心理的特徴などに基づく類型の分類がいくつか発表されました。これは，性格の「類型論」（typology）といわれます。しかし，この類型論による性格のとらえ方では，個々人の違いをより詳しくみることはできないし，成長や経験（学習）によって性格がどのように形成されてくるかについて検討しにくいといえます。

　20世紀前半において，個人の能力や適性などとともに，性格についても心理測定的に量的差異として把握する方法が発展し，性格の「特性論」（trait theory）が誕生しました。すなわち，多様な刺激や場面に対する個人の反応（行動）を収集したデータ（多人数分）について，因子分析法という統計的分析により，性格を構成しているいくつかの特性が見いだされるようになりました。特性とは，観察しうるひとまとまりの反応（行動）の単位であり，各特性は互いに独立した存在になります。例えば，社交性と暢気さ（短気さ）の2つの特性についていえば，社交性の高い人には，暢気な人もいればそうでない人（短気な人）もおり，両者は関連しておらず，それぞれ別個に独立した特性であるといえます。

　この特性論が質問紙法の性格テストの理論ですが，前述した標準検査としての質問紙法の作成過程においても，そのことが理解されると思います（図7-1参照）。

　ところで，個人の性格はいったいいくつの特性によって構成されているかということになれば，いまのところ定説はありません。主たる理由は，人間の精神構造がきわめて複雑で多面的であるということにあるといえます。人類はすぐれて社会文化的な存在であることから考えると，時代や地域（民族や国など）が異なると，性格を構成する特性の数も異なるかもしれません。

　ともあれ，主な諸研究をのぞいてみると，特性の種類（内容）や数が違っていますが，おおむね10〜20個くらいの特性が抽出されています。以下，3人の研究者による特性について紹介します。

（a）　**ギルフォード**（Guilford, J. P.）**の 13 特性**

①抑うつ性，②回帰性傾向（気が変わりやすい，感情的である等），③劣等感，④神経質，⑤客観性がないこと，⑥協調性のないこと，⑦愛想のないこと，⑧一般的活動性，⑨のんきさ，⑩思考的外向，⑪支配性（ソシアルリーダーシップ），⑫社会的外向，⑬男子性対女子性。（各訳語は，辻岡，1977による）

　（b）　**キャッテル**（Cattel, R. B.）**の 12 特性**

①情感，②知能，③自我強度，④支配性，⑤衝動性，⑥公徳心，⑦大胆，⑧繊細，⑨猜疑心，⑩空想性，⑪狡猾，⑫罪責感。（各訳語は，伊沢・内山・茂木，1982 による）

　（c）　**アイゼンク**（Eysenck, H. J.）**の研究**

アイゼンクの研究によれば，性格は 4 つの水準（下から特殊反応水準，習慣性反応水準，特性水準，類型水準）の階層をなしています。最上位の類型水準は，上述の類型論による類型にあたるもので，内向性-外向性という一般因子が抽出されており，それぞれの下の特性水準においては，5 つの特性が見いだされています。内向性の個人においては，①持続性，②硬さ，③主観性，④羞恥性，⑤易感性の 5 特性です。外向性の個人は，それぞれの対極的な特性になります。なお，彼は類型水準としてさらに神経症的傾向と精神病の傾向の 2 因子についても抽出していますが，説明は省略します（各訳語は，MPI 研究会，1969 による）。

(3)　質問紙法の種類

これまでわが国で刊行されている質問紙法の性格テストは，個々に数え上げると数十種にのぼると思われます。しかしここでは，大まかな分類をしながら，主なものをいくつか簡単に説明することにします。

　（a）　**概観テストと殊別テスト**

まず，性格を多次元からとらえる概観テストと，1 次元についてとらえる殊別テストに大別することができます。

概観テストには，YG 性格検査（矢田部・ギルフォード性格検査），本明・ギルフォード性格検査（MG 性格検査），16 PF 人格検査，労研パーソナリティテスト，精研式パーソナリティ・インベントリィ，EPPS 性格検査，カリフォルニア人格検査（CPI），モーズレイ性格検査（MPI），ミネソタ多面的人格目録（MMPI），CMI 健康調査表，精神健康調査表（GHQ）などがあります。

これらのうち3つについて尺度構成を述べることにします。

YG性格検査は，上述の（2）質問紙法の理論において述べたギルフォードが抽出した13特性のうちの12特性と，それらのうち関連性が強い特性を2～3個ずつまとめた6因子について測定できます。各因子と特性は，① 情緒安定性因子（抑うつ性，気分の変化，劣等感，神経質の4特性），② 社会的適応性因子（客観性，協調性，攻撃性の3特性），③ 活動性因子（攻撃性，活動性の2特性），④ 衝動性因子（活動性，のんきさの2特性），⑤ 内省性因子（のんきさ，思考的向性の2特性），⑥ 主導性因子（支配性，社会的向性の2特性）です。なお，13番目の特性（男子性対女子性）は，性格特性でなく社会的態度と考えられるという理由により，除外されています（辻岡，1977）。

16 PF 人格検査は，上述のキャッテルの研究に基づいており，16 の1次的因子（特性）と，それらのいくつかに対して重みづけをして得られる4つの2次的因子（特性）について測定します。1次的因子のうち12因子はすでに述べたとおりで，残りの4因子は，⑬ 抗争性，⑭ 自己充足，⑮ 不安抑制力，⑯ 浮動性不安です。2次的因子は，① 向性（外向性-内向性），② 不安の強さ，③ 活動性，④ 独立性です。

また，労研パーソナリティテストは，バーンロイター（Bernreuter, R. G.）が作成したバーンロイター人格目録の日本版であり，6つの性格特性（神経症傾向，自主性，向性，指導性，劣等感-自信，社交性）について測定できます。

次に，殊別テストには，向性，不安，うつ傾向，ストレス，感情などを調べるものがあります。主なものを列挙します。

- **向性検査**：田研式診断性向性検査，SG式向性検査
- **不安検査**：顕在性不安尺度（MAS），不安傾向診断検査（GAT），CAS不安測定性格検査，新版 STAI（状態-特性不安目録）
- **うつ傾向検査**：うつ性自己評価尺度（SDS）
- **ストレス検査**：自律神経失調症調査表（TMI；東邦大学心身医学教室作成）
- **感情尺度**：EQS（情動知能尺度），日本版 POMS（精神科外来患者気分尺度）
- **職業人対象の検査**：改訂版 CAB テスト

（b） 病理性判別指向テストと健康側面評定テスト

上記の概観テストと殊別テストにおいて，質問紙法の性格テストの主なものはほとんど記載されていますが，これらを別の視点からみると，性格の病理性

や不適応性などの側面を診断することをねらっているテストが圧倒的に多いといえます。この種のテストを便宜的に病理性判別指向テストと名づけ，健康的な望ましい性格の側面をとらえることをねらうテストを健康側面評定テストということにします。

　上述のように不安や抑うつ傾向などを調べる殊別テストはいうまでもなく，概観テストもほとんどは病理性判別指向テストです。その代表的なものは，ミネソタ多面的人格目録（MMPI）やCMI健康調査表などです。

　MMPIは，いろいろな種類の精神疾患を判別することを目的として作成されており，次のような10個の臨床尺度が設定されています。①心気症尺度，②抑うつ性尺度，③ヒステリー性尺度，④精神病質的偏向性尺度，⑤性度尺度，⑥偏執性尺度，⑦精神衰弱性尺度，⑧精神分裂性尺度（統合失調性尺度），⑨軽躁性尺度，⑩社会的向性尺度。

　CMI健康調査表も，身体的自覚症状（各器官・組織等についての12尺度）と精神的自覚症状（不適応，抑うつ，不安，過敏，怒り，緊張の6尺度）について，それぞれ広範囲なチェックができます。

　なお，すでにみてきたYG性格検査も社会的適応・不適応の診断が重視されています。

　一方，健康側面評定テストは，その種類は少ないものの，EPPS（エドワーズ人格的偏好目録）やCPI（カリフォルニア人格検査）などユニークなテストがみられます。

　EPPSは，個人が抱くいろいろな社会的動機（欲求）の中の主な15の動機（達成，追従，秩序，顕示，自律，親和，他者認知，求護，支配，内罰，養護，変化，持久，異性愛，攻撃）について，それぞれの強さを調べることにより，性格の特徴をとらえるテストです。

　またCPIは，社会生活や対人関係などの態度に関する質問項目から構成されており，精神的に健康な人が検査対象になっています。4つの大尺度群とそれぞれに3～6の小尺度が含まれ，合計18尺度から成り立っています。すなわち，第1群（支配性，社会的成就能力，社交性，社会的安定性，自己満足感，幸福感），第2群（責任感，社会的成熟性，自己統制力，寛容性，自己顕示性，社会的常識性），第3群（順応的な成就欲求，自立的な成就欲求，知的能力），第4群（共感性，融通性，女性的傾向）です。

（4） 質問紙法の適用年齢範囲

すでに述べたように，質問紙法の性格テストでは，被検者の自己評定による自己報告が求められます。したがって，その適用年齢は，質問項目を読み，自分の心身状態について内省することができる発達段階に達していることが必要です。そのため，多くのテストは高校生以上の青年・成人が対象となっていますが，一部に中学生もしくは小学生から適用できるテストもあります。小・中学生から適用できるテストの主なものを以下に列挙します。

- YG 性格検査：小2以上
- 本明・ギルフォード性格検査：小4以上
- 不安傾向診断検査（GAT）：小4以上
- カリフォルニア人格検査（CPI）：中学生以上
- 精神健康調査表（GHQ）：中学生以上
- CAS 不安測定性格検査：中学生以上
- 各種の向性検査：中学生以上

なお，「TS 式幼児・児童性格診断検査」は，3歳から小学校6学年までを対象としていますが，子どもでなく保護者に回答してもらうテストです。それゆえ，厳密にいえば，本節で取り上げられている自己評定による質問紙法の枠には入らず，例外的に他者評定による質問紙法ということになります。このように低年齢児を対象とした性格検査や発達検査では，この種の他者評定テストが今後もっと作成されることが望まれます。

（5） 質問紙法実施の留意点

本節の最後に，質問紙法はさまざまな場面で使用されうるが，その際に留意すべき主な事柄をいくつか述べることにします。

第1に，前述のように，質問紙法は被検者に自己報告をしてもらう方法であるので，思ったとおり正直に答えてもらわなければなりません。そのため，被検者が安心して自己開示できるように，検査者は信頼関係を作っておくことが必要です。そして，実施に際してはテストの主旨をよく説明し，理解を得ることも大切です。

第2に，被検者が自分について思っているとおりに答えてもらうためには，落ち着いた静かな部屋で，心理的圧迫等を受けないような雰囲気のもとで回答してもらうことに配慮する必要があります。

第3に，そもそも被検者の性格を把握する場合，テストの結果のみでなく，

面接や行動観察，さらには投影法など他の検査も実施する（テストバッテリー）などして，さまざまなデータを総合して個人を理解するように努めることが大切です。

第4に，テストの結果を被検者に説明する場合は，得点をそのまま示すのでなく，性格の特徴について，専門用語をできるだけ使わずに，具体的にわかりやすいく解説してあげることが必要です。得点を示す場合には，それは固定的なものではなく，変化しうる目安的なものであることをよく説明することが大切です。また，性格の全体像でなく，被検者本人の意識水準からとらえられた一側面であることも十分理解してもらうようにしましょう。

第5に，上記の4点すべてに関わることですが，テストの手引書や解説書をよく読んで理解を深め，そのテストが当該の被検者に適用するのが適切であるか否か，すなわちその個人について知りたいことが測定できるかどうかについて判断することが必要です。

第6に，一般に質問紙法のもつ効用および限界について理解していることが，テスト結果の解釈をしたり，被検者に説明したりなどするために大切なことです。効用と限界それぞれについて，これまでにいくつか言及してきましたが，ここで簡単にまとめておきます。

(a) 効　用
・実施・採点・解釈基準が規格化されている（標準化）ので，手引書をよく読めばだれでも実施できる。
・個別でも集団でも実施できる。
・他の方法と比べると，比較的短時間で実施できる。
・多様で具体的な心理的状態や経験について広範囲な内容を調べることができる。
・検査者が観察できない日常行動や経験について質問して，知ることができる。

(b) 限　界
・被検者の無意識な面や気づいていない事柄については調べられない。
・質問の意味を被検者が理解できなかったり，意味を取り違えて回答したりすることもありうる。
・被検者が自分にとって不利なことを隠そうとしたり，自分をよくみせようとしたりするなどの理由で，一部の質問項目に回答しなかったり，虚偽の回答をしたりする（動機性歪み）などのことがありうる。（MMPIや

MPI 等には，どの程度正直に答えたかを測る虚偽尺度（lie scale）がついているが，虚偽の回答自体を防止するものではない。）
・被検者に回答する意欲が乏しかったり，反発したりなどして，いいかげんな回答をすることもありうる。
・個人の統合された全体像・個性はとらえにくい（性格の「特性論」の限界）。

（大日方 重利）

7-3 投影法

(1) SCT（文章完成法）
(a) はじめに

SCT（Sentence Completion Test）は，投影法性格検査の1つです（表7-2）。そのはじまりは，1887年にエビンハンス（Ebbinghans, H.）が未完成の文章を用いて知的統合能力を測定したものとされています。「子どものころ……」「わたしが嫌なのは……」といった未完成の文章を被検者に呈示し文章

表7-2 MJ式SCT刺激語──少年用（第1形式）（長谷川，1993）

1. 子どものころ	16. できれば
2. 友だちといっしょになると	17. 友だちは
3. お父さん	18. 親にしかられたら
4. 私が知りたいのは	19. 私はよく人から
5. よその家にくらべて私の家は	20. おとな
6. 夜になると	21. 忘れられないのは
7. 家の人は	22. 学校でよくいわれたことは
8. 私の好きなのは	23. 私の顔
9. 私が自慢したいのは	24. だれからもきらわれたら
10. 先生は	25. 少女
11. 十年後	26. ここでは
12. お母さん	27. 勉強
13. 学校では	28. 私がいやなのは
14. ひまなとき	29. 私のきょうだい
15. 少年	もし私が

適用年齢は小学校高学年〜中学校3年程度
なおこのほかに，少年用第2形式，青年用（16歳〜19歳）第1・2形式，成人用（20歳以上）第1・2形式がある。

を完成してもらい，その作業を通して被検者の意識的・無意識的な経験や信念，態度，性格等を反映させることができます。

（b） 実施方法

「印刷されている最初の語句を読んで，思い浮かんだとおりに文章を作って下さい。正解，不正解はないので自由に書いて下さい。時間に制限はありませんが，あまり時間をかけずに書いて下さい。間違えたときは消しゴムで消さずに二重線を引いて下さい」と教示して，文章を完成していってもらいます。

（c） 解釈

文章完成法の解釈は，現在のところ1つには定まっていません。これまでに多くの研究者がさまざまな試みをしてきたところです。解釈の際に注意する点を以下にあげます。

① 文章全体を十分に読みこなし，表現の矛盾はあるか，感情的ニュアンスはどのようなものか，珍しい反応や理解しにくい反応はどれかなどにポイントをあてます。

② 完成文の長さ，反応時間，検査中の行動を加味して解釈します。例えば，どんな刺激語が被検者の不安をかき立て，動揺させるかなどです。

③ 書き消しについても注意を払います。被検者の心の危険なところに触れたときに起こりやすいのです。また，文章完成法だけの解釈は好ましくありません。テストバッテリーを組むことはもちろん，面接や他の調査資料とも合わせて解釈することが必要です。

（2） コラージュ技法

（a） はじめに

コラージュ（collage）とは，フランス語の"coller"を語源としており，「のりで貼る」という意味があります。20世紀の初めに生まれた美術の表現方法の1つです。臨床場面では，1972年にバック（Buck, R. E.）とプロバンチャー（Provansher, M.）の「評価技法としてのマガジン・ピクチャー・コラージュ」という論文がアメリカの作業療法誌に発表されたのが最初とされています。コラージュは，雑誌やパンフレットから切り抜いたものを台紙に貼るというだけのきわめて簡単なものです。しかし，そこには「持ち運べる箱庭」の要素も加わっており，被検者の内的世界を表現することができます。したがって，コラージュ技法は癒しの効果とアセスメント的役割を兼ね備えているといえるでしょう。

（b）方　　法

　コラージュ技法には特定の方法はありません。現在のところ，①マガジン・ピクチャー・コラージュ法と，②コラージュ・ボックス法の2種類が主流です。

① マガジン・ピクチャー・コラージュ法

　〈材　料〉　台紙（A4版かB4版の画用紙。カレンダーの裏を利用してもよいでしょう。被検者の希望により，適宜使い分けることが望ましいです），ハサミ，のり（スティックのりが便利），雑誌・パンフレット・広告・包装紙・新聞紙・カタログなど。

　〈実施方法〉　「ここにある雑誌等から好きな写真，気になるものを切り抜いて自由に画用紙に貼り付けて下さい」と導入します。作業時間は，カウンセリングの状況にもよりますが，およそ30〜60分が妥当だと思われます。完成後は，クライエントと作品を見ながら感想を交わします。このとき，治療者は解釈的なことは言わず，作品を誉めるくらいにとどめておきます。この方法には，相互法，家族コラージュ法・母子相互法・合同法，自宅制作法，裏コラージュが含まれます。

② コラージュ・ボックス法

　〈材　料〉　台紙，のり，ハサミなどはマガジン・ピクチャー・コラージュ法と同様です。切り抜きは，治療者が雑誌，パンフレットなどからあらかじめ切り抜いて用意しておきます。

　〈実施方法〉　「ここにある切り抜きを自由に画用紙に貼り付けて下さい。必要ならハサミで切ってもよいです」と伝えます。作業時間は約15分くらいを目安にして下さい。完成後には，解釈的なことを言う必要はありません。この方法には，ベッドサイド法，訪問コラージュ法が含まれます。

（c）実施に関する注意点

　コラージュをすることに気が進まないクライエントには，無理に実施しません。カウンセリングのたびに「今日はどうしますか？」などと，クライエントの意志を尊重するようにします。

（d）解　　釈

　現在のところ，解釈に決まった形式はありません。精神分析，ロールシャッハ・テスト等が参考とされ，多方面からのアプローチが試みられています。ここでは，箱庭療法を参考にした解釈について説明します。

　第1に大切なのは作品を継続的に作成して，流れを把握することです。作品

の変化をみていくことで，クライエントの内的世界の変化が理解できます。また，作品全体の印象も大切にします。例えば，温かい-冷たい，静的-動的などです。さらに，空間配置からも理解が深められます。これについてはバウムテストのコッホの空間図式を参考にして下さい。切り方，貼り方も分析上大きな意味をもちますので，注意深く作品を観察して下さい。

(3) バウムテスト
(a) はじめに
スイス生まれのコッホ (Koch, K.：1906-1958) により，1949年に『バウムテスト——精神診断学的補助手段としての樹木画テスト』として出版されました。その後，英語版，独語版も出版され，現行のものは1957年の改訂3版であり，わが国の臨床現場で最も多く使用されている検査の1つとなっています。バウムテストはもともと就職や教育の場での補助手段として用いられてきましたが，さらに人格理解，精神発達や心理治療過程での理解・検討にも用いられるようになりました。しかし，あくまでも人格診断のための補助手段であり，テストバッテリーの1つであることを忘れてはなりません。

(b) 方　法
A4版の白紙と鉛筆 (4B)，消しゴムを用います。教示は，「1本の実のなる木をできるだけ十分描いて下さい」というコッホの示したものを使います。もしも描かれた樹木画に関して不明な点があれば，「これは何ですか？」とか，「ここのところはどのようになっているの？」とさりげなく確かめることが必要です。自分が描いた絵に関して，被検者の不安をかき立てないためです。

(c) 整　理——空間領域の検討
画用紙の縦横に実線を引き，樹木画を4等分します。次に，幹の中心線，幹の最下部，冠部の最下部，枝の最下部に点線を引きます (図7-2)。絵の上に直接線を引くことはできないので，絵をコピーして作図するのがよいでしょう。コッホは解釈をするために，グリュンワルド (Grunwald, M.) の空間図式 (図7-3) を修正して用いています。これによって，樹木画が画用紙に対してどのように描かれているかを分析し，解釈を進めることができるのです。つまり，冠部と幹の比率や，左右の比率など，全体的なバランスを把握していくのです。また，筆圧の程度，描く速さ，絵の規則性，絵の内容，全体的な印象なども解釈をする上で重要な手がかりとなります。例えば，詳細に描かれているとか，力強い印象を受けるとか，樹木以外のものを描いているかなどというよ

7-3 投影法

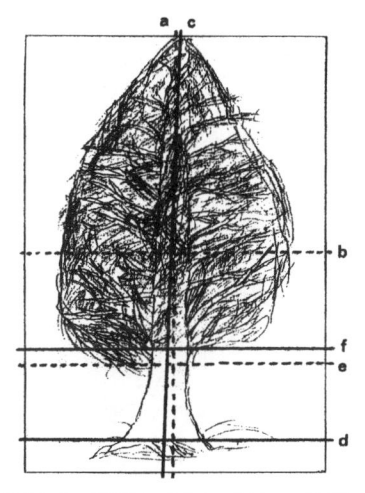

図7-2 事例のバウム（津田，1995）

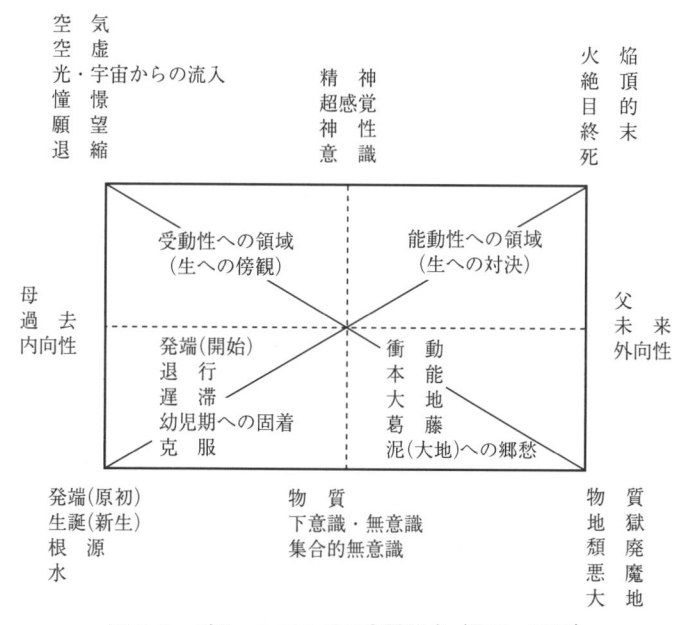

図7-3 グリュンワルドの空間図式（津田，1995）

（上段左）
空気
空虚
光・宇宙からの流入
憧憬
願望
退縮

（上段中）
精神
超感覚
神性
意識

（上段右）
焰
絶頂
火目的
終末
死

（左）
母
過去
内向性

（右）
父
未来
外向性

（図内上段）
受動性への領域　　能動性への領域
（生への傍観）　　（生への対決）

（図内下段）
発端(開始)　　　衝動
退行　　　　　　本能
遅滞　　　　　　大地
幼児期への固着　葛藤
克服　　　　　　泥(大地)への郷愁

（下段左）
発端(原初)
生誕(新生)
根源
水

（下段中）
物質
下意識・無意識
集合的無意識

（下段右）
物質
地獄
頽廃
悪魔
大地

うにです。その意味で、全体的なバランスをとらえる能力だけでなく、絵の細部を正確に見つめることができる観察力も検査者に求められているといえるでしょう。具体的な事例解釈については、『バウム・テスト事例解釈法』（K. コッホほか，1980）などを参考にして下さい。

（4） P-Fスタディ
（a） はじめに
ローゼンツァイク（Rosenzweig, S.）により考案された人格検査の1つです。P-Fスタディは、刺激状況が明確なので準投影法をよばれています。日本では、1955年に児童用、1956年に成人用、1987年に青年用が公刊されました。

（b） 場面内容
日常的によく経験するような24種類の「欲求不満」場面が絵に描かれています。左側の人物のことばに対する右側の人物の答えを被検者に想像してもらうのが基本的な方法です。24種類の場面は以下の2つに大別できます。

① **自我阻害場面**　外的な状況が変化し、欲求が満たされなくなった状況（24場面中16場面）。

② **超自我阻害場面**　良心や道徳に反する行動をして非難されている状況（24場面中8場面）。

（c） 実施方法
P-Fスタディは個別法も集団法も可能です。時間はおよそ30分前後で終了するようにします。最後に質問時間を設けて、不明な点を質問します。このときに、指示的になったり、被検者の反応を左右しないように注意して下さい。

（d） 反応の評点化と整理
評点化とは、得られた反応を一定のパターンに分類することをいいます。パターンにはアグレッションの型とアグレッションの方向の2次元的な組合せに加えて、2つの亜型を合わせた合計11種類のものがあります（表7-3）。評点化が終わったらそれらを記録表に記入します。集団一致評点（group conformity rating；GCR）、プロフィール欄、超自我因子欄、反応転移分析欄、全体的パターン（主反応分析欄）への記入となります。詳細は三京房刊、第4章「記録表の記入方法」（pp. 204～210）を参考にして下さい。

（e） 解釈
① **集団一致評点**（GCR）　日常場面で起こりがちな欲求場面において常識的な対応態度がどの程度であるかを理解できます。

7-3 投影法

表 7-3 評点因子一覧表 (住田 他, 1987)

アグレッションの方向 \ アグレッションの型		障害優位型 (O-D) (Obstacle-Dominance)	自我防衛型 (E-D) (Ego-Defence) (Etho-Defence)	要求固執型 (N-P) (Need-Persistence)
他責的 (Extraggression)	E-A	E′(他責逡巡反応) (Extrapeditive) 欲求不満を起こさせた障害の指摘の強調にとどめる反応. 「チェ!」「なんだつまらない!」といった欲求不満をきたしたことの失望や表明もこの反応語に含まれる.	E（他罰反応） (Extrapunitive) とがめ,敵意などが環境の中の人や物に直接向けられる反応. E：これは E 反応の変型であって,負わされた責めに対して,自分には責任がないと否認する.	e（他責固執反応） (Extrapersitive) 欲求不満の解決をはかるために他の人が何らかの行動をしてくれることを強く期待する反応.
自責的 (Intraggression)	I-A	I′（自責逡巡反応） (Intropeditive) 欲求不満を起こさせた障害の指摘を内にとどめる反応. 多くの場合失望は外にあらわさず不満を抑えて表明しない.内にこもる形をとる.外からみると欲求不満の存在の否定と思われるような反応である.従って失望や不満を抱いていることを外にあらわさないためにかえって障害の存在が自分にとっては有益なものであるといった形の反応語もこれであるし,他の人に欲求不満をひき起こさせそのためにたいへん驚き当惑を示すような反応もこれに入る.	I（自罰反応） (Intropunitive) とがめや非難が自分自身に向けられ,自責・自己非難の形をとる反応. I：これは I 反応の変型であって,一応自分の非は認めるが,避け得なかった環境に言及して本質的には失敗を認めない反応.多くの場合言い訳の形をとる.	i（自責固執反応） (Introoersistive) 欲求不満の解決をはかるために自分自ら努力をしたり,罪償感から賠償とか罪滅ぼしを申し出たりする反応.
無責的 (Imaggression)	M-A	M′（無責逡巡反応） (Impeditive) 欲求不満をひき起こさせた障害の指摘は最小限度にとどめられ,時には障害の存在を否定するような反応.	M（無罰反応） (Impunitive) 欲求不満をひき起こしたことに対する非難を全く回避し,ある時にはその場面は不可避的なものと見なして欲求不満を起こさせた人物を許す反応.	m（無責固執反応） (Impersisitive) 時の経過とか,普通に予期される事態や環境が欲求不満の解決をもたらすだろうといった期待が表現される反応.忍耐するとか,規則・習慣に従うとかの形をとることが特徴的である.

（註）：自我防衛型 (E-D) のところに,今回ローゼンツァイクは (Etho-Defence) という語を付け加えた理由について,林宛の手紙の中で「私は自我に関係づけられた行為 (ego-related action) のかわりに ethology という語を思いついたのでもなければ,持ち出したわけでもない.私は etho が ethos のように行動の体制化に関連しているという理由により,ego の代替として ethos の接頭辞を採用した.したがって強調すべきは行動についてであって,仮設上の ego の想像された人格構造についてではありません」と述べている.
（住田・林・一谷・秦・中田ほか「日本版ローゼンツァイク P-F スタディ仮説──基本手引──」(1987 年版, p.12, 三京房) より引用.)

② **超自我因子欄**　EとIの傾向を把握するために算出します。EとIは，EとIに比べたとき，その攻撃性が弱くなっている反応に対して与えられる記号です。一般的に穏やかな形での攻撃は，他罰的であれ自罰的であれ望ましいと考えられています。

③ **反応転移分析欄**　テスト反応が全体的にどのように変化していったかを調べるためのものです。反応の質の変化があるか，故意的なものがあるか等を理解することができます。

(5) ソンディ・テスト
(a) はじめに

ソンディ・テスト（Szondi-Test，実験衝動診断法）は，ハンガリー生まれの精神科医レオポルド・ソンディ（Leopold Szondi：1893-1986）により考案された人格投影法であり，彼の運命分析理論を立証するために作られました。当時も，精神疾患の病像を解析するための一手段として遺伝学はありましたが，ソンディは遺伝学に，フロイト（Sigmund Freud：1856-1939）の「無意識の心理学（深層心理学）」をさらに発展させた家族的無意識の学を加え，衝動病理学を作り上げたのです。

衝動病理学の中でソンディは「運命」という概念を主張しています。個人の運命は内界あるいは外界によって規定されるものでもなく，逆にまったくの自由な立場にあるものでもないというものです。必然的な要素と自由な要素，つまり遺伝，衝動性質，社会的環境，精神的環境，自我，魂の6つの要因が複雑に絡み合って運命を規定しているとソンディはいっています。

衝動病理学でいう「遺伝」の意味とは，生物学での「形質を発現させるのは細胞核中の染色体である」のと同じです。ただし，心理学においては，実態のない人間の行動を規制する「無意識」という目に見えないものを対象としています。

(b) テストの用具，実施方法

テストの用具は，ソンディによって標準化された48枚の顔写真と所定の記録用紙を使用します。この写真は1組8枚の精神疾患患者の顔写真6組から構成されていて，写真は合計48枚となっています。まず，1組目の8枚の顔写真カードから「好きな顔写真2枚（＋反応）」と，「嫌いな過去写真2枚（－反応）」を被検者に選んでもらいます。同様のことを1組から6組行います。このとき選択された24枚の顔写真が前景像（Voder-grund profil；VGP）の基

礎資料となります。次に各組ごとに残った4枚の顔写真カードの中から，「比較的嫌いな写真2枚」をそれぞれの組から選んでもらいます。選択されなかった2枚は「比較的好き」なものと評価されます。こうして選択された24枚は背景像（Experimentells Komplement profil；EKP）の基礎資料となります。

テスト時間は，平均して約5～7分を目安とし，1日1回を原則とします。1日以上7日以内の間隔でテストを行い，計10回のテストを繰り返します。

(c) 結果の整理と解釈

VGPとEKPについて各8因子ごとに好き（＋）と嫌い（－）がいくつあるのかを棒グラフ状にします（衝動プロフィール）。好きと選ばれた方向にあるものを＋，嫌いと選ばれたものを－，好き嫌いが半々のものを±，そのどちらにもならなかったものを0というように4種類に分類して記号化します。（このとき，4枚以上同一方向に選ばれたときは1枚につき「！」を1つ表記します。つまり，4枚なら「！」，5枚なら「！！」，6枚なら「！！！」です。）

傾向緊張表を基礎資料とした分析は，「被検者の内的葛藤の程度」「症状の表出の程度」「社会性」など多岐にわたります。しかも，分析結果は，分析者に左右されず誰がいつ分折しても同じ結果が得られるという点できわめて客観性が高いというのもこのテストの特徴です。

(6) TAT（主題統覚検査）

(a) はじめに

TAT（Thematic Apperception Test）はモーガンとマレー（Morgan & Murray, 1935）によって，パーソナリティの深層を理解する技法として発表されました。今日，広く活用されているのは，その後何回かの改訂を経て，1943年にマレーによって発行されたTAT図版とその手引書となっています。

マレーたちは，被検者に絵を見せて文学的創造力を刺激し，空想を豊かにすることにより無意識のコンプレックスを表出できると考えました。つまり，見せた絵から，過去，現在，未来にわたる物語を作ってもらうという精神作業が，感情，コンプレックス，情緒，葛藤等を露呈させることができるのだと考えられたのです。

(b) 検査方法

① 目 的　パーソナリティの潜在的な衝動，感情，葛藤を明らかにすることを目的とします。適用範囲は，5～6歳から成人，老人に至る広い年齢層となっています。

② 材　料
- TAT図版1組　　29枚の絵と1枚の白紙図版から構成されています。各図版には，1〜20までの号がつけられていて，このうち1，2，4，5，10，11，14，15，16，19，20の11枚は共通図版であり，どんな被検者にも使用します。さらに，少年（B），少女（G），成人男子（M），成人女子（F）の記号がつけられており，性別，年齢（14歳以下と14歳を超えるもの）で使い分けられるようになっています。そして，1〜10図版は，比較的日常に近い絵（第1系列）からなり，11〜20図版はかなり非現実的で多義性の高い絵（第2系列）が多く，特に16図版は白紙であり，絵そのものから物語を作ってもらいます。また，第1系列と第2系列の実施は，1日以上の間隔をあけることとされています。
- 手引書（英文）
- 筆記用具またはテープレコーダー
- ストップウォッチ

(c) 実施方法

① 教　示　　教示は次を参考にして下さい。「これから何枚かの絵をお見せします。1つの絵について自由に連想して物語を作って下さい。この絵の前にどういうことがあったのか，いまどのように考えたり感じたりしているのか，自由にあなたの思うとおりに私に話してみて下さい。では，最初の絵をお見せします。だいたい5分くらいで，まとまるように作ってみて下さい」と言って，第1図版を被検者に渡して下さい（木村，1995）。被検者の中には，作る物語には正解があるのではないかという観念にとらわれている者も少なくないので，「当たったとか，外れたとかを調べるテストではない」ということ適宜教示する必要があります。

② 質　疑　　質疑は必要不可欠のものではありませんが，反応をはっきりさせるためには適宜用いる必要があります。

(d) 分析・解釈

① 分析方法　　木村のTAT分析リストを示したいと思います（表7-4〜8）。被検者の作ったTAT物語から，各リストと照らし合わせて必要な要因を抜き出します。

② 解　釈　　分析結果と被検者の生活史や他の資料を総括し，被検者の行動や人格にどう影響し，どのような意味をもつかを結論づけていきます。

7-3 投影法

表 7-4 欲求のリスト (木村, 1995)

A　対人関係 (interpersonal)	組織 (organization)
親和 (affiliation)	構成 (construction)
家族的親和 (family)	理知 (understanding)
友好的親和 (associative)	認知 (cognizance)
異性的親和 (sexual)	遊戯 (play)
性 (sex)	変化 (change)
養育 (nurturance)	興奮 (excitance)
援助 (succourance)	飲食 (nutriance)
顕示 (exhibition)	官能 (sentience)
承認 (recognition)	無活動 (passivity)
支配 (dominance)	自罰 (intragression)
拒否 (rejection)	C　圧力排除
攻撃 (aggression)	自立 (autonomy)
感情的 (emotional)	自由 (freedom)
社会的 (social)	抵抗 (resistance)
反社会的 (asocial)	反社会 (asocial)
敬服 (deference)	対抗 (counteraction)
模倣 (similance)	D　防衛逃避
伝達 (exposition)	防衛 (defensiveness)
B　社会関係 (social)	不可侵性 (inviolacy)
達成 (achievement)	劣性回避 (avoidance of inferiority)
優越 (superiority)	非難回避 (avoidance of blame)
獲得 (acquisition)	危害回避 (harmavoidance)
保存 (conservation)	屈従 (abasement)
保持 (retention)	隠遁 (seclussion)
秩序 (orderlines)	

表 7-5 水準分析 (木村, 1995)

現実行動水準	非現実水準
前行動水準	白日夢　夢
知覚　意図	特別状態
期待　思考	酩酊状態, 幻覚, 妄想

表 7-6 解決様式リスト (木村, 1995)

肯定的	否定的
能動的	受動的
確定的	不確定的
現実的	空想的

表 7-7 結末のリスト (木村, 1995)

幸福	不幸
成功	失敗
不定	非現実的

表7-8 圧力のリスト (木村, 1995)

A　対人対関係	承認 (recognition)
親和 (affiliation)	B　環境
養育 (nurturance)	災害 (disaster)
性 (sex)	運命 (luck)
援助 (succourance)	不幸 (affliction)
敬服 (deference)	欠乏 (lack)
褒賞 (gratuity)	支持喪失 (insupport)
支配 (dominance)	強制課題 (imposed task)
拒否 (rejection)	単調 (monotony)
攻撃 (aggression)	C　内的
競争者 (rival)	挫折 (frustration)
獲得 (acquisition)	罪 (guilt)
保持 (retention)	身体不全 (physical inadequacy)
伝達 (exposition)	心的不全 (mental inadequacy)
模範 (example)	身体危険 (physical danger)
プラスの影響 (＋)	疾患 (illness)
マイナスの影響 (－)	死 (death)
認知 (congnizance)	

(7) 人物画テスト

(a) はじめに

描画テストは，パーソナリティのアセスメントや心理療法等を目的としています。その中の1つである「人物画テスト」(Draw-a-Person Test；DAP) は，もともと知能検査的役割をもっていましたが，しだいにパーソナリティを理解する投影法として発展してきました。このテストは非言語的であり，絵を描くだけなので，きわめて簡単なものだといえます。したがって，幼児にも抵抗感をもたせにくいという利点があります。あるいは，絵を描くことを通して，クライエントと治療者との間の信頼関係が育ちやすいことも優れた点の1つといえるでしょう。また，性格の中の攻撃性，非社会性，退行的傾向などを判定することにも適しています。

(b) 方　法

消しゴム，鉛筆，B5版の白い紙を用意します。白い紙を縦にして被検者に渡します。そして「ここに1人の人物の頭から，足までの全身を描いて下さい。絵の上手・下手をみるものではないので，自由に描いて下さい。ただし，ていねいに描くよう心がけて下さい」と伝えます。1枚目が描き終えたら，次にその絵とは反対の性別の人物を描いてもらいます。つまり，2枚描いてもらうこ

とで，男女の人物画が得られることになります。

描画中の被検者の行動観察には，特に注意を払う必要があります。身体のどの部分をどの順序で描くのか，描くのに迷ったのはどこか，どこをどのように描き直すのか等は被検者の情緒に深く関わるものなので，きちんと記録しておく必要があります。

描画修了後，質問の時間を設けます（高橋，1991）。
　①この人は何歳くらいだと思いますか。
　②この人はいま何をしていますか。
　③この人はいま何を考えたり感じたりしていますか。
　④この人はどんな性格の人だと思いますか。
　⑤あなたは，誰かを想像してこの人を描いたのですか。
　⑥あなたが描こうと思ったように描けましたか。
など，全部で18項目の質問があります。

　（c）　結果の整理

男女2枚の絵の比較をすることが中心となります。一般的に，自分と同じ性別の人物画（自性像）には，自己のイメージが現れるといわれています。また，自性像は他性像（自分とは別の性別）より先に描かれる可能性が高いこともいわれています。仮に，他性像のほうが先に描かれた場合には，自己のイメージに対して何らかの問題を抱えていることが示唆されるでしょう。整理についての詳細は，『人物画への性格投影』（Machover, 1949）を参考にして下さい。

　（d）　解　釈

解釈については，"ケーススタディと絵の比較の経験"を多く積むことが大切です。なぜなら，被検者の普段の行動と描画は関連していることが多いからです。しかし，1枚の絵からも多くのことが理解できるので，優れた観察眼を養うことが必要です。

（8）　ロールシャッハ・テスト

　（a）　はじめに

ロールシャッハ・テストは，投影法心理検査の中では代表的なもので，スイスの精神科医であるヘルマン・ロールシャッハ（Herman Rorschach：1884-1992）が考案しました。10枚の刺激図版を被検者に見せ，反応を記号化するというものです。今日では，実施手順や反応の記号化には異なったスコアリングシステムがあります。しかし，それらはすべてヘルマン・ロールシャッハが

作った図版を刺激図版として採用しています。わが国では，片口式（片口，1987）が多く採用されています。また，国際的にはエクスナー法（Exner, J. Comprehensive system）も採用されるようになってきています。

(b) 実施方法

① 用具　ロールシャッハ・テスト図版，ストップウォッチ（時間が計れれば時計でもよい），反応記録用紙，ロケーションチャート，筆記用具。ロールシャッハ・テスト図版は，無彩色図版5枚，有彩色図版5枚の計10枚から構成されています。各図版には，提示順序がわかるように，ローマ数字で番号がつけられています。

② 実施方法　採光については特に注意しなければならず，自然光が多く入る静かな部屋が望ましいです。座席は対面法，90度法，180度法などがあります。

③ 自由反応段階　「これから10枚の図版を見せます。それらが，何に見えるか，どのように思えるか自由に言って下さい。答えに正解，不正解はないので，気を楽にして言ってみて下さい」と教示します。被検者の言語反応は逐語記録します。また，同時に反応時間を計測します。一般的な所要時間はだいたい50分前後となっています。

④ 質問段階　自由反応段階で得られた反応をよりよく理解するために行います。質問によって被検者が何かを付け加えたり，被検者の考えを変えることにならないように注意して下さい。

(c) 整理

全反応は，反応領域，決定因，反応内容の3つの要素に分けてスコアリングします。さらにそれらを，形態水準と平凡反応の2つの側面から評価します。スコアリングの基準については検査手引きに従って行います。スコアリングができたら，それを反応記録用紙（Scoring List）に記入し，Basic Scoring Tableと，Summary Scoring Tableを作成します。

(d) 解釈

スコアは一義的なものではありません。したがって，得られた反応から離れてスコアだけで分析を進めてしまうと，結果を歪めてしまう可能性があります。正確な解釈をするためには，反応全体の流れを把握しなければならず，これにはかなりの経験が必要となります。正しい解釈ができるように，経験者の指導を受けることが好ましいでしょう。

（松原　由枝）

7-4 作業検査法──内田クレペリン精神検査

(1) はじめに

ドイツの精神医学者クレペリン (Krapelin, E：1856-1926) らは，人間の精神身体的な作業の経過が，一定の法則に従って進行するものと仮定しました。① それはどんな形のものであるか，② その形を規定する精神的因子の種類，③ 個人差の表れ方，④ それが内的，外的な特殊条件によってどう変化するか，などの点について研究を進めていき最終的に種々の精神作業の中から「連続加算作業」を取り上げたのです。そして，人間の精神作業には「練習」「疲労」「慣れ」「興奮」「意志緊張」の5因子が内在するという「作業の5因子説」を提唱しました。

わが国に連続加算法を初めて導入したのは，内田勇三郎 (1894-1966) であり，性格検査として臨床心理学分野に応用しました。彼は，作業時間，休息時間について独自に検討し，現行の25分法 (10分作業-5分休息-10分作業) を確立したのです。

この検査の特徴は，① 被検者による意図的な操作がされにくい，② 大量実施が可能，③ 1行の数字を加算するだけでよい，という3つがあげられます。しかしながら，検査結果からの性格特徴の分析には相当の訓練と経験が必要とされています。

(2) 検査方法

(a) 目的

仕事ぶりおよび性格特徴についての診断を目的とします。適応年齢は中学生から成人となっています。

(b) 材料

内田クレペリン精神検査用紙標準型，1人1枚。ストップウォッチ (30秒計は不可)。被検者1人につき鉛筆かボールペン (万年筆は不可)。

(3) やり方の説明をする

(a) 検査前に次のような教示をします

「こちらの合図に従って，左から，隣り合う2つの数字を加算していき，答えの1の位の数字を2つの数字の間の下に書いて下さい」「間違えて行を飛ばしたときは気にせずそのまま進めて下さい」「1分ごとに『行を変えて下さい』

と合図がありますので，そのときは次の行に移って下さい」「『行を変えて下さい』の合図がある前に1行の最後までやってしまったら，次の行に進んで下さい」「間違った場合には，消しゴムで消さず，線を引いて正解を書いて下さい」

(b) 練習してもらう

検査法の説明をしてから約2分間の練習をしてもらいます。以下の手順で行って下さい。

「用意，始めて下さい」——1分間——「行を変えて下さい」——1分間——「行を変えて下さい」——1分間——「鉛筆を置いて下さい」

(c) 本検査に入る

練習終了後1～2分間の間をおいて本検査に入ります。時間厳守で実施するのは当然のことながら，被検者の行動観察と同時に，あらかじめ身体的，精神的内観を得ておくことが，より正確な判定に必要となります。

(4) 整理方法

各行の加算した最後の数字を定規を用いて赤鉛筆で結んで下さい。休息前後は結びません（作業曲線）。誤答には赤丸をつけます。用紙に印刷してある目盛りに従って平均作業量を青鉛筆で記入して下さい（作業量の段階線）。

作業曲線を引いた後，各行の加算作業を用紙に記入し，平均作業量（m）を算出します。また，答えが未記入（脱落）のところは赤鉛筆で△をつけ，その数だけ作業量から差し引き，曲線を引いて下さい（図7-4）。

(5) 曲線の判定

健康者常態曲線からのずれ（質的段階）の程度と作業量段階（量的段階）から判定を行います。

(a) 質的段階

① **初頭努力**（n）　これは，作業に対する入りやすさ，滑らかさを示し，作業開始時での意志緊張の程度の測ります。クレペリンによれば，意志緊張は健常者なら必ずみられるものであり，逆にこれがない場合には何らかの精神的欠陥が推測できるとされています。

② **動揺率**（s）　作業曲線はほとんどの場合，振幅します。これを動揺といい，興奮と疲労，意志緊張とその弛緩を表現します。動揺が一定水準をはるかに超えている場合は，何らかの内的異常の徴候が考えられます。

③ **V字落ち込み**（V）　V字落ち込みは動揺の極端な例として診断上有効

7-4 作業検査法——内田クレペリン精神検査

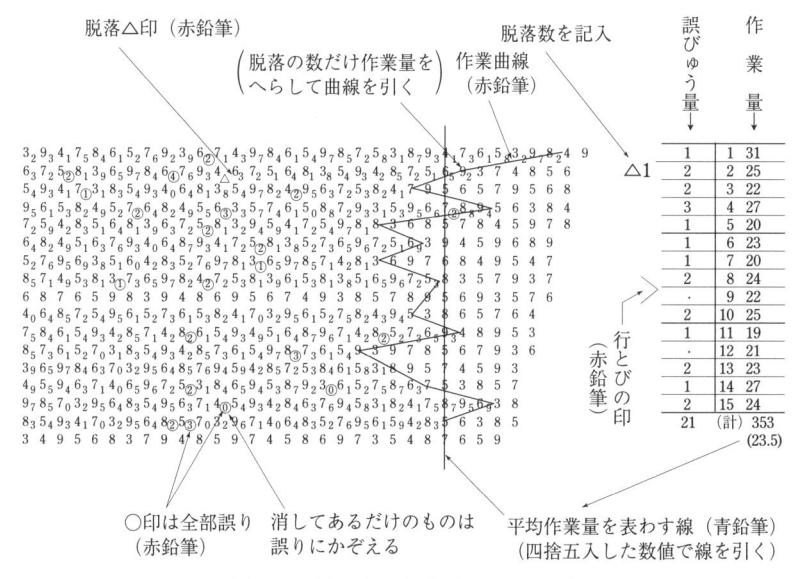

図7-4 整理方法見本（横田，1949）

な手がかりとなります。ある行の作業量が前後に比べて3分の1以上少ない場合，V字落ち込みとします。V字落ち込みが生じるのは以下の場合が考えられます。①極度に努力した後の反動的意志解消の結果，②何らかの原因で作業量が減ったため次の行でそれを取り戻そうと猛烈に努力した結果。どちらにせよ，作業が平均的にこなせないという点で異常精神現象の現れとされています。逆に大きい突出（ある作業量が，前後に比べて3分の1以上も多い）が得られた場合も注意が必要とされています。

④ **平均誤びゅう量**（t）　健康者でも，誤答するのはあたり前ですが，その誤りが過半数に及ぶような場合は注意が必要です。

⑤ **休息効果**　作業中に休息をとると，疲労が回復すると同時に作業にも慣れてきているので，休息後の作業能率は高まります。しかし，休息効果がみられないときには，作業能率を低くしてしまう場合もあります。その原因として，①被検者の慣れの悪さ，②極端に疲労しており，休息によって回復しない，③休息前の作業興奮が継続しない，ことが考えられます。特に，統合失調症の患者などでは休息効果率が低いともいわれています。

以上をまとめて，次の特徴をもつものを非定型とします。

①誤答の多発，②V字落ち込みがある，③大きい突出がある，④動揺

が極端である（振幅が平均作業量の3分の1以上になる），⑤動揺の欠如，⑥前期より後期の作業量が全体的に減少している，⑦休息効果がない（後期初頭部がその後の作業量に比べて著しく低い），⑧前期あるいは後期での最大作業量と最小作業量が，平均作業量と比べ60％以上の差がる，⑨平均して前期の作業量が10以下，後期の作業量が15以下である。

(b) 量的段階

横田ら（1949）によれば，田中B式知能検査のIQと，クレペリン検査の作業量には相関関係があるといわれています。もちろん，クレペリン検査で知能を測ることはできませんが，知能水準の高低と作業量の間にアンバランスさがあれば問題といえるでしょう。例えば，IQ80以上で，知能が比較的高いにも関わらず，作業量が低い場合は，性格上の欠陥，または障害のある者が多く，同時にそのような者には休息効果率の低い者が多いとされています。

(6) 効 用

内田クレペリン精神検査は性格検査として，入社試験といった採用試験などのスクリーニングや，教育，臨床の場で広く活用されています。大勢に1度で検査でき，しかもその方法が簡単であることや同一人の性格と能力が理解できる等の利点があるからです。しかし，非定型特徴が顕著だからといって，その人の性格に異常があると判定するのは間違っているのではないでしょうか。判定のいかんで，その人の今後の人生を左右してしまう危険性があるからです。公正かつ正確な判定をするには，作業中の行動観察，身体的，内的状況を把握した上で，作業曲線を深く洞察する検査者の能力が求められているのです。

（松原 由枝）

■ 引用文献

我妻 洋・川口茂雄・白倉憲二 1967 『CPI日本版・実施手引』 誠信書房.
花沢成一・佐藤 誠・大村政男 1998 『心理検査の理論と実際』（第Ⅳ版） 駿河台出版社.
長谷川浩 1993 「言語連想法検査」 岡堂哲雄 編 『心理検査学』 垣内出版.
肥田野直 1989 「パーソナリティの測定」 肥田野直 編者 『心理・教育における測定法』 放送大学教育振興会.
肥田野直・岩倉信九郎・岩脇三良・杉村 健・福原真知子 1970 『EPPS性格検査手引』 日本文化科学社.

平井洋子　2001　「測定・評価に関する研究の動向」　教育心理学年報, **40**, 112-122.

一谷　彊　1995　「ローゼンツァイク P-F スタディ」　松原達哉 編　『最新心理テスト法入門』　日本文化科学社.

伊沢秀而・内山武治・茂木茂八 日本版著（Cattell, R. B. & Eber, H. W. 著）　1982　『16 PF 人格検査手引』　日本文化科学社.

木村　駿　1995　「TAT」　松原達哉 編　『最新心理テスト法入門』　日本文化科学社.

Machover, K.　1949　*Personality Projection in the Drawing of the Human Figure*, Springfield; Charles C. Thomas Publisher.

MMPI 新日本版研究会 編　1993　『MMPI 新日本実施マニュアル』　三京房.

MPI 研究会 編　1969　『新・性格検査法──モーズレイ性格検査』　誠信書房.

小川　亮　1994　「学校を測る──教育心理学」　浅井邦二 編著　『こころの測定法』　実務教育出版.

労働科学研究所 編　1972　『労研・適性検査の手びき』　労働科学研究所.

鈴久卓也・深町　健　1972　『コーネル・メディカル・インデックス──その解説と資料』　三京房.

高木俊一郎・坂本竜夫　1997　『TS 式幼児・児童性格診断検査の手引』　金子書房.

高橋雅春・高橋依子　1991　『人物画テスト』文教書院.

詫摩武俊　1990　「性格の研究史」　詫摩武俊・瀧本孝雄・鈴木乙史・松井　豊 共著　『性格心理学への招待』　サイエンス社.

田中富士夫　2001　「パーソナリティのアセスメント」　上里一郎 監修　『心理アセスメントハンドブック』（第 2 版）　西村書店.

津田浩一　1995　「バウムテスト」　松原達哉 編　『最新心理テスト法入門』　日本文化科学社.

辻岡美延　1977　『新性格検査法──Y-G 性格検査実施・応用・研究手引』　日本心理テスト研究所.

山田尚子・辻平治郎　2000　「パーソナリティ研究の動向と展望」　教育心理学年報, **39**, 70-77.

横田象一郎　1949　『クレペリン精神作業検査解説』　金子書房.

■ 参 考 文 献

上里一郎 監修　1993　『心理アセスメントハンドブック』　西村書店.

安藤公平・木村政雄・花沢成一・佐藤　誠　1971　『心理検査の理論と実際』（改訂版）　駿河台出版社.

安香　宏・大塚義孝・村瀬孝雄 編　1992　『人格の理解②』（臨床心理学大系 6）　金子書房.

安香　宏・藤田宗和 編　1997　『臨床事例から学ぶ TAT 解釈の実際』　新曜社.

今田　恵　1962　『心理学史』　岩波書店.

井村恒郎　1967　『臨床心理検査法』（第2版）　医学書院.
伊藤祐時・松村康平・大村政男 編　1977　『心理技術事典』　朝倉書店.
伊藤隆二・松原達哉 編著　1983　『新訂増補 心理テスト法入門』　日本文化科学社.
ケリー，E. L.／安藤公平 訳　1979　『人物考査法』（基礎心理学シリーズ8）　福村出版.
Koch, K　1949／林　勝造・国吉政一・一谷　彊 編著　1980　『バウム・テスト事例解釈法』　日本文化科学社.
松原達哉 編著　1995　『最新心理テスト法入門』　日本文化科学社.
松原達哉 編著　2002　『図解雑学 臨床心理学』　ナツメ社.
森谷寛之・杉浦京子 編　1999　『コラージュ療法』（現代のエスプリ No. 386）　至文堂.
日本心理臨床学会 編　1991　「臨床心理士の基本技術」（心理臨床学研究第9巻特別号）　日本心理臨床学会.
岡堂哲雄 編　1993　『増補新版 心理検査学——臨床心理査定の基本』　垣内出版.
岡堂哲雄 編　1993　『心理テスト入門』（こころの科学増刊）　日本評論社.
岡堂哲雄 編　1998　『心理査定プラクティス』（現代のエスプリ別冊 臨床心理学シリーズII）　至文堂.
大塚義孝 編　1990　『運命分析——その臨床とソンディ』（現代のエスプリ No. 273）　至文堂.
Reisman, J. M. 1976／茨木俊夫 訳　1982　『臨床心理学の歴史』　誠信書房.
Reppert, H. C., Campbell, J. P., & Kirk, C. C.　1965　The management and supervision of a testing program. Adams, J. F. (ed.) *Counseling and guidance: A summary view*. N.Y.: The Macmillan Company, 267-273.
佐藤達哉　1996　パーソナリティ　日本児童研究所 編　1996　児童心理学の進歩, **35**, 243-270.
沢田慶輔　1957　「カウンセラーの倫理」　沢田慶輔　『相談心理学』　朝倉書店.
塩見邦雄・金光義弘・足立明久 編　1982　『心理検査・測定ガイドブック』　ナカニシヤ出版.
高野清澄・國分康孝・西　君子 編　1994　『学校教育相談・カウンセリング実践事典』　教育出版.
辰野千壽　1999　『行動・性格アセスメント基本ブック——児童生徒理解の理論と方法』　図書文化社.

8. 行動・社会性テスト

はじめに

　行動・社会性テストとしては，精神遅滞児，肢体不自由児，脳性マヒ児，学習障害児，自閉症児など複数の心身障害のある児童生徒の診断や指導に役立てるテストとして日常生活動作テスト（ADL）があります。またこのテストには，研究者によって若干改正されたものもあり，それらを述べました。
　SM社会生活能力検査は，アメリカのドル（Doll, E. A.）が開発したテストで，精神遅滞児の診断には，IQ以外にSQの診断が必要であると強調して作成されたもので，全国でよく利用されています。これは適用年齢の幅が広いので，それを幅狭くして3〜6歳の子どもを対象にして作成したのが社会成熟度診断検査であり，それも紹介しておきました。さらに，WHO/QOL-26のクオリティ・オブ・ライフ26も付記しておきました。
　また，東大式エゴグラムについても詳しく述べてあります。

8-1　行動・社会性テスト総論

（1）　日常生活動作テスト

（a）　目　　的

　日常生活動作テスト（Activities of Daily Living；ADL）とは，日常生活をするために必要な諸動作ができるかどうかを診断するテストです。特に，心身障害児や老人などを対象に，日常生活動作能力を診断し，生活指導，機能訓練，職能訓練等の効果的かつ的確な資料として役立っています。
　生活を通して学び，自らの生活へ応用していく精神的身体的諸能力の育成は，心身障害児教育の基盤です。つまり，自主性・自律性の確立を目ざす生活指導

は，あらゆる教育活動に取り入れられて展開されていかねばなりません。ここにみるADL（日常生活動作）は，これら生活指導展開の中でも，きわめて重要な土台をなすものであり，心身障害児が所持している精神的身体的能力を十分活用することにより，家庭生活はもとより集団生活で要求される諸活動が遂行していけるよう，その訓練の重要性が叫ばれている領域といえます。

(b) 適用年令

小児，学童，成人，高齢者に応じて実施。対象者の障害種，生活の場，活動の種類により，統一的な検査法となりにくいのです。

(c) 所要時間

病院，施設，学校等の環境，日課，対象者の特性に応じて実施。検査場面だけでなく，日常生活場面を通じた観察も必要です。

(d) 用　具

ADL評価票を用います。項目数・内容は作成者によって異なります。

(e) テスト内容

テストの性格から，評価項目は無数にあるといえます。小項目数は100を超えるものもあります。項目の細分化（分析の重点）は，年令，障害の状態，疾患によって大きく異なります。

ADLとしての主要領域は，次の9領域です。① 食事；食事の動作および習慣に関する内容，② 排泄；排尿・排便の動作および習慣に関する内容，③ 衣服；衣服の着脱および習慣に関する内容，④ 睡眠；睡眠の習慣に関する内容，⑤ 衛生；洗面・整容・清潔・衛生らに関する動作・習慣，⑥ 健康；健康・安全の維持に関する内容，⑦ 移動；運搬・車椅子・起座・床上等の移動等に関する内容，⑧ 操作；上肢（手先）の動作全般に関する内容，⑨ 言語；コミュニケーション・通信等意志の交換に関する内容などです。

なお，観察の主要点としては，次のような面です。全身的な運動能力の適応度および習慣化の程度，上肢の運動能力の適応度，手先の操作能力の適応度，言語能力の適応度，諸動作の速さの程度，諸動作の的確性の程度，諸動作の独立性の程度，諸動作の可動限界の程度，諸動作の持久性の程度などです。

この他，入浴動作については対象者の疾患や障害の状態に応じて，「歩行」「車椅子」「操作（日常生活用品の使用）」「通信連絡」「ベッドメイキング」等が，大項目とされる場合もあります。

さらに，小児を対象とするADL検査では，「コミュニケーション」「知的発達」「学習の状態（読み・書き・算数）」「自分や家族についての知識」「興味・

関心(好きなこと)」等が項目として加えられることがあります。
(f) 実施方法(留意点)
① 評価者が評価の目的を理解し,チェックするだけでなく,改善をどのようにするかを考えます。
② 検査場面だけでなく,複数スタッフによる日常の観察,記録などを尊重します。
③ 環境条件,器具,事物の種類,意欲・意志等の情意面もできる限り記録します。
④ 評価の分析においては,対象者の心理的側面を考慮します

(g) 整理方法
①「可・不可」「介助の必要度」「遂行に要する時間」「実用度」等の観点から評価されますが,大項目の内容の特性に応じて観点が選択されます。
② 総点数を算出する方法もありますが,一般的には大項目ごとに,4～7段階で評価されます。例えば,4段階であれば,「自立」「制限有」「要援助(部分)」「全介助」のように評価します。

(h) 結果の利用
結果の評価は,主観法と客観法が用いられます。主観法は,検査の主観者によって,諸動作が「できる」「どうにかできる」「介助すればできる」「できない」と評価するのです。客観法は,一定の評価基準で,3～7段階法で評価するのです。これらの評価によって,個々の動作能力を点数化し,各領域における総合能力を達成率をもって表示するのです。

結果の利用は,こうした諸能力の問題を診断し,その原因が,身体障害によるのか,生育環境からの影響か,成熟・発達の遅れによるのか,学習上の問題なのかを追究し,今後の訓練方法や指導方法を考えます。

(2) 日常生活動作テスト(ADL)
(a) 目 的
洗面,着脱衣,食事,起座,移動その他の日常生活動作(activity of daily life)がどの程度できるかを知るためのテストです。

(b) 方 法
日常生活動作テストを実施するには,① 調査しようとする日常生活動作を懸命に選択し,決定することであり,② そのひとつひとつの動作についての適当な段階数の評定尺度を用意します。この段階数があまり多いと,尺度作成

が困難になり，また作製が困難となり，また，それによって評定する場合も困難になります。

評定結果は次に示す例のように，数量化して示します。

成人の場合は，国立身体障害者更正指導所において，床上運動群，衣服着脱動作群，整容動作群，通信動作群，食事動作群，器具使用動作群，車椅子動作群，起座動作群，移動動作群の9群に大別し，その中に含めた全体で1200の日常生活動作を評価の対象として，動作不能の者を0点，正常に動作可能なものを10点とする10段階の評定尺度法によって評定する方法を採用しています。

また，上田信一は，6歳から9歳までの脳性マヒ児81人と普通児161名につき，洗面，着衣，運搬，学習，用便，掃除，工作，洗濯，炊事，その他の11群に分け，各群に3ないし8の動作を選んで全部で53項目からなる調査票をつくり，そのおのおのについて，できる調査票をつくり，そのそれぞれについて，(A) 不能，まったくできない，(B) ひじょうな努力をしても十分できない，(C) 努力をすればできる場合もある，(D) どうにかできる，(E) 普通自由にできる，の5段階の評定尺度で評定する研究を試みています。その結果は，一般に脳性マヒ児の日常生活動作の能力は，普通児に比して著しく劣っています。

(c) 寺沢式日常生活活動作能力（ADL）評価基準表

この検査は，全国的に標準化されているというより，各研究者や機関が一定の基準を作成して評価しています。ここでは，寺沢式日常生活動作能力（ADL）評価基準表（文部省「機能訓練の手引き」，1967）を示します（表8-1）。この評定法は，移動，食事，排泄，衣服，入浴，ことばの6項目6段階（5～0点）評価のシステムです。総点30点満点に対して，本人の得た点数を問題としています。この方法は，中等症・軽症を主とした肢体不自由児施設児の評価にふさわしい。30点満点のうち15点以上とれる可能性のある者に適用できます。この評価法によれば，だいたい13点前後が肢体不自由児施設収容の下限ともいわれています。しかし，最近は，重度化しており，もっと，重度の子どものADLも必要です。

(松原 達哉)

8-1 行動・社会性テスト総論

表 8-1 寺沢式日常生活動作能力（ADL）評価基準表

項目	評価	5	4	3	2	1	0	備考
移動①		階段・難路を含め相当な距離を歩く①（ことができ、相当なスピードで歩くこと③ができる。	どうにか遅れずに平地歩行ができる。	起立や歩行ができるが転倒しやすい。	坐位が安定し、室内移動や歩行に介助を要する。	どうにか移動ができる（ねがえりなどそのり方は問わない）。	移動がまったくできない、介助を要す。	①装具・杖・車椅子などを利用してよい。②2000m以上。③横断歩道が渡れる程度のスピード
食事		普通①	どうにか和式便所が使用できる。ほとんどこぼさず食べられる。	ひとりでできるが時間がかかる②器具や特殊な改善や食べ方による。	ひとりで食べることはできるが部分的に介助を要する。	食べることはできるが相当の介助を要する。	食べる動作に困難なく、食べるのに特殊の技能を要す。	①社会生活に適した食べ方。②さじ・箸・フォーク・ストロー
排泄①		和式便所が使用できる。	どうにか和式便所が使用できる。西洋式便器を改善されたものを使用すればできる。	左と同様であるが、時間がかかる。	ひとりで便所にゆくことはできるが、ズボンの上げおろしに介助を要する。	便所でできることができるが相当の介助または便所や便器を知らせる。	ほとんど失禁。	①移動の注①を用いる。
衣服		普通	どうにかひとりでできる。	ひとりでできるが、相当時間がかかるものや簡単なものはどうにかできる。	ほぼひとりで着ることはできるが、部分的介助を要する。	ひとりでできないが、着せることが容易である。	ひとりではできない、また着せることが困難である。	①ボタンかけ、ひもむすびなど大部分ができればよい。
入浴①		普通	どうにかひとりで身体をおおよそひとりで洗える。	浴場など特殊な改善ができる②身につけてできるが時間がかかる。	ひとりでできるところが多く少しの介助を要する。	入浴動作がほとんどできるが気をつけてさえいれば介助をしなくてよらない。	まったく入浴の動作ができない、特別な注意と介助が必要。	①移動の注①を用いる。②少しの介助はかまわない。
ことば（意志を相手に通じさせる方法）		だれにでもよくわかる。	だれにでもどうにかわかる。	慣れた人ならはわかるがほかの人にはわかりにくい。	相手のことを理解してゆうぶん言いたいことを表に文章で伝える。	相手のことはかなり理解しているが、単語を発出せるか言語であり動作を示すことができない。	理解ができない、意味のあることばを発することができない。	

8-2 SM

(1) 社会生活能力検査

(a) 目的

SM 社会生活能力検査（Social Maturity scale）とは，社会生活に必要な基本的な生活能力の発達を明らかにするテストです。知的能力とは独立した社会的適応能力を測定するのです。特に精神遅滞児を診断する場合，知能指数（IQ）のほかに，このテストが重視されています。

(b) テストの歴史

社会生活に必要な能力を社会生活能力（social competence）といい，その能力の発達の程度を社会熟度（social maturity）といいます。この社会生活能力に最初に着目し，「ヴァイランド社会的成熟度尺度」を作成したアメリカのドル（Doll, E. A.）はこの能力を「児童が自分自身の生活を処理し，やがて成人として独立にいたるいろいろな活動に参加する能力」と定義しています。わが国の三木安正・杉田裕らは，1953年の「精神薄弱児の実態」調査のために，このドルの尺度を翻案して，「S-M 社会生活能力検査」を作成しました。その後，時代的推移に伴い，不適切な項目も出てきたので 1980 年に改訂され，この「新版」が完成しました。改訂版には適用年齢の引き下げや原版に近い形のオムニバスの形式が採用されました。

(c) 内容と方法

① **内　容**　新版 S-M 社会生活能力検査用紙とテスト手引を使用します。

② **テスト内容**　社会生活能力を構成する次の 6 領域 130 項目からなる質問紙検査です。

　Ⅰ．身辺自立：SH（self-help）——衣服の着脱，食事，排泄などの身辺自立の生活能力を判定します。

　Ⅱ．移動：L（locomotion）——自分の行きたい所へ移動するための生活行動能力を判定します。

　Ⅲ．作業：O（occupation）——道具の扱いなどの作業遂行に関する生活能力を判定します。

　Ⅳ．意志交換：C（communication）——ことばや文字などによるコミュニケーション能力を判定します。

　Ⅴ．集団参加：S（socialization）——社会生活への参加の具合を示す能力を判定します。

Ⅵ. **自己統制**：SD（self direction）──自己の行動に責任をもって目的に方向づける能力を判定します。

③ **実施方法**　この検査は，被検児の日常生活の状況をよく理解している父母，兄，姉，担任教師が記入します。各項目に記載されている事柄が「日常生活の中でできている」「機会があればできると思われる」「小さい頃にはできていた」という場合は○にします。「まだできない」「たまにできてもよくできない」「これまでおこなう機会がなかったけれど，やらせてもできない」と思われる場合は×をつけます。

④ **適用範囲**　満1歳から13歳までの児童に適用します。精神遅滞者の場合は13歳以上でも可能です。

⑤ **テストの開始と打ち切り**　7つの発達段階に応じて該当する年齢段階から始めます。連続10項目○を下限，×を上限とします。

(d) 整 理 方 法

① 社会生活年齢（SA）の算出：○のついた項目数を発達年齢段階ごとに評価欄の最後に集計します。それを記録欄に転記したのち，領域ごとの粗点合計と全検査粗点合計を計算します。各粗点から換算表により領域別SA，全検査SAを算出します。

② 社会生活指数（SQ）の算出は次の式を用います。

$$社会生活指数(SQ) = \frac{SA}{CA} \times 100$$

(e) 結果の解釈

精神発達に遅れがある子どもの場合，生活年齢や知能が同程度であっても，社会能力には大きな個人差がみられます。この能力は知能の程度によって規定される面もあります。社会環境の中で学習によって獲得し，学習の機会が与えられないと身につきません。それだけ指導にあたっては重要な能力といえます。全体の社会的成熟度だけでなく，6領域のプロフィールから，指導の手がかりとなる全人格的な発達像が得られます（図8-1）。

(2) 社会成熟度診断検査

(a) 目　的

社会生活能力検査の幼児版で，3～6歳までの子どもを対象（ただし，精神遅滞の子どもの場合は，小学校高学年でも適用）に，社会生活に必要な能力である社会生活能力を診断する検査です。

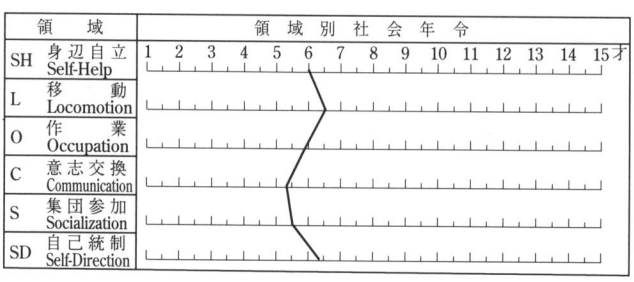

図8-1 プロフィール

(b) 構成と内容

本検査は，次のように7領域180項目から構成されており，全体から社会成熟度年齢と社会成熟度指数とが評価されるようになっています．

Ⅰ．仕事の能力（occupation）：いろいろの作業の遂行に関するもの20項目

Ⅱ．からだのこなし（locomotion）：身体を自分の思うところに移動する能力に関するもの20項目

Ⅲ．ことば（communication）：社会的集団生活に参加する能力に関するもの20項目

Ⅳ．集団への参加（socialization）：社会集団生活に参加する能力に関するもの20項目

Ⅴ．自発性（自主性）（spontaneity）：自ら進んで責任を持って行動する能力に関するもの20項目

Ⅵ．自己統制（self control）：わがままを抑え，忍耐強く自己の行動を統制する能力に関するもの20項目

Ⅶ．基本的習慣（fundamental habit）：乳幼児が生理的生活を合理的に統制し，周囲の社会生活に適応していくために必要となる基本的習慣，①清潔（10項目），②排泄（10項目），③着衣（10項目），④睡眠（10項目），⑤食事（20項目）．

(c) 検査方法

検査方法は，被検者の生活状態をよく観察している保護者，または指導者が記入します．調査年月日現在の生活行動をもとにして記入します．記入は，各項目ごとに，「できる」「できるだろう」「できない」のいずれかに○をつけます．

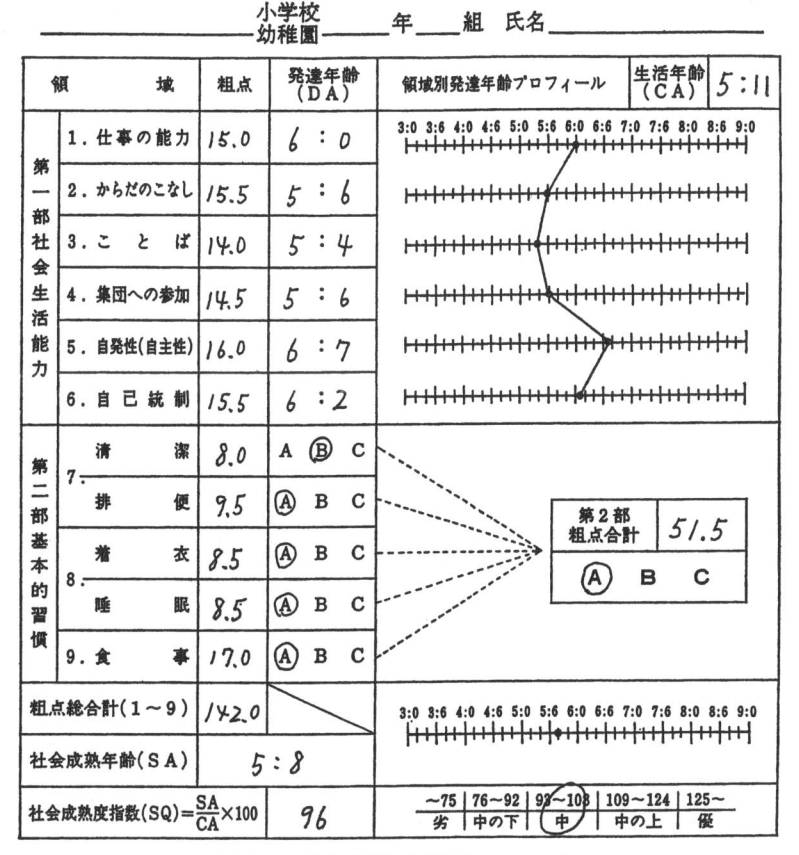

領　　域		粗点	発達年齢(DA)	領域別発達年齢プロフィール	生活年齢(CA)	5:11
第一部 社会生活能力	1. 仕事の能力	15.0	6:0			
	2. からだのこなし	15.5	5:6			
	3. こ と ば	14.0	5:4			
	4. 集団への参加	14.5	5:6			
	5. 自発性(自主性)	16.0	6:7			
	6. 自己統制	15.5	6:2			
第二部 基本的習慣	7. 清　潔	8.0	A Ⓑ C		第2部 粗点合計	51.5
	排　便	9.5	Ⓐ B C		Ⓐ　B　C	
	8. 着　衣	8.5	Ⓐ B C			
	睡　眠	8.5	Ⓐ B C			
	9. 食　事	17.0	Ⓐ B C			
粗点総合計(1～9)		142.0				
社会成熟年齢(SA)		5:8				
社会成熟度指数(SQ)=$\frac{SA}{CA}\times 100$		96		～75 | 76～92 | 93～108 | 109～124 | 125～ 劣 | 中の下 | 中 | 中の上 | 優		

図8-2　社会成熟度診断プロフィール

(d)　結果の利用

　結果は図8-2のように診断プロフィールで図示され，各領域の能力が発達年齢として判断できます。基本的習慣は，A，B，Cの3段階で評価されます。9領域の全体から社会成熟度年齢（SA）および社会成熟度指数（SQ）が算出できます。精神遅滞の子ども，社会性の遅れた子どもの診断と指導に役立ちます。教育相談では，親に診断結果を示して，カウンセラーといっしょに今後のしつけ方を考えます。

(3) WHO/QOL-26（クオリティ・オブ・ライフ 26）

(a) 目　的

WHO/QOL-26（クオリティ・オブ・ライフ 26）は，世界保健機関（WHO）によって開発された，多面的に人間の生活の質あるいは満足度など主観的な要素を重視し，検証しようとする26項目からなる質問紙調査票です。

(b) 特　色

100項目から構成されています。WHO/QOL基本調査票（WHO/QOL-100）の臨床場面での簡便性を考慮して作られた短縮版です。quality of life（QOL）は「一個人が生活する文化や価値観のなかで，目標や期待，規準，関連した自分自身の人生の状況に対する認識」と定義されています。これは各個人の身体的，心理的，自立のレベル，社会関係，信念，生活環境など重要な側面のかかわりあいという複雑な在り方を前提にした広範囲な概念です。また，WHOが掲げる健康の定義でもあります。「健康とは身体的，精神的，社会的に良好な状態であり，単に疾病にかかっていないとか，衰弱していない状態ということではない」と一致しています。

WHO/QOL-26の特徴として，数多くの言語・文化圏において異文化間比較・国際比較ができていることがあげられます。（以前のQOL評価票は，ほとんどが米国や欧州で開発されており，それ以外の諸国または諸地域での適用可能性は十分に検討されていませんでした。

(c) 内容と方法

内容は4領域24下位項目から構成されています。

① **身体的領域**　　日常生活動作，医薬品と医療への依存，活力と疲労，移動能力，痛みと不快，睡眠と休養，仕事の能力など7項目。

② **心理的領域**　　ボディ・イメージ，否定的感情，肯定的感情，自己評価，精神性・宗教・信条，思考・学習・記録・集中など6項目。

③ **社会的関係**　　人間関係，社会的支援，性的行動など3項目。

④ **環　境**　　金銭関係，自由・安全と治安，健康と社会ケア：利用しやすさと質，居住環境，新しい情報と技術の獲得の機会，生活圏の環境（公害・騒音・気候），交通手段など8項目。

WHO/QOL-26の用語は，身体的領域，社会的関係，および環境の4領域にまとめられ，各領域は3項から8項の下位項目によって構成されています。この24項目の下位項目には，それぞれ1つずつの質問が準備され5段階評価を行っています。さらに「全般的な生活の質」を問う質問の「G1：あなたの

生活の質をどのように評価しますか」と「G2:自分の健康状態に満足していますか」の2項目が加えられ，全26項目からできています。

被検者から質問の意味について問われた場合，項目の定義を参照し，適宜説明をします。

(d) 整理方法と解釈

すべての下位項目の反応尺度1〜5のスコアを得点とします。ただし，26項目のうち，Q3・Q4・Q26の3項はネガティブ質問項目であるので，反応尺度値を逆にします。評価票の20％のデータが抜けている場合，評価票から削除されます。1項目抜けている場合，同じ領域の他の項目の平均値を代用します。領域の中で2項目以上が抜けているときは，領域3を除いて，領域スコアは計算します。各質問の得点が得られたら，4領域の得点とするが，すべて肯定的な方向で計算されます。高い得点は，よいよいQOLを示すのです。各領域の平均値は領域スコアを用いて計算します。

（松原 達哉）

8-3 東大式エゴグラム

(1) エゴグラムの起源

エゴグラムは，交流分析（Transactional Analysis：以下TAと略す）の中心理論の1つである自我状態の理論から作られた，個人の心的エネルギー量を示すグラフのことです。

アメリカの精神科医エリック・バーン（Berne, E.）は1957年に自我状態理論を発表し，TAは精神療法としてアメリカの精神医学および心理療法の学界に認められました。バーンはサンフランシスコでTAの研究グループを主催し，その集まりは火曜セミナーとよばれ，多くのTA研究者がそこから巣立っていきました。その中のジャック・デュセイ（Dusay, J.）がエゴグラムの創案者です。

彼らは，1957〜62年にかけて自我状態を研究しました。当時は自我状態の構造的な面での研究が多く，3つの自我状態のエネルギーには関心が及んでいませんでした。デュセイはバーンのもとで，彼の理論体系を学びつつ，彼自身，精神科医としての臨床的な研究の場から，自我状態から生じてくるエネルギーの量を変えることで，人はどのように変わっていくかを把握しました。デュセイはこれを「自我状態のエネルギー」とよび，それを表すグラフを描き始めた

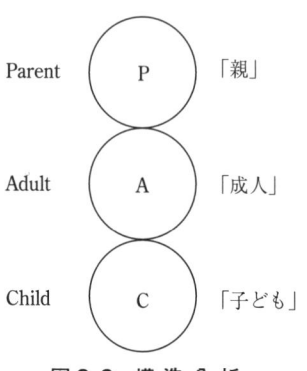

```
     Parent    ( P )   「親」


     Adult     ( A )   「成人」


     Child     ( C )   「子ども」
```

図 8-3　構　造　分　析

のです。

　エゴグラムは簡単に定義すれば，個人が有するパーソナリティの各構成部分間の関係と，外部に放出している心的エネルギーを棒グラフで示したものといえます（Dusey, 1977）。

　バーンは個人の心は3つの自我状態とよべる要素からできていることを見いだしました。その内容は1957年にバーンが発表した"*Ego States in Psychotherapy*"の中で，強迫的賭博癖に悩まされていた弁護士セグンド氏の症例をもとに説明されています。3つの自我状態は「親」「成人」「子ども」と名づけられました。「親」はその個人の生育歴の中で親ならびに親的な役割をとった人を模倣し取り入れた部分，「成人」はいまここでの大人としての自分，「子ども」はその個人が子どものときからもち続けてきた経験をもとにした部分で，各自我状態はそれぞれ感情・思考・行動を伴っています。自我状態の内容を分析することは構造分析とよばれています（図8-3）。この3つの要素が，どのように働くか，その機能をみていくと，「親」と「子ども」の自我状態はそれぞれ2つの働きがあることが見いだされました。「親」の自我状態は，「支配的親（Controlling Parent；CP）」と「養育的親（Nurturing Parent；NP）」の働きがあります。CPは厳しく倫理的で，統率し指導していく働きです。NPは受容し，慈しみ育てる働きをします。「子ども」の自我状態は「適応した子ども（Adapted Child；AC）」と「自由な子ども（Free Child；FC）」に分かれます。ACは，相手に適応するイイ子チャンの働きが強いものです。FCは生まれたままの，拘束されない自由な感情や本能が強いものです。「成人」は，外的な環境や内的環境である自分自身の「親」「子ども」の自我状態から情報を取り入れ，いまここでの適切な行動を選択していくコンピュータの働きをす

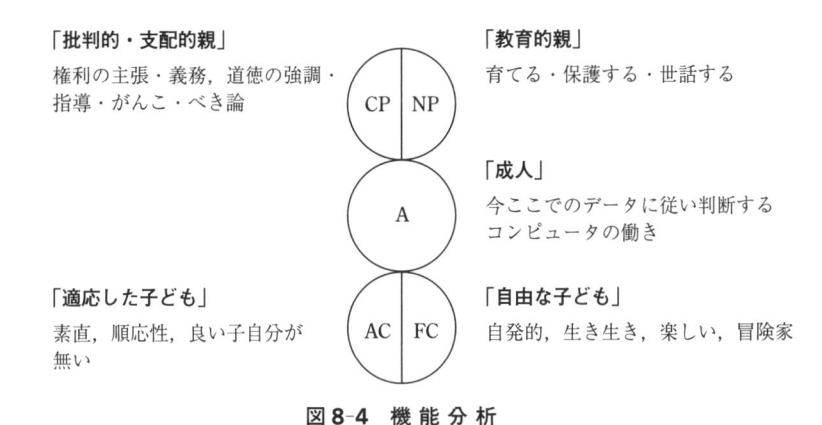

「批判的・支配的親」
権利の主張・義務，道徳の強調・指導・がんこ・べき論

CP | NP

「教育的親」
育てる・保護する・世話する

A

「成人」
今ここでのデータに従い判断する
コンピュータの働き

「適応した子ども」
素直，順応性，良い子自分が無い

AC | FC

「自由な子ども」
自発的，生き生き，楽しい，冒険家

図8-4　機能分析

るだけで下位分類はされません。これを自我状態の機能分析とよんでいます（図8-4）。

(2) デュセイのエゴグラム

　60年代のサンフランシスコにおけるバーンを中心としたTAの研究会，火曜セミナーにおいて，TA理論は自我状態から，交流，ゲーム，脚本と発展を遂げていきました。そのなかで，エネルギー理論は主にデュセイにより研究開発されました。自我状態を示す丸が3つの図だけでは，個人のエネルギーが，どの自我状態にいっているか，またいきやすいかがわかりません。フロイトのエネルギー理論をもとに，デュセイは個人がどの自我状態に，どのくらいの量のエネルギーがあるのかを見いだす方法を研究していきました。

　デュセイは，彼のグループ療法に参加していたメアリーという若い女性の自我状態の働きを，そのエネルギー量を示す5つの棒グラフで描きました。そこからエゴグラム理論を作り，火曜セミナーにおいても，その方法は互いに研究され，洗練されていきました。当時はバーンはじめ，脚本理論をバーンとともに作り上げたクロード・スタイナー（Steiner, C.），ドラマの三角図を作り，ゲーム理論に貢献したステファン・カープマン（Karpman, S.），その他大勢のTA創成期に貢献したバーンの同僚，弟子が火曜セミナーに集まっていました。メンバー各自がお互いに直観で相手のエゴグラムを記入したり，1人のエゴグラムを他のメンバー全員で記入したりして，観察できる個人の行動をもとに，性格分析を行いました。デュセイはあくまで，直観で記入することが，一番正確であると主張しています。デュセイは彼の著書『エゴグラム』

(Dusay, 1977／新里訳　1980) の中で, 以下のように述べています.

「近年, 私は個人が自分に対し責任を負うことを促進するために開発された最も信頼の置ける道具として, エゴグラムを見いだした. エゴグラムは"真の人生の意味"を主張するものでも, 高次の意志への飛躍を目指して開発されたものでもない. エゴグラムは人間の情熱の強度と, それらの間の力の均衡を示すパーソナリティの肖像画である. エゴグラムを使って我々は, 今どのような状態に自分がいるかを知ることが出来る. そして自分の選択によって, エゴグラムで示されたものに対して, なにかをすることが出来るのである」.

デュセイはあくまで直観によるエゴグラムを重視したのですが, それでは客観性に欠けるという議論もあり, アメリカの質問紙法はロバート・ハイヤー (Hyter, 1979) によって, 開発されました.

(3) 日本におけるエゴグラム研究

日本で初めて, エゴグラム研究を開始したのは, 杉田峰康 (現福岡県立大学名誉教授) と新里里春 (現琉球大学教授) であります. 九州大学心療内科勤務の2人は, 池見酉次郎教授のもとで日本へのTA導入に貢献しましたが, なかでもエゴグラムに関する研究は, 最も中心的に行われました. 1973年ごろより心身症患者のエゴグラムを収集し, 1974年の日本心身医学会総会で発表しました. 主旨は"心身症患者は神経症患者より有意に「自由な子どもFC」が低い"というものです. これが日本におけるエゴグラムに関する研究発表の最初でした. このときはデュセイの方法どおり, 直観によるエゴグラムの作製法に従っていました. その後, 杉田が中心となり, 質問紙法エゴグラムが作成されました. 弘前大学第一内科川上澄教授らは独自の質問紙法を開発し, 心身症患者のエゴグラム研究を行いました. その間に質問紙法エゴグラムの妥当性などが検討され,「エゴグラムチェックリスト (ECL)」が開発されました. また産業界においてもアカデミアTAが, 独自に開発したE.G.Oが4版まで改訂され, 現在活用されているのを筆頭に, インターネット上でも多くのエゴグラムが検索できます.

(4) 東大式エゴグラム (TEG)

このような動きの中で, 東京大学の心療内科を中心に, 多変量解析を用いて妥当性・信頼性を十分に検討してできあがったのが東大式エゴグラムです. 初

版は石川中を中心に4年間にわたり質問項目の設定，予備調査，標準化，信頼性，妥当性の検討が行われ，1984年に出版されました。予備調査は約1800名，本調査は約4000人の健常者で行っています。初版は医学分野のみならず，教育，産業関係など，広い分野で活用され続けていましたが，1990年から改訂作業が始められました。現在第3版が新版としてでていますが，医療関係では心療内科をはじめ臨床各科で，患者の精神的状態の理解や治療方針の設定，予後のアセスメントのために用いられています。臨床心理の現場でも，カウンセリングやグループ療法の場面で，クライエント理解の一助として使われることも多いアセスメントの1つです。また学校や職場でも健常者の性格傾向，対人関係のとり方，行動様式の理解などにも多く活用されています。さらには職業適性検査にも用いられ，キャリアカウンセリングには必要なアセスメントの一手段となっています。

(5) 東大式エゴグラム新版
(a) 作成過程

CP，NP，A，FC，ACの5つの尺度に該当する各20項目，ならびに信頼性尺度15項目の計115項目を質問紙としました。得点は，はい＝2点，どちらでもない＝1点，いいえ＝0点。逆転項目は，はい＝0点，どちらでもない＝1点，いいえ＝2点。

平成10年9月〜12月に，健常者1万5095名に依頼し，1万1228名，平均年齢26.9才，男女比，学歴，仕事の種類など幅広い層から回答を得ました。

5尺度に関して，各20項目に関し，残りの19項目の合計との相関を算出し，最も相関係数の低いものを削除します。これを項目数が10になるまで繰り返しました。最終的に抽出された各尺度10項目のクロンバックのα係数は，$0.74 \sim 0.81$と十分に高い値が得られました。さらに各尺度を潜在変数，各項目を観測変数とみなし，共分散分析の下位モデルである測定方程式モデルを用いて分析しました。その結果，各尺度とも，GFI（適合度指数）が，$0.90 \sim 0.97$という高い値が得られました。妥当性尺度（L尺度）は5項目が加えられました。疑問尺度（Q尺度）は「どちらでもない」と答えた項目の合計です。Q尺度が35点以上は判定を保留したほうがいいとされています。

（6） エゴグラム・プロフィール
（a） エゴグラム・プロフィール
TEGエゴグラム・プロフィール（図8-5）は男女別に標準化した得点配置図です。CP, NP, A, FC, AC, 各得点の棒グラフを，描きます。

（b） プロフィールの読み方
① CP
得点が高い場合……良心に従う。責任感が強い。建前にこだわる。完璧主義。

得点が低い場合……規則を守らない。ものごとにこだわらない。いい加減である。

② NP
得点が高い場合……人の世話をする。思いやりがある。過干渉。おせっかい。

得点が低い場合……冷淡である。包容力がない。淡泊である。

③ A
得点が高い場合……理性的である。論理的である。現実的である。人間味に欠ける。

得点が低い場合……素朴である。情緒的である。情に流される。思い込みで判断する。

④ FC
得点が高い場合……感情表現が豊かである。創造性に富む。自己中心的である。

得点が低い場合……引っ込み思案。エネルギーがない。ものごとを楽しめない。

⑤ AC
得点が高い場合……協調性に富む。従順である，依存心が強い。自己評価が低い。

得点が低い場合……マイペース。人に気兼ねしない。自分勝手である。

TEGエゴグラム・プロフィール

検査日　平成　　年　　月　　日

氏名　　　　　　　　　　　　（大・昭・平）　年　月　日生　　歳

男　　　　　　　　　　　　　女

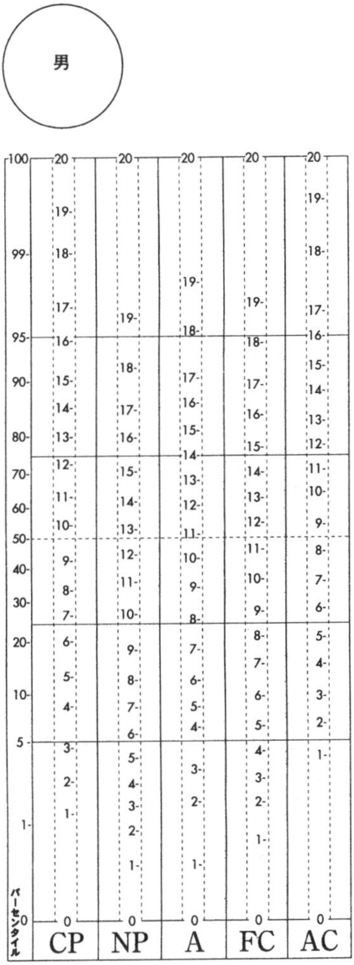

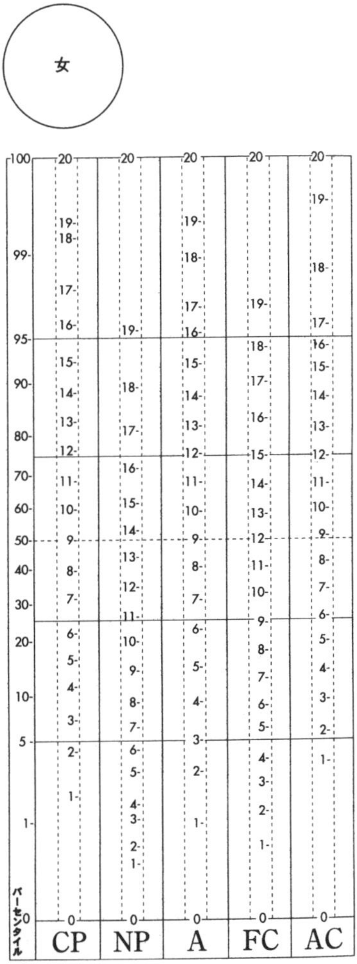

[備考]
L=

図 8-5　TEG エゴグラム・プロフィール

（7） TEG パターン

（a） CP 優位・頑固親父タイプ

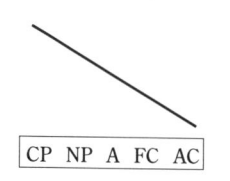

CP NP A FC AC

　CP が一番高く，続いて NP も高い。「親」的パーソナリティをもつ人といえる。自他ともに厳しく，責任感が強い。それとともに思いやりもあり，頼れる人間である。A も平均的にあるから，判断力，行動力もあるから，まわりからは信頼される。ただ AC，FC が低いので，面白味に欠け，融通が利かない面もある。

（b） NP 優位・世話焼きタイプ

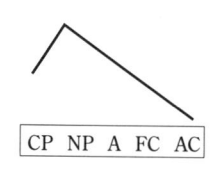

CP NP A FC AC

　NP が高いことは，面倒見がよく思いやりがあることを示している。CP や A が平均的であれば，責任感や判断力があるので，一方的な世話やきではなく，まわりにとっても優しくて頼りになる存在となる。NP 優位の山型タイプの人は誰からも好かれ，協調性のある人物といわれる。

（c） A 優位・論理型

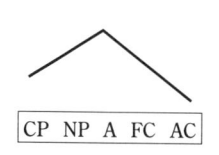

CP NP A FC AC

　A の得点が一番高く，NP，FC がそれに続くタイプは，知的で冷静な判断力があり，周囲への思いやりやユーモアもあって，人望が厚い人である。しかし，CP と AC が非常に低い場合，社会的秩序を保つ力や，周囲の人との間で協調性に欠ける問題がでてくる。仕事をこなす能力は高くても，チームワークを必要とする場合は，不適応を起こしやすい。A のみ高い場合は，P，C にエネルギーがいかない。常に客観的態度を示し，感情面では巻き込まれない性格である。

（d） FC 優位・自由奔放

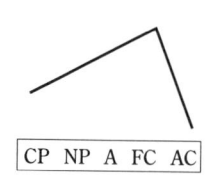

CP NP A FC AC

　FC が高い人は明るく，のびのびと自由奔放で，感覚的にものごとをとらえるタイプである。判断基準はすべて自分の好き嫌いから行われる。FC 以外の CP，A，AC の高低によっても，現れる現象は異なるが，だいたいにおいて，一瞬のひらめきで行動を起こし，それがうまくいっているときには素晴らしい成果を収めるが，ひとたびつまづくと修復が難しい。

（e） AC優位・甘えっ子

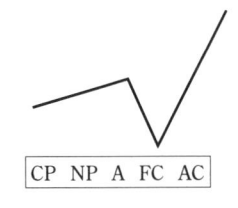

CP NP A FC AC

ACが一番高い人は，ひと言でいえばおとなしい，よい子チャンである。まわりへの心遣いが高く，自分の欲求より，相手がなにを望んでいるのかを知ろうとしそれを優先する。そのため自分はいつも後回しで，不満を内側にためていく。自分に自信がないために積極的に行動ができず，指示待ち人間という印象を周囲に与える。いわれたことは守り，コツコツ仕事をするため，部下としては誠実で模範的な人という評価を得られる。

（8） おわりに

　デュセイは「ラベルは，誰かについて非常に早く，且つ鮮明なイメージを与えてくれる。しかしそれで満足しないこと，問題は解決したと思わないことが重要な注意事項である」と述べています（Dusay, 1977）。エゴグラムが日本で普及したのは，性格分析が容易に誰にでもでき，視覚化されているからだと思います。わかりやすい，使いやすいということで，エゴグラムはTA理論の中で，日本では突出して人口に膾炙しています。これはたいへん喜ばしいことではありますが，一方で，ラベルを貼って安心してしまうという危惧があります。デュセイも述べているように，何々タイプとレッテルを貼りそれで終わりではありません。そこから自己理解，他者理解の第一歩が始まり，個人の成長のプロセスへと橋渡しが行われることが，エゴグラムの目的にかなった使い方です。エゴグラムはわかりやすく，使いやすい道具であり，よく切れるメスでもあるので，使い方を間違えると，深い傷を負わせる危険性を含んでいます。エゴグラムを使うにあたっては，自我状態理論はもちろんのこと，他のTA理論もしっかりと学習して，エゴグラムの解釈を的確に行い，人格成長に役立てていくことが肝要です。

（繁田　千恵）

■参考文献

Berne, E.　1961　*Transactional Analysis in Psychotherapy*. New York: Grove Press.

Dusay, J. 1977 *Egogram-How I see You and You See Me*. Harper & Raw.（池見酉次郎 監訳／新里里春 訳 1980 『エゴグラム』 創元社.）

久留一郎 1986 「担任による教育相談の手引き──適性テスト」 教育心理, **34**, 66-67（日本文化科学社）.

伊藤隆二 編 1989 『養護訓練ハンドブック』 福村出版.

正田 亘 1981 「適性」『新版 心理学事典』 平凡社.

増田幸一 1973 「適性」『教育相談事典』 金子書房.

松原達哉 1964 「社会的成熟度の発達と形成要因に関する研究」 教育心理学研究, **12**.

松原達哉 2002 『心理テスト法入門』（第4版） 日本文化科学社.

文部省 1987 『肢体不自由児の発達と指導』 日本肢体不自由児協会.

文部省 1994 『日常生活の指導の手引』（改訂版） 慶應通信.

世界保健機関・精神保健と薬物乱用予防部 編／田崎美弥子・中根充文 監修 1997 『WHO QOL 26──手引』 金子書房.

玉井収介 1954 「幼児の社会的成熟に関する研究(1)〜(3)」 児童心理と精神衛生, **21**.

東京大学医学部診療内科 1995 『新版 エゴグラムパターン』 金子書房.

土屋弘吉 他編 1978 『日常動作（ADL）──評価と訓練の実際』 医歯薬出版.

ヴィゴツキー, L. S.／菅田洋一郎 監訳 2000 『子どもの心はつくられる』 新読書社.

全日本特殊教育研究連盟 1992 『日常生活の指導ハンドブック』 日本文化科学社.

9. 適性テスト

> **はじめに**
>
> 本章のねらいは，適性テストに関する基礎的事項を理解することです。運転適性検査，進路適性検査，職業適性検査など，これまでに何らかの適性テストを受けたことのある人は多いと思います。さまざまな場面で，多様な適性テストが利用されていますが，不適切な使われ方をしたり，被検者が結果を誤って受けとめてしまったりすることが，しばしば見受けられるようです。適性テストを有効に活用するためには，適性という概念を正しく理解し，それを測ろうとするテストについてもよく知ることが必要です。総論ではこれらの点について概説します。各論においては，多くの適性テストの中からEPIC，SEEC，ATACという3種類の進路適性テスト，そしてGATB，VPI，Career Focus，VRT，SDSという5種類の職業適性・興味テストについて紹介します。テストの紹介は，目的や適用範囲，所要時間，検査の構成といったテストの特性（「(a)検査の概要」）と結果の内容や解釈（「(b)結果の表示と解釈」）について解説した後に，テストの有効活用や留意点など（「(c)利用について」）にも触れますので，実際の適性テストを通して理解を深めてください。

9-1 適性テスト総論

(1) 適性の概念

適性テストは，便宜的には大きく進路適性テストと職業適性テストに分けることができます。進路適性テストは文系・理系，学部・学科および専門学校系の種別といった高等教育機関への進学分野に対する適性を，職業適性テストは職業分野に対する適性を測ろうとするテストです。では，適性とはどのような

概念でしょうか。ここでは，職業に対する適性概念を用いて説明します。

職業適性や適性テストという心理学用語を目にすると，適性とは能力であると考える人が多いかもしれません。確かに，適性を能力とみなすこともありますが，これは狭義の適性概念です。一方，日常生活において，ある職業に向いているかどうかを考えるときは，興味やパーソナリティなども含め，もっと広い観点から個人と職業との対応をとらえるのが一般的です。こちらは広義の適性概念になります。職業心理学では狭義と広義の適性概念を区別し，前者を職業適性（vocational aptitude），後者を職業適合性（vocational fitness）とよんでいます。

広義の適性概念を提唱したスーパー（Super, D. E.）は，職業適合性を大きく能力とパーソナリティからなるものとみなしています。能力は適性（aptitude）と技量（proficiency）に分けられますが，技量とは学力・業績や技能のように，「現在どのようなことができるかという能力」（長縄，1997）です。一方，適性とは，能力のうち「将来どのようなことができるかを予測させる学習可能性にかかわるもの」（長縄，1997）で，これが狭義の適性概念です。狭義の適性には知能，空間視知覚，知覚の速さと正確さ，精神運動能力のほか，心理学的に測定不能な未知の能力が含まれます。そして，パーソナリティは欲求（needs）や人格特性（traits），価値観（values），興味（interest），態度（attitude）から構成されています（Super, 1994）。これらの要素からなる全体が広義の適性概念，すなわち職業適合性ということになります。

以上の考え方は進路適性にも適用することができます。進路適性を考える際に，将来予測可能な能力に注目すれば狭義の進路適性，能力に加え，興味やパーソナリティ，価値観なども含めて考えれば広義の進路適性（適合性）ということになるでしょう。職業適性・進路適性のいずれについても，狭義と広義の適性概念のどちらが正しいかではなく，その区別を知り，適性という用語が2種類の意味で使われているということを理解しておくことが重要です。

（2） 適性の測定と限界

2種類の適性概念があるため，適性テストにも狭義の適性を測定しようとするものと広義の適性を測定しようとするものがあります。広義の適性を構成する代表的な要素として，能力（狭義の適性）・人格・興味・価値観の4つを取り上げ，本章で紹介する8つのテストが何を測定しているかを示したのが表9-1です。代表的な職業適性検査であるGATBは狭義の適性を測定しており，

表9-1 本章で取り上げる適性テストが測定する「適性」の構成要素

	EPIC	SEEC	ATAC	GATB	VPI	C. Focus	VRT	SDS
能　力			○	○		○	△	△
人　格	○		○			○		
興　味	○	○	○		○	○	○	○
価値観		○						

注：C. Focus は Career Focus，能力の△は能力についての自己評価を意味する．

　これ以外のテストは広義の適性概念を構成する1つまたは複数の要素を測定していることがわかります。適性テストを利用する場合には，そのテストが何を測っているかだけでなく，適性概念における測定対象の位置づけを確認しておくことが大切です。

　ここで注意すべきことが2つあります。1つは，適性テストは適性のすべてではなく，その一部を測っているということです。個人の職業適応・進路適応には多くの要因が関わっていますが，幅広く測定を行っても，適性のすべての要素を測定することは不可能です。つまり，広義の適性を測定するテストは，複数の側面から適性をとらえることができますが，すべてを把握することはできないということです。また，狭義の適性を測定するテストは，能力のすべてを測定しているわけではありませんし，狭義の適性のすべてを測定しているわけでもありません。その測定対象は，狭義の適性の中で心理学的に測定可能な知能や知覚運動的な機能が中心になります。例えば，異なる意見をうまく調整する能力や，いわゆる世渡りが上手といった要領のよさなどは，職業の遂行と関連する適性の一種と考えられますが，適切なツールがないため，これらを測定することは困難です。したがって，スーパーも未知の能力として扱っているわけです。このように，適性テストは進路適性・職業適性のある側面を限定してとりあげ，測定対象としています。

　もう1つ注意すべき点は，適性テストは将来を確実に予測するものではないということです。このことは，狭義の適性概念が内包する予測性と関係しています。スーパーは「適性は能力であり潜在的可能性である」（Super, 1957）と述べていますが，先に述べたとおり，狭義の適性は能力の中で学習可能性に関わるものです。そして，これを測定する適性テストは，将来の学習や職業におけるパフォーマンスの予測を目ざしています。しかしながら，適性テストの

測定対象は限定されているので，将来の学習や職業遂行を完全に予測するのは無理な話です。現実の場面では多くの要因が関わってくるため，測定対象に広義の適性を加味した場合でも，完全な予測は困難といえるでしょう。

　以上のような限界は，必ずしも適性テストの価値を損なうものではありません。適性テストによってすべてがわかるわけではないことをよく理解し，適切に活用することが重要です。

(3) 適性テストの活用

　適性テストを実施すると，判定結果だけをみて被検者が一喜一憂するということがしばしば見受けられます。そして「悪い」結果が出た場合，がっかりして希望進路・職業に自分は向いていないと決めつけてしまうことがあります。これは適性テストの問題というよりも，活用の仕方の問題です。臨床場面で適性テストを有効に活用するために，実施する側が理解しておくべき重要ないくつかの点について簡潔に述べます。

(a) 情報提供

　結果をよく検討せずに被検者が一喜一憂するのは，適性テストの結果が気軽な相性診断や占いと同じように受けとめられているということです。しかし，適性テストは個人の将来について診断を下すものではなく，進路・職業についての情報提供を行うものです。したがって，テストの結果を出発点とし，自己理解を促進するとともに，幅広い観点から進路探索・職業探索を行うよう働きかけることが大切です。適性テストが適性のすべてを測定しているわけではないこと，将来を確実に予測するものではないことを考えれば，適性テストの結果だけに基づいて進路や職業を決めつけることの危険性がわかるはずです。適性テストの結果は被検者の将来を決める結論ではなく，あくまでも可能性を示す資料であるという理解に基づいて活用することが求められます。

(b) 進路先や職業との対応

　適性テストが他の心理テストと大きく異なるのは，測定対象についての結果や解釈だけでなく，進路や職業との対応について情報が提供される点です。そのために，多くの適性テストには進路や職業を体系的にとらえた「分類表」が用意されています。分類の仕方はテストによって異なりますが，これらは進学先や職業の世界をとらえる枠組みを提供してくれます。テストの結果だけでなく，この枠組みを用いて進学先や職業についての理解を促進するというやり方をとれば，適性テストをより有効に活用することができます。特に，職業世界

はさまざまなとらえ方が可能ですが，適性テストによって職業を眺める新たな視点が提供された場合は，職業理解の促進に有効であるといえるでしょう。

（c） 目的に応じた使用

学校などではすべての生徒に対し，同じ適性テストを実施することが多いようですが，本来，適性テストは個人の必要に応じて用いるべきものです。何を目的としているかによって，用いる適性テストの種類や活用の仕方は異なってきます。例えば，能力について自己理解が不足している場合ならば，狭義の適性を測定するテストを用いて能力面の自己理解を促進することが必要です。また，興味が不明確な場合には，興味を測るテストを実施し，興味について考える機会を提供することが必要です。一般には，進路や職業を選択する際，広義の適性の観点に立ち，能力・興味・パーソナリティなどさまざまな側面から個人の特性を把握することが有効です。しかしながら，そのためにテストバッテリーを組んで，何種類ものテストを用いるのが常によいとは限りません。あくまでも必要と目的に応じた活用が原則であることを理解しておくことが大切です。

（d） 発達的アプローチ

適性テストの結果を適切にフィードバックし，進路決定・職業決定に生かすには，カウンセリングの中でテストを実施することが望ましいと考えられます。しかし，同じ適性テストを用いても，その結果をカウンセリングでどのように活用するかは，マッチング的アプローチに基づくか，発達的アプローチに基づくかによって異なります。前者では個人の特性と進路・職業とのマッチングが中心となりますが，後者ではマッチングの立場に加えて，発達理論の立場に立ち，「人生の一時期の問題から生涯にわたるそれぞれの時期での進路やそれに関わる問題に対処しつつ，自己実現を支援していく」（伊東，1998）ことになります。カウンセリングという点からみた場合，前者は従来の職業カウンセリング（職業相談）であり，後者はそれと異なるキャリアカウンセリングの独自性を強調する立場（渡辺・ハー，2001）ともいえます。進路選択・職業選択は決して一時期の問題ではなく，生涯にわたるキャリアプランニングやライフプランニングの中に位置づけられる問題であることを考えれば，発達的アプローチに立って適性テストを活用することが望ましいといえるでしょう。そのためには，進学や就職が目前に迫った時期にテストを実施するのではなく，自己理解や探索の時間が十分にとれるよう，長期的な計画に基づいて実施することが必要になります。

(e) 予防的・開発的カウンセリング

将来の目標が明確になることは，現在の生活を充実させる上でも重要なことです。近年，青少年をめぐって不登校，社会的引きこもり，あるいはフリーターといったさまざまな現象が指摘されていますが，これらの問題は，一面においては将来に対する展望が開けないことと関連していると考えられます。進路や職業の選択を生き方の問題として位置づけ，発達的観点に立ってアプローチしていこうとするキャリアカウンセリングは，いわゆる不適応を未然に防ぐ予防的カウンセリング，あるいは，よりよい発達を助成する開発的カウンセリングにもつながるものです。このようなカウンセリングの中で適性テストが活用されたとき，テストの有効性が最大限に発揮されるといえるでしょう。

9-2 進路適性テスト

(1) SG式進路発見検査（EPIC）

EPIC（Educational Personality Inventory for Career Guidance）と略称されるSG式進路発見検査は，中学校の進路指導における活用を想定した進路適性テストです。相談と検査の研究会（1993）に基づいて紹介します。

(a) 検査の概要

EPICは興味およびパーソナリティの側面から中学生の進路適性を測定し，生徒や教師が適性に見合った進路を検討するための資料提供を目的として作られています。検査の適用範囲は中学1～3年生であり，所要時間は約45分です。

EPICは，基礎的な情報を提供するための進路希望調査・進路意識調査・悩み調査という3種類の調査と進路意欲スケール・適応態度スケール・興味スケールという3つの下位検査からなっています（表9-2）。このうち，興味スケ

表9-2　EPICの検査およびフィードバック資料の構成

検査問題	フィードバック資料
進路希望調査	生徒用アドバイスシート
進路意識調査	
悩み調査	教師用生徒理解シート
進路意欲スケール	
適応態度スケール	教師用一覧表シート
興味スケール	教師用統計表シート

ールと適応態度スケールの結果を用いて，興味およびパーソナリティからみた進路適性が判定されます。マークシート方式の回答用紙を用いた集団式検査であり，調査と検査の結果はコンピュータで処理されます。フィードバック資料として，生徒には生徒用アドバイスシート，教師には教師用生徒理解シートのほか個人結果の一覧（教師用一覧表シート）およびクラス別・学校別統計表（教師用統計表シート）が提供されます（表9-2）。

（b） 結果の表示と解釈

生徒用アドバイスシートには進路希望調査の結果と各検査結果のプロフィールが表示され，また興味スケールと適応態度スケールから判定された職業適性，学習適性および総合適合性についての結果が示されます。EPICでは職業適性が一般事務系，技術事務系，企画・制作系，文科系専門職，対人折衝系，販売系，奉仕系，技能芸術系，戸外・自然系，機械技術系，理科系専門職の10領域，学習適性が文化・文学系，社会・実務系，自然科学系，工業系，農業系，医療系，家政・衛生系，教育文科・福祉系，教育理科系，技能芸術系，体育系の11領域に分類されています。そして，進路希望コメント，適性コメント，個性コメントからなる総合コメントが表示されるので，生徒はこれによって自分の検査結果を検討することができるようになっています。

教師用生徒理解シートでは，進路指導・進路相談のための資料として利用できるように，生徒用の結果のほかに進路意識調査，悩み調査の結果および進路意欲スケールの結果とコメントが表示されます。

（c） 利用について

EPICは進路指導・進路相談場面における活用を前提としています。コメントやアドバイスは中学生でも理解しやすいように記述されていますが，誤解を避け，適切に利用するためには，教師によるフォローや個別相談を実施することが望ましいと考えられます。

（2） SEEC 自己進路探索

SEEC（Self Exercise for Exploring Careers）は心理検査を核とする進路指導・進路学習用の教材で，進路発達を促進するツールとして開発されています。Hall & 進路学習研究会（1985）に基づいて紹介します。

（a） 検査の概要

SEECの原版はホール（Hall, L.）が開発したHall Occupational Orientation InventoryのYoung Adult Formですが，日本の進路指導体制に適応さ

表9-3 SEECの全体構成および検査問題

全体構成	検査問題（第2ステップ）
第1ステップ（希望職業・希望進路）	価値観・欲求（40問）
第2ステップ（心理検査）	職業志向性（15問）
第3ステップ（検査結果）	労働条件（35問）
第4ステップ（結果の解釈）	回答の傾向（5問）

せるように新たな要素を付加して開発されています。目的は個人の特性診断ではなく，欲求や価値観という側面から自己理解を促進し，個人が自分をよりよく生かせる進路や生活様式を探索できるよう援助することです。SEECの特徴は，進路選択を発達的過程としてとらえる発達的アプローチに基づいて作成されており，「個人と職業とのマッチング」よりも「個人と職業・進路との関わり合い」の変化に焦点をあてていることです。

SEECは高校生を対象として作成されていますが，中学3年生程度から大学生まで使用することができ，個別でも集団でも実施可能です。全体は4つのステップからなるワークシートとして作られています（表9-3）。中核となる心理検査は第2ステップで，問題は「価値観・欲求」（8尺度，40問），「職業志向性」（3尺度，15問），「労働条件」（7尺度，35問）および「回答の傾向」（5問）の95問からなり（表9-3），いずれも「希望する程度」を回答するようになっています。検査部分の所要時間は回答が約25分，採点が約10分です。4つのステップ全体の所要時間は50～150分であり，目的に応じて学校時間の1回から3回を用いて実施する3つのモデルが用意されています。

(b) 結果の表示と解釈

検査結果は自己採点し，回答者が自分で下位尺度ごとの得点を求めてプロフィールを作成します（第3ステップ）。「労働条件」のみは「希望する程度」ではなく，労働条件に対する考え方の明確性の程度が得点化されます。結果の解釈は，ワークシートに従って回答者が自分で進めていく方式であり（第4ステップ），まず「あなたのプロフィールの特徴と職業」について考え，次に「希望する仕事の特徴」による「あなたと仕事」を検討するように作られています。検査結果を検討するとともに，結果を自分の希望職業や進路と比較して今後の進路を考えるしくみですが，これらの作業を補助し，また職業情報の探索手がかりを提供するために，資料として「希望する仕事の特徴・スケールの説明」がワークシートに盛り込まれています。

（c）利用について

SEECの心理検査は「価値観・欲求」「職業志向性」「労働条件」という3つの側面の18下位尺度から構成されており，多面的に職業を探索できる点が有効であるといえます。特に「労働条件」という現実的な側面からも職業について考える機会を提供する点は貴重です。SEECの作業結果にとどまらず，具体的な職業探索をさらに進めるよう指導すれば，より有効であると考えられます。

（3）ATAC進路適性診断テスト（ATAC）

ATAC（Aptitude Test for your Academic Course）は進学希望の高校生を対象とした進路指導のツールとして作られた総合的な進路適性検査です。教師用ガイド「高校生の進路診断と指導」（松原・橘川・服部，1990）および生徒用ガイド「高校生の進路設計」（松原・橘川・服部，1995）に基づいて紹介します。

（a）検査の概要

ATACは興味，能力，性格などを診断し，大学進学のための自己理解を促進することによって，最も適した大学の学部・学科を選択するための資料提供を目的としています。学力偏差値だけで進路を決めるのではなく，総合的・客観的な資料に基づいて進路を決めるために作られた高校生向きの心理検査です。

検査の適用範囲は高校1～3年生です。検査は2部構成になっており，第1部は基礎調査（検査1，8問），興味検査（検査2，70項目）および性格検査（検査3，72項目）からなり，第2部（検査1～3）は基礎能力検査（136問）で構成されています（表9-4）。興味や性格を測定する第1部の所要時間は40分程度，基礎能力を測定する第2部は時間制限法で実施され，所要時間は45

表9-4　ATACの検査領域および検査構成

基礎調査［第1部・検査1］	基本特性
進路意識（質問1） 進路志望：進学コース（質問2） 進路志望：学部系（質問3） 進路についての悩み（質問4） 悩みの相談相手（質問5） 進路決定要因（質問6） 教科・科目の好意度（質問7） 自宅での勉強法（質問8）	興味検査［第1部・検査2］ （10尺度70項目） 性格検査［第1部・検査3］ （8尺度72項目） 基礎能力検査［第2部・検査1～3］ （6尺度136問）

分程度です。正確に実施するため,「実施用テープ」も用意されており,学校で行う場合は,授業時間2時限を用いて第1部・第2部の実施が可能です。マークシート方式の回答用紙を用いた集団式検査で,結果は専用コンピュータによって一括処理されます。教師には教師用パーソナルシート,クラス一覧表,学年集計表と教師用ガイドが配布され,生徒には生徒用パーソナルシートと生徒用ガイドが配布されます。

(b) 結果の表示と解釈

ATACの結果および解釈は,パーソナルシートにグラフとアドバイスで示されます。基礎調査のうち,進路意識については「進路意識成熟度」として結果が示され,他の項目については生徒の回答がそのまま表示されます。ただし,質問4～8(表9-4)は教師用パーソナルシートにのみ表示されるようになっています。基本特性は,興味検査・能力検査・性格検査の結果が表示され,これらの結果を用いた総合診断では,文系・理系度判定と学部系適性判定の結果が表示されますが,文理判定については,教師用パーソナルシートでは個人内評価と個人間評価,生徒用パーソナルシートでは個人内評価のみが表示されるように配慮されています。また,結果と同時に「ATACワークシート」が配布されるので,生徒はこの作業シートを利用して結果やアドバイスを整理することができます。

(c) 利用について

ATACは文系・理系,学部・学科といった進学先を決定するための資料提供が目的ですが,興味検査・能力検査・性格検査を含む総合的な進路適性検査なので,多面的に自己理解を促進することが可能です。結果を整理するワークシートも作られていますが,進学先の選択・決定にあたっては,検査結果を活用しながら,教師による適切な指導・相談を実施することがより有効であると考えられます。

9-3 職業適性・興味テスト

(1) 労働省編一般職業適性検査(GATB)

GATBは最も代表的な職業適性検査です。「進路指導・職業指導用」と事業所等における雇用管理のツールとして作られた「事業所用」がありますが,ここでは労働省職業安定局(日本労働研究機構)(1995)に基づき,前者について紹介します。

9-3 職業適性・興味テスト

（a） 検査の概要

「進路指導・職業指導用」GATBは，能力面からみた個人の理解を促進し，適職領域を探索するなど，望ましい職業選択を行うための情報提供を目的として作成されています。米国労働省が開発した General Aptitude Test Battery（GATB）を日本の実情に合わせて労働省（現厚生労働省）が翻案したもので，1952年に公表されました。その後，1969年と1983年に改訂が行われ，1995年には手引きの改訂がなされています。

検査の適用範囲は13～45歳未満であり，中学校・高等学校の生徒や専門学校・短期大学・大学等の学生に対する進路指導，および公共職業安定所をはじめとする職業相談機関の来談者・求職者に対する職業相談・職業指導のためのツールとして用いられています。

検査は11種の紙筆検査と4種の器具検査を合わせた15種の下位検査から構成されています。職業適性を正しく評価するためには，紙筆検査・器具検査の双方を実施することが望ましいのですが，紙筆検査のみの利用も可能です。すべての検査は時間制限法によって実施され，所要時間は紙筆検査が45～50分，器具検査が12～15分です。集団検査としても，個別検査としても実施することができます。

（b） 結果の表示と解釈

GATBは15種の下位検査によって9種の適性能を測定しています（表9-5）。「結果記録票」には適性能ごとの標準得点がプロフィールとして表示されるので，相対的に優れた適性能とそうではない適性能とを読み取ることができます。特徴的なのは，被検者が最大能力を発揮できなかった場合の測定誤差を配慮し，標準得点のプロフィールだけでなく，1標準誤差を基準とする加算点を加えた結果もプロフィールで示されることです。

表9-5 GATBの測定内容

9つの適性能	
認知機能群	知覚機能群
G　知的能力	S　空間判断力
	P　形態知覚
V　言語能力	運動機能群
N　数理能力	K　運動共応
	F　指先の器用さ
Q　書記的知覚	M　手腕の器用さ

この2種類の結果から職業適性が評価されます。「適性職業群整理票」には13の職業領域に40の適性職業群が配置されており，それぞれの適性職業群にH，m，Lの評価が与えられます。Hは標準得点がその職業群の所要基準を満たしている場合であり，「その職業に就いたときうまくやっていける可能性が高い」と解釈されます。mは標準得点に加算点を加えれば，その職業群の所要基準を満たす場合であり，「努力次第でうまくやっていける可能性が高い」ことを意味しています。Lは加算点を加えても所要基準を満たさない場合であり，「相当の努力が必要である」ことを意味します。

器具検査は適性能のFとMを測定する下位検査ですが，これを実施しなかった場合，FとMについては所要基準を満たしたものとして暫定的に解釈されます。

（c） 利用について

GATBは，客観的に測定された能力の側面から将来の職業的成功の可能性を予測する1つの手段として有効です。しかし，能力のすべてを測定するものではなく，測定の結果から職業的成功を的確に予測するものでもありません。望ましい職業選択を行うには，興味やパーソナリティ，価値観，体力，健康といった他の側面も配慮して総合的に個性を把握することが必要です。

（2） VPI職業興味検査（VPI）

VPIはホランド（Holland, J. L.）の職業選択理論（コラム参照）に基づき，大学生等に対する進路指導や就職ガイダンスのツールとして作られた代表的な職業興味検査です。日本労働研究機構（2002）に基づいて紹介します。

（a） 検査の概要

VPIは職業との関わりにおいて自己理解を深め，望ましい職業的探索や職業選択活動を促進するための動機づけや情報提供を目的としています。原版はホランドが開発したVocational Preference Inventory（VPI）の1978年版（初版は1953年）です。雇用職業総合研究所（現日本労働研究機構）がホランド理論の日本人への適用性をはじめ，さまざまな基礎的研究を経て日本向きに翻案し，1985年に公表されました。1987年に手引きの改訂が行われましたが，2002年には検査項目となる職業名の入れ替えを目的とした改訂が行われました。

検査の適用範囲は大学および短期大学の学生ですが，年齢や教育水準，職業経歴等を考慮すれば，社会人にも適用可能です。大学・短大の就職部，学生を

9-3 職業適性・興味テスト

表9-6 VPIの尺度構成

興味領域尺度		傾向尺度	
R	現実的興味領域	Co	自己統制傾向
I	研究的興味領域	Mf	男性-女性傾向
S	社会的興味領域	St	地位志向傾向
C	慣習的興味領域	Inf	希有反応傾向
E	企業的興味領域	Ac	黙従反応傾向
A	芸術的興味領域		

対象とした職業相談機関などで就職指導・ガイダンスのためのツールとして用いられています。

特徴的なのは検査項目として160の具体的な職業が提示される点で，これによって被検者の防衛的な態度を取り除きやすく，また積極的な関心を引き出すことができるとされています。160の職業に対する興味・関心の有無について回答を求め，職業興味領域に対する個人の興味・関心の強さを測定するとともに，個人の心理的傾向についても把握しようとしています。所要時間は15〜20分で，個別的にも集団的にも実施できます。また，採点に要する時間は5分程度ですが，容易なので本検査の被検者であれば，自己採点が可能です。

（b） 結果の表示と解釈

VPIは6種の下位尺度からなる興味領域尺度と5種の下位尺度からなる傾向尺度によって構成されています（表9-6）。検査結果は下位尺度ごとのパーセンタイル順位がプロフィールで表示され，6領域の職業興味に対する傾向と5領域の心理的傾向を読み取ることができます。職業領域との関連を探索するのに用いられるのは興味領域尺度であり，傾向尺度は被検者の心理的傾向や回答の信頼性，受検態度を評価し，検査結果を適切に解釈するために用いられます。

職業領域との関連をみるには2通りのやり方があります。1つは尺度レベルでみるもので，職業興味の強い領域と関連した職業領域を探索します。もう1つは職業興味パターンから関連をみる方法で，最も強いものから順に3つの興味領域を選んで職業興味パターンを決定し，関連する職業を探索します。この職業興味パターンは，個人のプロフィールによって，順序を入れ替えたり，4位までの興味領域を含めたりして探索したほうが有効なこともあります。2002年の改訂によって，これらの結果を整理するワークシートが用意されました。

（c） 利用について

VPI は短時間で実施でき，採点も容易ですが，職業興味に関して多くの情報を提供してくれるので，さまざまな活用が可能です。個別の相談場面においても有効ですが，就職ガイダンスや就職セミナー等の集団場面での利用も有効です。単に検査結果を解釈するだけでなく，職業理解を促進したり，職業情報を探索したりする手がかりとして活用すれば，より有効であると考えられます。

（3） Career Focus 大学生向就職適性検査

Career Focus は大学生を対象とした就職指導のツールとしてつくられた総合的な就職適性検査です。就職部用の「CFマニュアル」（大学生向就職適性検査共同研究会，1991）および学生用の「CAREER FOCUS GUIDE BOOK」（福武書店人材開発事業部，1990）に基づいて紹介します。

（a） 検査の概要

Career Focus は自己の適性と職業についての理解を深め，自己の職業観や職業選択を吟味することによって，大学生の選職準備を支援するとともに，大学等の就職部が適切な就職指導を行うための資料提供を目的として作られています。米国の ETS（Educational Testing Service）が開発した CAREER FOCUS が原版ですが，これを日本の実情に合わせて改訂するとともに，性格検査・能力検査等を付加して作成されており，大学生向けの総合的な就職適性検査となっています。

検査の適用範囲は 18 歳以上の 4 年制および短期大学の学生です。検査は調査Aと調査Bに分かれていますが，前者は能力問題（40問）で構成され，後者は職業興味問題（23問），性格検査問題（160問），就職準備度検査問題（56問）からなっています（表9-7）。所要時間は調査A・Bともに35分，計70分ですが，調査票の配布・回収等に20分程度を必要とします。回答用紙にマークシート方式を用いた集団式検査であり，採点および結果の表示はコンピュータで処理されます。被検者には個人結果報告書とガイドブック，大学等の就職部には個人結果報告書控および集計結果とマニュアルが送付されます。

（b） 結果の表示と解釈

Career Focus の結果は個人結果報告書にグラフで表示され，個人の結果に応じたアドバイスが添えられているので，これを読むことによって結果を検討することが可能です。結果の表示は4つのパートに分かれています（表9-7）。SEARCH ①（選職志向性）では，職業興味の方向と就職先を選択する際に重

表9-7 Career Focus の問題および個人結果報告書の構成

検査問題	個人結果報告書
能力問題（40問）	SEARCH ①　選職志向性
職業興味問題（23問）	SEARCH ②　適性職種群
性格検査問題（160問）	SEARCH ③　就職準備度
就職準備度検査問題（56問）	自己理解チャート

視する価値基準についての診断結果が示されます。SEARCH ②（適性職種群）は自分を生かせる仕事の分野，SEARCH ③（就職準備度）は現在の職業観と就職準備行動の進み具合を診断しています。また，これらの診断にも用いられる自己理解チャートでは性格の傾向，社会的強み，能力の強みについての結果を表示しています。

　職業興味の方向を示す仕事の分野については，新卒者に対する求人状況や日本で一般に用いられる職業適性概念の実情に合わせ，ファッション，レジャー・スポーツ，教育，コンピュータ，製造・製作，対人，調査・研究，国際，メディア，社会福祉という10分野が用いられているので，就職活動の方針に直接結びつけて考えることが可能です。

（c）　利用について

　Career Focus は能力，興味，性格の各側面を含む総合的な就職適性検査なので，多くの情報が提供されます。選職の最終決定は学生自身が行うべきものであり，診断結果は職業観や職業選択を検討する教材として役立たせることが必要です。そのためには，学生自身が自らの結果を検討するとともに，就職部において適切な指導や相談を行うことが有効であると考えられます。

（4）　職業レディネス・テスト（VRT）

　VRT（Vocational Readiness Test）は中学校・高等学校における進路指導・職業指導のツールとして活用されてきた心理テストです。雇用促進事業団雇用職業総合研究所（1989）に基づいて紹介します。

（a）　検査の概要

　VRT は中学校・高等学校の進路指導・職業指導において，生徒の職業レディネスを把握することを目的として雇用職業総合研究所（現日本労働研究機構）が作成し，1972年に公表されたテストです。1989年に改訂され，新版職業レディネス・テストとして今日に至っています。

「職業レディネス」は職業的発達におけるレディネスという意味で、「個人の根底にあって、(将来の)職業選択に影響を与える心理的な構え」と定義されています。職業レディネスには態度的側面と能力的側面があると考えられますが、本検査では、態度的側面のうち、職業志向性と基礎的志向性を測定しようとしています。検査は職業志向性を測定するA検査(職業興味)とC検査(職務遂行の自信度)、基礎的志向性を測定するB検査から構成されており、A検査・C検査は各54問、B検査は18問の質問項目からなっています。

検査の適用範囲は中学生・高校生、あるいは13〜18歳程度の範囲にある者ですが、20歳前後であっても、職業経験の浅い者や職業に対する知識が乏しい者には適用可能です。所要時間は40〜45分で、個別でも集団でも実施できます。採点に要する時間は10分程度で、被検者による自己採点も可能です。

(b) 結果の表示と解釈

A検査は職業興味、C検査は職務遂行の自信度を測定していますが、特徴的なのは、同一の54項目を用いていることです。したがって、興味と自信とのギャップを検討することができ、両検査の結果を総合的にみることによって、職業志向性を把握することができます。興味と自信をとらえる枠組みとして、ホランドの理論(コラム参照)に基づく6つの職業領域が用いられており(表9-8)、「職業レディネス・テスト結果票」では、A検査とC検査の標準得点を重ねてプロフィールに表示するようになっています。関連する職業領域は、尺度レベルで探索します。また、VPIの傾向尺度に該当する特別集計を行うことによって、被検者の職業に対する態度の一端を把握することができます。

基礎的志向性を測定するB検査は、DPTの概念に基づく3つの下位尺度から構成されており(表9-8)、結果はそれぞれの標準得点がプロフィールとし

表9-8 職業レディネス・テストの測定内容

職業志向性 (A検査・C検査)		基礎的志向性 (B検査)	
R	現実的職業領域	D	対情報関係志向
I	研究的職業領域		(Data Orientation)
S	社会的職業領域	P	対人関係志向
C	慣習的職業領域		(People Orientation)
E	企業的職業領域	T	対物関係志向
A	芸術的職業領域		(Thing Orientation)

※A検査は職業興味、C検査は職務遂行の自信度。

て表示されます。D志向は対情報関係志向（Data），P志向は対人関係志向（People），T志向は対物関係志向（Things）を意味しています。尺度レベルでどの志向性が強いかを検討するとともに，またプロフィールから判定される6つの類型を用いて関連する職業領域を探索できます。

（c）　利用について

VRT は中学校・高等学校の進路指導・職業指導における個別相談や集団指導場面で，職業と関連づけながら自己理解を深めるのに有効な情報を提供してくれます。ホランドの職業領域と DPT に基づく6類型という2つの体系から職業世界を探索できるので，職業理解を深める進路学習・職業学習のツールとしても有用であると考えられます。

（5）　SDS 職業適性自己診断テスト（SDS）

SDS はホランドの職業選択理論（コラム参照）に基づき，高校生以上を対象とした進路や職業の選択・決定を支援するツールとして作られた自己診断テストです。武田・森下（1981）に基づいて紹介します。

（a）　検査の概要

SDS は自己の将来の進路・職業の選択についてその人がどんな方向に向いているのか，どのような職業志向をもつのかを自己診断し，将来の自分の進路（職業）選択の発見の手がかりとすることを目的として作られています。本検査は，ホランドが1970年に開発した Self Directed Search（SDS）を原版としていますが，日本の生活文化に応じて設問内容を変更したり，日本の職業・職務内容に合わせて職業コードに手を加えたりして，日本版 SDS として作成されたものです。

検査は活動性（66項目），能力（66項目），職業興味（84項目），自己評価①（6項目）および自己評価②（6項目）の下位検査から構成されています。活動性と職業興味は興味・関心の観点，能力・自己評価①②は能力の自己評価の観点から質問が作られています。

検査の適用範囲は15歳（高校生）以上，検査の回答時間は約40分です。個別でも集団でも実施することができます。自己診断テストなので，被検者が自分で結果を採点・整理し，自己診断を行うのが基本ですが，経験豊かなカウンセラーによって運用されることが望ましいとされています。

（b）　結果の表示と解釈

SDS の特徴は，5つの下位検査がすべて，ホランド理論におけるパーソナ

ホランドの職業選択理論

　ホランドは教育機関や軍隊，医療施設におけるカウンセラーとしての経験や実証研究に基づき，人間のパーソナリティおよび環境は現実的（Realistic），研究的（Investigative），社会的（Social），慣習的（Conventional），企業的（Enterprising），芸術的（Artistic）という6つのタイプに分けられると考えました。そして，個人には自分のパーソナリティと同じタイプの環境を求める傾向がみられるとし，パーソナリティ・モデルに基づく個人と職業のマッチング理論を提唱しました。6つのタイプは相互に関連があり，下図の六角形において，距離が近いほど心理的類似性が高いとされています。ホランドはパーソナリティを測定するテストとしてVPIやSDSを開発するとともに，職業探索のための職業情報として，12,000をこえる職業にホランド・コードを付与した「ホランドの職業辞典（Holland Occupational Codes）」（Gottfredson & Holland, 1996）も開発しました。ホランド・コードとは，6つのタイプのうち，関連の強いものから順に3つのタイプを用いてパーソナリティや職業の特徴を表す記号で，3文字コードともよばれています（例えばカウンセラーはSAE，カウンセリング心理学者はSIA）。ホランドの職業選択理論が初めて提唱されたのは1960年代ですが，今日に至るまで，職業指導・進路指導の研究や実践に多大な影響を与えています。詳しくはHolland（1985）を参照してください。

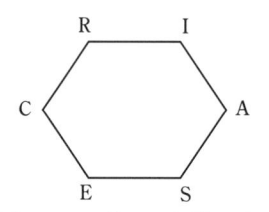

図　ホランドの六角形モデル

　リティ・タイプの6領域を測定しているという点です。したがって，各検査の下位尺度は，ホランドの6領域の考え方に基づいて構成されています（表9-9）。結果は下位検査ごとに6領域の粗点がプロフィールとして表示されます。また，6領域の粗点を合計した総合得点から総合コードが判定され，これらによって，下位検査ごとの特徴と総合的な特徴を読み取ることができます。総合コードは，VPIの職業興味パターンと同様に，6領域のうちの上位3領域を用いるもので，いわゆるホランド・コードとよばれるものです。

　志望職業について情報収集を行うなど，自己診断のステップは多岐にわたり

表9-9 SDSの構成と下位尺度

活動性・能力・職業興味・自己評価	
R 現実的	S 社会的
I 研究的	E 企業的
A 芸術的	C 慣習的

ますが，基本的な解釈の方法として，志望職業からみていくやり方と総合コードからみていくやり方の2通りがあります。前者は志望職業と検査結果である総合コードとの一致度を検討する方法で，後者は総合コードのあらゆる組合せを考えて，職業を探索していく方法です。総合コードにはさまざまな職業が該当するので，いずれの場合も十分に職業を探索することが必要です。

(c) 利用について

SDSは実施にやや時間がかかりますが，ホランドのパーソナリティ・タイプを用いて，複数の側面から自己の特徴を把握できる点が有用です。非常に多くの情報が提供されるので，検査結果を用いてさまざまな活用が可能です。検査を出発点として，自己理解を深め，職業を探索していくことが，進路・職業選択の決定に有効であると考えられます。

(川﨑 友嗣)

■ 引用文献

大学生向就職適性検査共同研究会 1991 『CFマニュアル──解説と活用法』 福武書店.

福武書店人材開発事業部 1990 『CAREER FOCUS GUIDE BOOK』 福武書店.

Gottfredson, G. D., & Holland, J. L. 1996 *Dictionary of Holland occupational codes*, 3rd. ed. Odessa, FL: Psychological Assessment Resources.

Hall, L. & 進路学習研究会 1985 『SEEC──自己進路探索─手引』 日本文化科学社.

Holland, J. L. 1985 *Making vocational choices: A theory of vocational personalities and work environments*, 2nd ed. Englewood Cliffs, N. J.: Prentice-Hall. (渡辺三枝子・松本純平・舘 曉夫共訳 1990 『職業選択の理論』 雇用問題研究会.)

伊東眞行 1998 職業適性検査を使ったキャリア・カウンセリング 職業研究（雇用問題研究会), 31-36.

雇用促進事業団雇用職業総合研究所 1989 『新版職業レディネス・テスト手引』 雇用問題研究会.

松原達哉・橘川真彦・服部　環　1990　『高校生の進路診断と指導』　第一学習社．
松原達哉・橘川真彦・服部　環　1995　『高校生の進路設計』（改訂版）　第一学習社．
長縄久生　1997　「能力・適性（解題）」　日本労働研究機構 編　『リーディングス日本の労働——⑥職場と人間』　日本労働研究機構．
日本労働研究機構　2002　『VPI職業興味検査［第3版］手引』　雇用問題研究会．
労働省職業安定局（日本労働研究機構）　1995　『労働省編一般職業適性検査（改訂新版）手引』　雇用問題研究会．
Super, D. E.　1957　*The psychology of careers: An introduction to vocational development*. NY: Harper & Brothers.（日本職業指導学会 訳　1960　『職業生活の心理学——職業経歴と職業的発達』　誠信書房．）
Super, D. E.　1994　A life span, life space perspective on convergence. In M. L. Savickas, & R. W. Lent (eds.) *Convergence in career development theories: Implications for science and practice*. Palo Alto: CA Consulting Psychologists Press. 63-74.
相談と検査の研究会　1993　『SG式進路発見検査EPIC——教師用マニュアル』　実務教育出版．
武田正信・森下高治　1981　『SDS職業適性自己診断テスト手引』　日本文化科学社．
渡辺三枝子・E.L. ハー　2001　『キャリアカウンセリング入門——人と仕事の橋渡し』　ナカニシヤ出版．

10. 学力・想像力テスト

> **はじめに**
> 　ここでは，学力テストと想像力テストについて解説しました。学力テストの目的を述べ，次に種類としては教師作成学力テストと全国標準学力テストについて述べました。これらの学力テストを作成する場合には，客観式テストと論文式テストがあり，一般には客観式テストのほうが多く用いられています。そして，標準学力テストの作成について，具体的な方法について述べました。この標準学力テストは，入試問題を作成する上でたいへん参考になります。しかし，一般的にはこれほどまで厳密に研究して作成されていないのが現状でしょう。
> 　想像力テストでは，心の中で思い浮かべることやすでに知っていることをもとにして，新しい概念を作ることをいいます。これは創造的な活動の基礎にもなり，具体的な連想語，図形，結果の予想などの例をいくつか例示しておきましたので，参考になることも多いでしょう。

10-1　学力テストの目的

(1) 学力テストとは

　学力テストを行う理由は2つあります。第1は，教える側が教育目標の立て方・計画の練り方ならびに方法の工夫を検討し，さらにより妥当な目標・計画・方法を構想する資料を得るためです。第2は，学ぶ側が学力テストの結果をもとにして，学習の態度・計画ならびに方法を反省し，さらに新しい学習に向かって積極的に取り組もうとする動機づけにするためです。そしてこれらの目的は，教授＝学習の過程が効果的に進んだかどうか，改めるべき点がどこにあるかという，まさに教師と児童生徒の共同の目的であるといわなくてはなり

ません。以下，なお具体的に考察してみましょう。

（2） 学級または学年に実施する学力テストの目的

今日の学校教育では，学級または学年が教育の実践単位となっています。そして学力テストは，一般に各学期末において，またはその中間に1～2回施行されるテストと考えられることが多いようです。しかしある一定期間における学習指導の効果を，その期末において横断的にテストしただけでは，学力テストの目的を十分に果たしたことにはなりません。学力テストは，指導要録や通知票の資料を集めることだけで足りるものでは決してありません。それは本来，教授＝学習の過程と直結し，児童生徒の学習動機づけと指導目標・指導計画・指導方法の反省，改善に資するためのものでなければなりません。そのためには，学力テストは学習指導の実践過程においても必要に応じ，絶えず継続して行われるべきものです。

しかし学力テストがしばしば行われると，児童生徒のなかには，そのために緊張して不安や恐怖を抱く者や，むやみに競争的になる者などが生じやすくなります。これはテストの方法に欠陥があるためです。テストとは，条件統制の観察ですが，教師は単なる観察者ではなく，参加者としての観察者（participant observer）です。つまり学習協力者ともいえます。常に児童生徒の立場になって，興味ある問題を考察し，どんな子どもも積極的に取り組めるように工夫をします。また結果についてもただ正誤を判定するばかりではなく，その努力を認め子どもなりの判断や思考を伸ばす方向で指導すべきです。また表情・態度などに注目し，あるいは机間巡視のかたわら，ノートを点検したり作業を観察したりして激励します。特に遅れがちの場合には，個別に面接して，学習の遅滞や欠陥などを分析・診断し，指導方法を工夫することが望ましいのです。

また，学力テストの結果から，優劣の順位を公表することは好ましくありません。それよりも個々の児童生徒の進歩の度合いを判定し，それによって盛り上げ，教師と児童生徒が協力して向上するようにしたいものです。

（3） その他の学力テストの目的

学級・学年では，教師作成テストが用いられますが，時には標準学力テストも用いられます。例えば全国標準学力テストを用いることによって，全国の学力水準との比較検討ができるからです。またそれを，上級学校の進学や進路を

決定するために利用することもありますが，現状では，あくまでも参考の程度とすべきです。

なお，都道府県の教育委員会などが統一的に学力テストを行い，地域のカリキュラムの改善や設備，教具などの拡充を図るということもあります。

しかし，標準学力テストにしても統一学力テストにしても，紙と鉛筆だけで児童生徒の学力を判定するところに問題があります。したがって，これらは必要最低限にとどめ，日常の教授＝学習過程の研究に，もっと力を注ぐべきです。従来，高等専門学校や大学の入学試験に学力テストを行うのは，上級学校において学習するための適性を判定しようとするためですが，その弊害も深刻です。どのようなテストが最も適切であるかについては，多くの問題が残されています。

10-2　教師作成学力テスト

通常の学習指導の過程で行われるのは，教師作成学力テストです。それは，多くの場合，作成者が教科担当の教師であって，自分が授業している学級や学年などに使用するものです。この場合，教育目標・計画および指導方法に応じ，なお教科書やワークブックなどにのせられているテスト問題を参照したりして，児童生徒の学習を促すように工夫を凝らして実施されます。したがって学校教育の実践において，最も重要なものです。

しかし，学力テストの趣旨を誤り，ただ思いつきで粗略に実施すると，無意味なテストの繰り返しになるばかりでなく，児童生徒の学習の意欲を失わせたり，学習態度を歪めたりします。客観的なテスト形式を十分に研究し，しかも形式にとらわれず，児童生徒が進んでこれを望むような興味深い問題を作るように心がけることが大切です。例えば，低学年ではわかりやすい口調で説明したり，マンガなどを用いたりすることが望ましいのです。

教師作成学力テストは，教師が授業で指導した内容の基本事項について，もしくはその応用についての問題が選ばれます。ところが教師には好みがあって，出題が偏ったり，特定の型によって解答するように得点を決めたりしやすいのです。しかも出題の難易度により，採点のいかんにより，平均点が違ってきます。ある場合には平均30点にもなり，得点だけで教育効果の判定をしたり，個々の子どもの進歩率を求めることはできません。そのため数人の教師が協力して問題を作ったり，その学年の学力偏差値を計算したりすることも必要です。

つまり教師のチームワークが大切なのです。なお，テストは実用性とともに妥当性が主要な条件です。例えば，テスト問題が測定しようとしている能力について，どの程度正確に測定しているかということです。少なくとも，教師作成学力テストの場合に注意すべきことは次のような点です。

① 同じような問題の重複を避け，なるべくやさしいものから難しいものになるように問題を配列します。
② 機械的暗記によって答えられる問題は少なくし，なるべくその後の学習内容に活用されるような原理や原則の発見に導くことのできる問題を考えます。
③ 真偽法・多肢選択法・組合せ法のような再認形式では，正答は1つしかないように作ります。しかし完成法のような再生形式では，正答がいくつも考えられるときがあります。やはりA教師が作ったものをB教師が解答してみる，というような確認が望ましいといえます。
④ 児童生徒の応答には予想外のものもあるので，日ごろから注意深く検討して問題作成の場合の資料とするとよいでしょう。

10-3 客観式テストと論文式テスト

(1) 客観式テスト

客観式テストとは，誰がいつ採点しても同じように客観的に評価ができるテストのことです。これにはいろいろな種類が考案されていますが，これを大別すると，再認形式と再生形式に分けることができます。次に，主要なものを述べます。

(a) 再認形式

① **真偽法**　2つの選択肢を提示し，「正・誤」「○・×」など，いずれか一方を選ばせる方法。
② **多肢選択法**　正か誤かの選択肢を4～5ほど提示して，そのうち最も適当と思うもの1つを選択させる方法。
③ **組合せ法**　2系列の事象を選びそれぞれ左右または上下に，2列にいくつかの事項を並列し，関連づけの理解や知識をテストする方法。

(b) 再生形式

① **単純再生法**　明確に記憶していないとできないテスト法で，明白な事実についての記憶や知識を調べる方法。

② **完成法**　一定の完結した文脈をもち，まとまった思想や内容を表す文章を示すが，そのなかのいくつかの部分を空所とし，前後の関係から推察して埋めさせるというやり方。

(2) 論文式テスト

　文章テストともいい，比較的少数の問題を出して，「知るところ記せ」「説明せよ」「論ぜよ」などの形で，ある程度の長い文章を，自由に記述させる方法です。このような形式のテストは，客観性が乏しいという欠点があります。評価者によって主観的であると批判されて，前述の客観式テストにとって代わられたのです。

　以上のように客観式テストと論文式テストに大別されますが，客観式テストのほうが信頼性が高く，比較もしやすくなっています（表10-1）。しかし，学力テストは客観式を主としていますが，小学校の低学年では，絵などを入れて，わかりやすく興味深くすることも必要です。また，小学校の高学年または上級学年では，学習内容に応じて論文式を加えることが望ましいのです。

表10-1　両テストの長所・短所

基　準	客観式テスト		論文式テスト	
	長　所	短　所	長　所	短　所
1．妥当性	問題のサンプリングが広範囲。使用自在。重圧感がなくごまかしがきかない。	準備のために，学習の態度が悪くなり，断片的学習になりやすい。	上級では文章作成の訓練に役立つ。健全な学習習慣を奨励する。	問題のサンプリングが限られる。重圧感が伴う。
2．信頼性	主観が混入せず採点が客観的になる。	なし	未経験の教師には客観式より無難。	採点が主観的に行われる。
3．管理容易性	指示が斉一。採点に時間がかからない。	問題がつくりにくいし，時間がかかる。	問題がつくりやすい。	条件の斉一に欠ける。
要　約	問題のサンプリングが広範囲。採点が客観的で融通に富む。一定の基準（尺度）がつくれる。	問題作成に技術と時間を要する。	多くの検査の一部分として，また少数の特殊領域で有用。	問題のサンプリングが限られる。解答するにも採点するにも時間がかかる。一定の基準（尺度）がつくれない。

10-4 標準学力テストの作り方

(1) 標準テストの意味

　教師作成のテストは問題の内容や困難度，採点の尺度も各教師によってまちまちですから，その結果を他のテストの結果と比較することができません。また同一個人あるいは集団内において各種能力の比較などができません。これらを可能にするため考案されたのが，「標準学力テスト」(standardized test) です。それはその施行方法や採点法が一定されており，さらにその結果の解釈のための一定の基準（norm）ができあがっていて，それを忠実に実行することにより，その施行の結果は被検者と実施者，時間と場所を問わずそのまま比較しうるように構成されていることが最大の特色です。

(2) 標準学力テストの内容と形式

　標準学力テストは，内容的には主に客観的テストを用います。そして各問題は各教科の一般的な指導目標に準拠しており，心理学的実験や統計学的検証に基づいて精選されています。したがって，カリキュラム全般にわたる広範囲から出題されていることが多いのです。また，どの児童生徒をも対象に考えられます。いわば最大公約数的に作成されたテストといえましょう。形式的にはテストの施行法や採点法が一定しており，統計的に設定された「成績基準」を具備しています。

　標準学力テストの作成過程は，問題作成──予備調査──標準化──検定──手引書の作成，のような段階を経るのが一般です。以下にこの順序に従って，手続きの内容を検討してみましょう。

(3) 問題作成

(a) テスト目的の設定

　テスト問題を作成するにあたっては，まず，テストの目的を明確にすることが必要です。すなわち，多数の子どもたちの学力の個人差を明らかにすればよいのか，一人ひとりの子どもについて学習程度の内容をできるだけ詳細に把握するのか，ということが考えられます。前者の場合には概観テストということになり，後者の場合には診断テストということになります。

(b) 問題の表現

　テストの目的が決まったならば，次は具体的に問題の表現に着手するのです。

10-4 標準学力テストの作り方

ここでまず考えられることは,いわゆる論文式テストにするのか,あるいは,客観式テストにするのかということです。いずれの形式もそれぞれ長所・短所が指摘されていますが,標準学力テストは,一般に多数の子どもに一斉にテストを実施して,速やかにテストの結果を得るという要請を受けているために,一般的にはこの制約にあてはまりやすい客観式テストを採用することが多いのです。

さて,客観式テストの問題としては,次のような出題傾向があります。

① 真偽法, ② 選択法, ③ 組合せ法, ④ 再生法, ⑤ 完成法, ⑥ 配列法,
⑦ 作文法, ⑧ 訂正法, ⑨ 図会法, ⑩ 記録法, ⑪ 判定法, ⑫ 分類法

原案として用意すべきテスト問題を決定します。原案の問題がそのままですべて学力を評価するためのよい問題としての保証を得るとは限らないので,一般には予定数の1.5倍くらいを用意するのが普通です。したがって,100項目からなるテスト問題を作成しようとするならば,原案となるテスト問題の作成においては150項目くらい作成します。これらは予備調査の結果によって,不適当な問題が除かれ,精選されていくのです。

(c) 予備調査

予備調査は上にも述べたように,原案として作成されたテスト問題の検討をする過程です。ここで検討される作業としては,次のようなものがあります。

① 弁別力 ここでいう弁別力とは,それぞれの問題項目が,学力上位群と学力下位群とをよく区別することができるか否かを意味するものです。

② 困難度 次に検討すべきことは,テスト問題の難しさです。それには,各問題項目の正答率を調べればよいのです。例えば,ある項目の正答率が90％を超えているということは,そのテストを受けた子どもの大部分が正答を得ることを意味しています。また,他の項目の正答率が10％をはるか下回っているということは,ほとんどの子どもが正答を得られないことを意味しています。

このように極端にやさしい項目とか,極端に難しい項目は,学力テストの問題としては適切なものとはいえないのです。したがって,一般には正答率が20％から80％の範囲に収まる項目を集めて,全体としての正答率が50％くらいになるように問題を構成するのが一般的です。

③ 正答および選択肢 原案のテスト問題で予定した正答に対しては,当然他の選択肢に比べて高い応答率が予測されます。しかし,誤答の選択肢に応答が集まり,正答に対する応答がきわめて少ないような場合には,正答の表現

の仕方とか，問題文全体の提示法を検討しなければなりません。このような吟味を行って，学力テストとして有効な問題を取り上げ，当初のテスト目的に合致するように，最終的にテスト問題の構成を決定するのです。

　以上の検討は，第1次の予備調査の結果に基づいて行うのですが，以下に述べるテスト時間，実施法・採点法については，第2次予備調査の結果に基づいて検討するのです。

　④ **テスト時間**　　本来，学力テストは知能テストというよりも力量テストとみるほうが妥当ですから，それほど厳密にテスト時間を考慮する必要もありませんが，要するに，普通程度の学力の子どもなら，テスト時間内にすべての問題項目に対して解答を試みることができる程度の問題数が望ましいのです。

　⑤ **実施法・採点法**　　全問題を難易度の順に配列します。領域別に問題が配列されているときには前部に配列されている領域については十分な学力評価が可能ですが，後部に配列されている領域についてはそれが不可能な恐れがあります。このような場合には，全テスト問題をいくつかに区切って，領域別にテスト時間を設定することが望ましいのです。採点法では，問題原案作成のときに，当然得点の与え方が考慮されますが，予備調査の結果から，より合理的な採点法を工夫することが望まれます。得点の与え方は，1項目に対して1点を与えるのが一般的です。

(4) 標　準　化

　学力評価のための標準尺度設定のための調査を標準化とよびます。

　一般に，標準学力テストといえば，当然全国標準尺度をもつことを意味します。したがって，特定の地域についての標準学力テストの場合は，地域標準学力テストといいます。

　この標準化の手続きとしては，標本の抽出，調査実施，基準の設定という3つの段階があります。

(a) 標本の抽出

　標準学力テストは，例えば小学校5年生用の学力テストを実施して尺度を作ります。そして，部分的に標本を抽出することによって，全体的な傾向を推定します。このことから，標準化の調査においても，全国の小学校5年生を代表する標本について調査を行えばよいことになります。

(b) 調査実施

　標準化の実験を行うとき，どの学年にテストを実施するか考えます。小学校

10-4 標準学力テストの作り方

5年生用のテスト問題の内容は，小学校5年の1年間に学習する全領域にまたがっているのです。したがって，厳密に標準を設定するためには，小学校5年生用のテスト問題を5年生の1学期，2学期，3学期と追跡的に同じ集団に対して調査を実施，1年間にわたる学力の発達傾向を把握します。

（c） 規準の設定

規準を設定するためには，標準化の調査結果に基づいて，各月別の得点平均および標準偏差を推定します。これをもとにして学力評価の尺度が設定されるのです。その評価の尺度としては，教育年齢，教育指数，パーセンタイル，学力偏差値などの方法を用います。これらについて述べてみます。

① **教育年齢**（educational age）　個人の学力テストの得点発達傾向からみて，何歳程度に相当するかを知るものです。例えば，ある学力テストの結果から得られた学力得点が，10歳6か月の平均得点に相当しているとすれば，このときの教育年齢は10歳6か月といえます。

② **教育指数**（educational quotient）　これは，教育年齢をその子どもの生活年齢を比較して，学力の程度を評価する方法です。すなわち，生活年齢を100としたときに，教育年齢がどの程度の値になるか示すものです。例えば，生活年齢が10歳の子どもにテストを実施したところ，教育年齢が10歳8か月であったとすれば，教育指数は次のように算出されます。

$$教育指数 = \frac{生活年齢}{教育年齢} \times 100 = \frac{10:8}{10:0} \times \frac{128(月)}{120(月)} \times 100 = 107$$

③ **パーセンタイル**（％ile）　これは，子どもの得点を高い順に並べたものを，100人中の順位に換算する方法です。そして100人中最高位のものは，その成績よりも下に99人のものがいることになりますから，99パーセンタイルといいます。また最下位のものは，その成績よりも下に誰もいないことになるので，0パーセンタイルといいます。このようにパーセンタイルは0から99までに分布し，50が普通の成績といえるでしょう。

④ **学力偏差値**（achievement standard score）　これは，子どもの得点が平均点からどの程度ずれているかを示す値です。すなわち，平均を尺度の原点とし，標準偏差を尺度の単位とする評価法です。そして，原点を50に，1標準偏差の幅を10点に置き換える方法です。その算出公式は，次のように示されます。

$$学力偏差値 = \frac{得点(X) - 平均(M)}{1/10 \times 標準偏差値(SD)} + 50$$

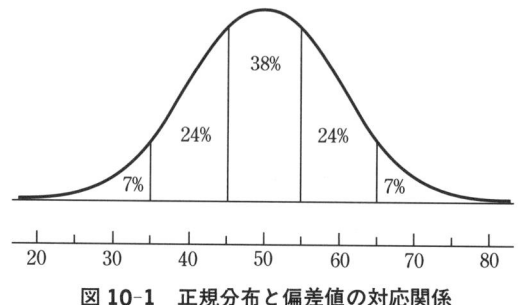

図 10-1　正規分布と偏差値の対応関係

このように学力偏差値は，知能偏差値と同じ性質のものであるために，両者の値を比較することによって，学業成就の程度を知ることができるのです。

正規分布と偏差値の対応関係をみると，各偏差値区間に入る人数の割合は，図 10-1 のように理論的に算出されるのです。

（5）検　定

作成された標準学力テストが，心理テストとしての条件を備えていることを検証するため，テストの妥当性と信頼性などが問題となります。

（a）妥　当　性

テスト目的の確実さを妥当性といいますが，これをみるためには，次のような方法があります。

① **得点の上昇度**　学期が進むにつれて得点の平均も上昇していくものですが，この上昇の仕方が，統計的に意味をもっているものでなければなりません。たとえ見かけの数値が高くなっていても，それだけで学力の発達が保証されているとは限りません。

② **知能テストとの関係**　学力テストは知能テストと同様に能力を評価するものですから，両者の間にはかなり高い相関関係があるはずです。しかしながら，両者の結果がまったく同じであれば，学力テストとして存在価値がなくなってしまうのです。同じ能力を評価するものではありますが，異なった側面を測っているため，両者の相関係数は 0.7〜0.8 くらいになるのが普通です。

③ **教師評価との関係**　実際に教室の中で子どもの学習指導にあたっている教師の評価結果と学力テストとが高い関係にある場合，学力評価用具としての妥当性を示す 1 つの指標となります。したがって，両者の相関係数が 0.8 以上あることが望まれます。

(b) 信頼性

テスト結果の安定性を信頼性といいます。例えば，同じ子どもに同一テストを2回，比較的短い間隔で実施したときに，1回目と2回目の成績にあまり変動がみられないことが，テストの信頼性が高いことを示します。これを検討する方法としては，次のようなものがあります。

① **再テスト法**　これは，同じ被検者に同一テストを一定の期間をおいて実施し，1回目と2回目の相関係数を求める方法です。このとき，1回目と2回目の実施間隔は3か月から6か月くらいが一般に用いられています。

② **折半法**　これは，1回だけのテスト結果から信頼性を求める方法です。すなわち，テスト問題を2つの等価な部分に分けて，2つの部分の得点を算出し，両者の相関係数を求めるものです。この方法によって求められた信頼性係数は，次のスピアマン・ブラウンの公式によって修正されなくてはなりません。

$$r_{tt} = \frac{2r}{1+r} \quad \begin{pmatrix} r：折半法によって求められた値 \\ r_{tt}：修正された信頼性係数 \end{pmatrix}$$

例えば折半法によって，$r=0.78$ が得られたとすれば，スピアマン・ブラウンの公式によって，

$$r_{tt} = \frac{2 \times 0.78}{1+0.78} = 0.876$$

となり，この場合の信頼性係数は0.88となります。一般に信頼性係数は，0.80以上あることが望ましいといえます。

(6) 手引書の作成

標準学力テストは，客観的な評価用具です。したがって，いつ，どこで，誰が実施しても，同様に正しい結果が得られるように工夫されていなければなりません。そのためには，テストの管理運営について正しい知識や態度がもてるように，具体的な解説を示した手引書が必要になります。この手引書には，一般に次のような内容が含まれるでしょう。

① **テスト目的**　概観テストなのか，診断テストなのか，また学年の途中においていつでも実施できるものなのか，あるいは特定の時期に実施するものなのかが，示されます。

② **問題構成**　テスト問題の出題領域がどのような範囲にわたっているのか，また各問題におけるねらいはどのようなものなのか，さらには，テスト時間の配分はどのようになっているのかなどが示されます。

③ **実施法**　テストを実施する前に準備すべきもの，テスト条件として注意すべきこと，テストの進め方，説明の仕方など，テストの管理運営について具体的に説明されます。

　④ **評価法**　正答表の提示と得点の数え方をはじめとして，採点の要領について説明され，さらに採点の結果から評価法に換算する方法および評価法の解釈の仕方について示されます。

　⑤ **利用法**　学力テストの結果をどのような場面で，どのように活用することができるかについて説明されます。

　⑥ **その他**　テスト問題の妥当性，信頼性に関する資料の提示，および標準化の実験結果から得られた得点分布とか平均値の推移など，種々の統計資料についての説明が示されます。

10-5　想像力テスト

(1)　想像力とは

　「想像」とは，心の中で思い浮かべることとか，すでに知っていることをもとにして新しい概念を作ることをいいます。類似したことばに「創造」があります。人まねでなく新しいものを自分から作り出すことをいう意味でニュアンスが違っています。しかし，想像をめぐらして「創造的な活動」をすることもあるのです。創造力は，頭の中でイメージとして，考えたり，想像したことを現実の生活の中で活かし，物として新しく作り出したり行動として行うことです。創造力は，想像力の豊かな人から生まれるといってもよいでしょう。湯川秀樹博士は，夜寝ていて，夢の中でいろいろなことを想像し，それを必ずペンをとって紙にメモされていたそうです。そして，後に中間子を発見されたのです。創造力を養うのには，その前に想像力を豊かにすることが大切でしょう。

(2)　想像力テスト

　想像力テストは，学力テストとも創造性テストとも違いますが，数学の幾何などで使うときの仮想線（補助線）を考えたり，理科の実験を考えるときに利用されるかもしれません。

(a)　連想語による想像力の診断

　心理学では，ある言語から連想語を考え出して想像力を診断することがあります。

10-5 想像力テスト

例1：「母」→やさしい，愛情，保護，料理，親切，女性，オッパイ，出産，親切，カーネーション，感謝，……

例2：「先生」→指導，博識，教授，親切，偉い人，謝恩会，卒業式，おっかない，叱る，怒る，……

例3：「赤」→チューリップ，カーネーション，血，日の丸の旗，赤旗，口紅，情熱，止まれ，けが，帽子，餅，鉛筆，……

以上のように，ある言語から連想される言葉を次々と浮かばせるのです。

（b） 図形による想像力の診断

あいまいな図形や絵を見せて，それが何に見えるか，考えついたことをどんどんたくさん想像して言わせるのです。つぎのような図形や絵を見せて，これが何に見えるか，早く，たくさん，意味のあるものを言わせるのです。図形や絵に反対しても，横にしてもよいのです。

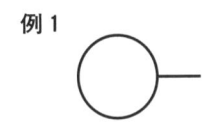

例1　a. 虫めがね，b. 金魚すくい，c. 鏡，d. スプーン，e. ペロペロ，f. 爆弾，g. タイコ，h. 交通標示器（バス停），I. さくらんぼ，j. 木琴たたき，k. たいこ，l. 風船

例2　a. 帽子，b. 金魚鉢，c. トンネル，d. 皿，e. ミシン，f. のこぎり，g. ハンドル，h. 垣根，I. 財布，j. 洗面器

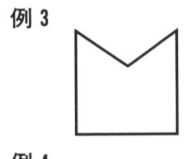

例3　a. 山2つ，b. キバ，c. チューリップの花，d. 魚の口，e. 積み木，f. 歯，g. 帽子，h. 袴，I. こしかけ，

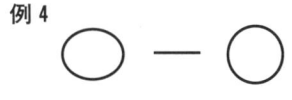

例4　a. めがね，b. 団子，c. 双眼鏡，d. ハードル，e. あめ，f. 玩具，

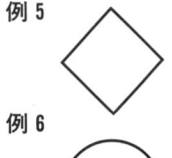

例5　a. 菱餅，b. ダイヤ，c. 座蒲団，d. 帽子，e. せんべい，

例6　a. ドーナッツ，b. 浮き輪，c. 皿，d. 帽子，e. タイヤ，f. 牛乳ビン，g. 茶筒，h. 首輪，I. 指輪，j. 菓子

（c） 結果の予想

普通ありもしないようなことを考えて、その結果はどのようになるか想像させます。

例1：お日様（太陽）が出なくなったらどうなりますか？
① 世の中が真っ暗，② 寒い，③ 植物が育たない，④ 色が白くなる，⑤ みみずくが増える，⑥ 泥棒が増える，⑦ お巡りさんが多くなる，⑧ テレビをよく見る，⑨ 電気屋さんが繁盛する，⑩ 交通事故が多い，⑪ 病気の人が増える

例2：紙が1枚もなくなったらどうしますか？
① 本が読めない，② 鼻がかめない，③ トイレで困る，④ 本屋さんがなくなる，⑤ 新聞が読めない，⑥ 図書館がなくなる，⑦ テレビをよく見る，⑧ 筆記試験がなくなる，⑨ 記憶がよくなる，⑩ 歴史があいまいになる

以上のような「結果の予想」は，実際に近い状態が起こりうるかもしれません。水不足，電気不足，火事，地震，テロ活動など予想しないような事件が起こるかもしれません。これは単なる想像力でなく，問題解決能力であって，創造力は，考える機会を作らないと伸びません。遊びながらゲームをするようなつもりで実践をさせることによって伸びてきます。また，どのような回答に対しても批判しないで，すごいことを考えついたのねと感心し，承認することによって伸びてきます。

（松原 達哉）

■ 引用文献

橋本重治　1976　『新教育評価法総説』　金子書房．
松原達哉　1979　『学力の診断』　日本文化科学社．
松原達哉　1979　『子どもの創造性をめざましく伸ばす』　講談社．
松原達哉　1996　『子どもを伸ばす「なぜ」の聞き方・答え方』　PHP研究所．

11. 視覚認知に関連する神経心理学的検査

> **はじめに**
>
> 本章では視覚認知とそれに関連する機能のアセスメントを行う検査として，"視覚的な非言語刺激を与えて運動させる"という手続きのテストを3つ紹介します。これらの検査は，厳密にはそれぞれ明らかに異なった目的で作られました。フロスティッグ視知覚検査は子どもの知覚-運動障害を診断するために，ベンダー・ゲシュタルト・テストは人格を把握する目的で投影法として，ベントン視覚記銘テストは視覚性記銘の検査として開発されました。しかしどのテストも視覚-運動のプロセスを含み，神経心理学的検査のバッテリーの一部として，学習障害の診断などに用いられています。

11-1 神経心理学アセスメント

(1) 神経心理学とは

　神経心理学（neuropsychology）は，ヒトの心的活動や行動と脳の関係を研究する学問であり，脳の損傷によって生ずる認知障害や記憶障害，言語障害などさまざまな症状のアセスメントを含んでいます。神経心理学的検査は，元来，脳損傷の有無の検出を主な目的として開発されてきましたが，近年CTスキャンやMRIなどの診断技術が急速に進歩したことから，検出手段としての役割は薄れてきました。今日では，認知リハビリテーションやケアにおける評価手段や，神経心理学的症状をより詳細に把握するための手段として，精神疾患をも対象として幅広く用いられています。

(2) 視覚認知機能のアセスメント
(a) 神経心理学的検査

視覚認知に関連する障害として，対象の色や形態を識別・認知するなどの「視知覚の障害」，対象の空間における諸特性の認知に関わる「視空間性の知覚障害」，部分を組み立てて目的の形を構成する「視覚構成能力の障害」などがあげられます。これらの障害は神経心理学的検査によって，例えば図-地弁別の能力をみるために隠し絵の中からある形態を発見するテスト（図11-1），視覚情報を統合する能力をみるためにストリート（Street, 1930）の図形完成課題（図11-2），視空間における認知能力を検討するために線分末梢課題（図11-3）やベントン（Benton, A. L.）らの線分方向の弁別を求める課題（図11-4），視覚構成能力をみるためにレイ（Rey, 1941）の複雑図形テスト（図11-5）などを用いてアセスメントが行われます。以上にあげたテストはそれぞれ，視覚認知における特定の能力を検査するためのものです。

これらに対して，フロスティッグ視知覚発達検査では，視知覚機能のうち比

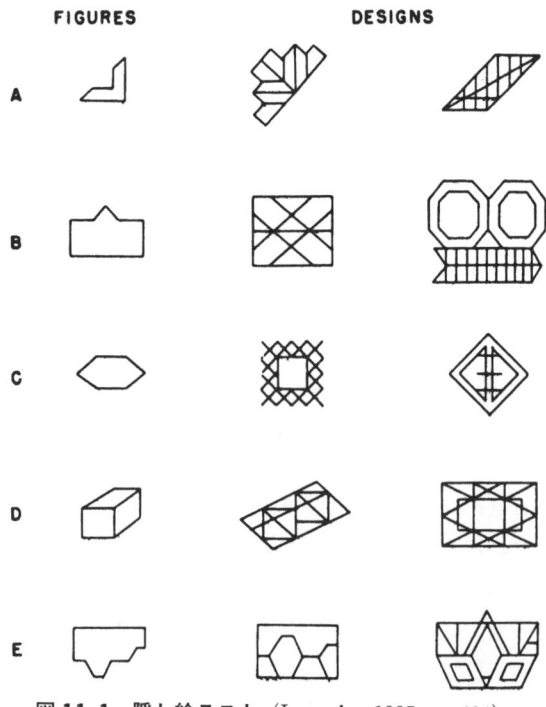

図 11-1　隠し絵テスト (Leasak, 1995, p. 414)

11-1 神経心理学アセスメント

図 11-2 ストリートの図形完成課題（Leasak, 1995, p. 406）

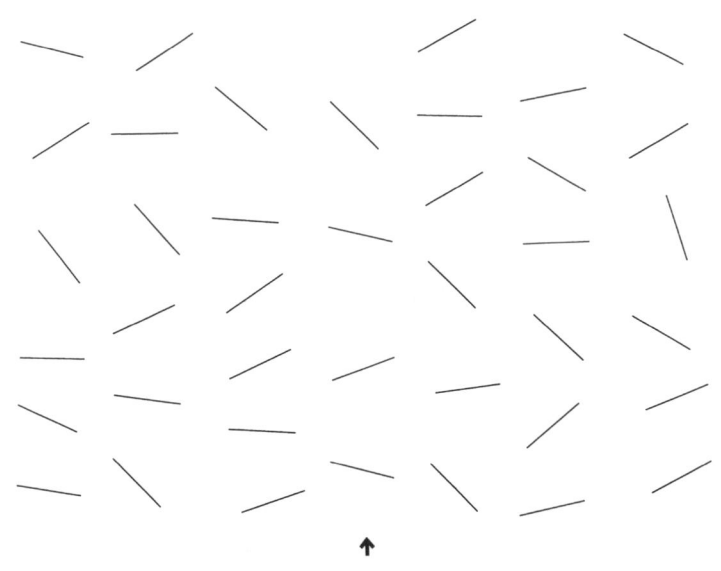

図 11-3 線分末梢課題（BIT 行動性無視検査日本版より）

a.

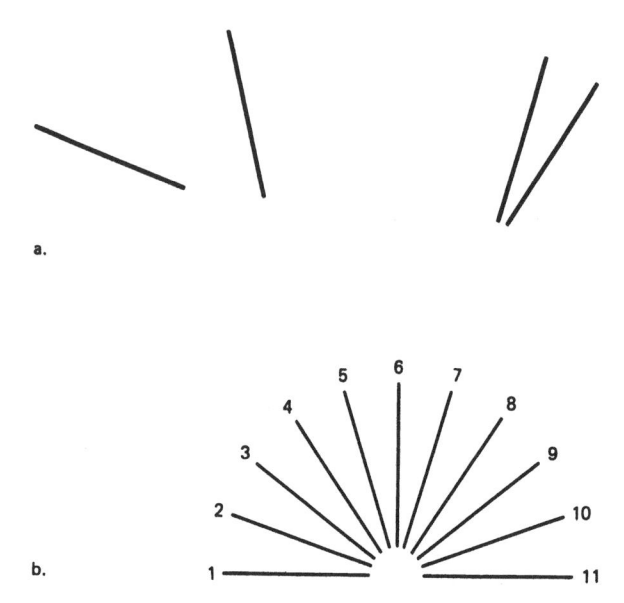

b.

図 11-4　線分方向の弁別を求める課題（Leasak, 1995, p. 400）

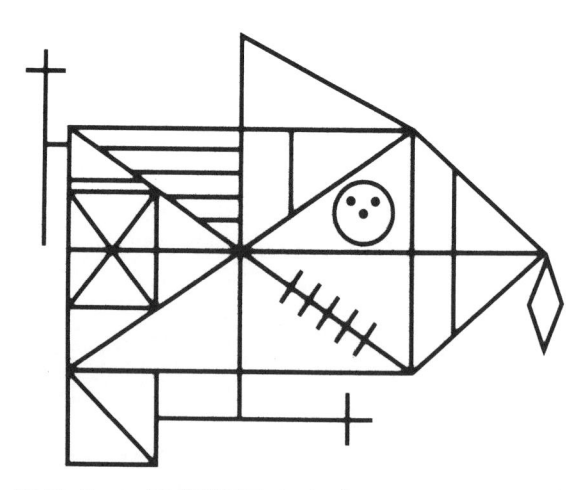

図 11-5　レイの複雑図形テスト（Leasak, 1995, p. 570）

較的早期に発達し，その後の学習活動に重要と思われる5種類の能力（視覚と運動の協応，図形と素地，形の恒常性，空間における位置，空間関係）を特定し，5つの下位検査に分けて評価します。また，ベンダー・ゲシュタルト・テストやベントン視覚記銘検査は，本来の目的とは異なりますが，視覚性注意や視覚構成能力，視覚運動能力などのアセスメントが可能な検査です。ベンダー・ゲシュタルト・テストは，図形を正確に知覚する能力ではなく，知覚・運動におけるまとまりの悪さ（ゲシュタルト機能の崩壊）や統合力の弱さの程度を投影法的手段でとらえる目的で作られました。模写されたものの逸脱の程度を測ることによって，ゲシュタルト崩壊の指標とします。ベントン視覚記銘保持テストは，視覚性の記銘力を評価することを目的とし，正確数と誤謬数を採点します。しかし，両結果とも多義的，つまりその検査成績の低下にはさまざまな視知覚機能の障害が関与していると考えられ，検査態度の観察，結果の質的な分析，他の所見や検査結果を考え合わせることなどで，視覚認知に関する問題を探る手段となりえるのです。

(b) 検査の対象

視覚認知とそれに関連する機能のアセスメントは，脳卒中や頭部外傷などによる大脳損傷患者や，知能障害（痴呆）のある患者などに対して，神経心理学的症状の評価，分析のために行われるほか，学習障害（LD）の診断の際に重要と考えられています。LDとは，知能水準には大きな問題がないにもかかわらず，聴く，話す，読む，書く，計算する，または推論する能力のうち特定のものの習得や使用に著しい困難を示すさまざまな状態をさします。LDの概念は微細脳機能障害（MBD）の症状として成立しました。微細脳損傷において，認知，特に視覚認知とそれに関連する機能の障害は最も重要な神経症状の1つとして評価されています（鈴木ら，1978）。つまり，視覚認知の脆弱さが，読みや筆算で桁がそろえられない，図形が理解しにくい，板書をするのが苦手，行を飛ばし読みするというような学習困難性につながると考えられているのです。現在，このLDといわれる状態は，発達期の脳における何らかの機能障害によって引き起こされると考えられ，神経心理学的アプローチによって診断されます。成人の神経心理学が消失した機能を対象にするのに対して，LDの場合，機能を獲得していく過程における異常を調べなければなりません。視覚認知とそれに関連する機能について，発達的観点からの完全な評価法はまだ存在せず，脳の発達と人の認知・行動についての神経心理学的知識の集積が望まれる状態にあるといえるでしょう。

11-2 フロスティッグ視知覚発達検査

(1) はじめに

　フロスティッグ視知覚発達検査 (Developmental Test of Visual Perception) は，1961年にフロスティッグ (Frostig, M.) により，子どもに対して視知覚の障害の種類や程度に応じて効果的な治療や教育を行うために，視知覚能力の分析的な評価を行う目的で作られた検査です。視知覚能力が5つの領域，つまり，「目と手の協応」「図形と素地」「形の恒常性」「空間における位置」「空間関係」に分けて評価されます。これらの5つは，何年もの臨床観察および幼児の視知覚に関する研究結果から，学業の習得に重要で，人生の比較的早い時期に発達し，しばしば早い時期に障害を受ける機能と考えられて選択されました。

　日本版（飯鉢ら，1977）はフロスティッグが1961年に作った原版に基づいており，標準データは4歳から7歳11か月までの健常児に利用できます。なお，いずれかの下位検査において治療教育が必要と判定された場合に応じて，「フロスティッグ視知覚学習ブック」「フロスティッグ視知覚能力促進法」も市販されています。本検査は，視知覚困難によって生ずる学業不振と不適応の予防と治療のために，主に障害児の心理や教育の分野で使用されていますが，精神遅滞児の職種決定における参考資料として用いたとの報告もあります（四日市，1992）。

　なお第2版 (Hammill, Pearson & Voress, 1993) では，下位テストが8つに分けられており，4歳から10歳11か月までの子どもに利用できる標準データが掲載されています。

(2) 検査の構成と実施法

　各下位検査において（図11-6），検査項目はやさしいものから難しいものへと順に並んでいます。検査1（視覚と運動の協応）では，いろいろな幅の2本の平行線の間に連続した直線や曲線，角をなした線を描いたり，案内線なしに点と点を結びます。検査2（図形と素地）では，交錯しているさまざまな図形を弁別したり，隠された図形を見いだします。検査3（形の恒常性）では，呈示された幾何学図形を，大きさ，線の濃淡，構成などが異なるさまざまな条件のもと知覚し，類似の幾何学図形と弁別します。検査4（空間における位置）では，類似の図形のなかで，回転しているものや反転しているものを弁別しま

11-2 フロスティッグ視知覚発達検査

I. 視覚と運動の協応

II. 図形と素地

III. 形の恒常性

IV. 空間における位置

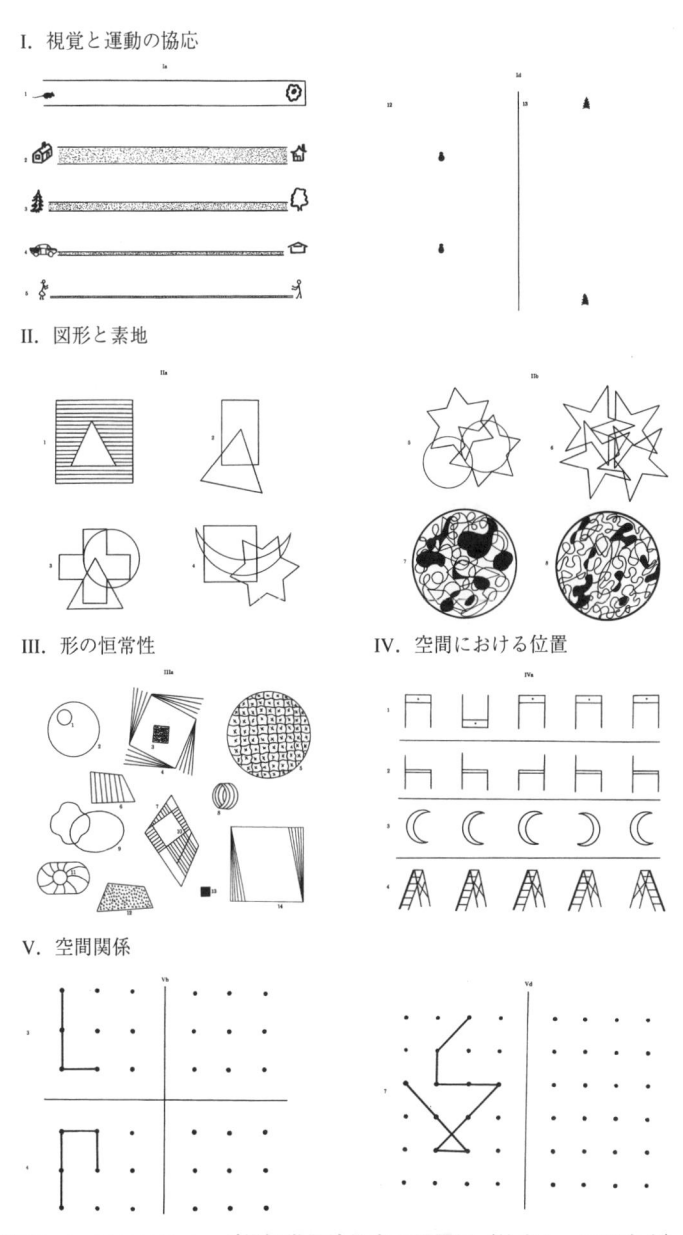

V. 空間関係

図 11-6 フロスティッグ視知覚発達検査の問題例（鈴木ら，1978参考）

す。検査5（空間関係）では，点と点との相互の位置関係を把握し，手本と同じ形になるように結びます。検査は個別に，あるいは小集団の子どもたちに1時間以内で実施できます。

（3）用　具

フロスティッグ視知覚発達検査用紙，11枚の絵カード（三角形，長方形，十字形，月，凧，星形，卵形，円形，正方形，2枚の略図を示すもの），下位検査 Ic, Id, Ie に使用する透かしの採点盤3枚，先のとがった4色の色鉛筆各1本（赤，青，茶，緑），3, 4, 5歳の子どもには，鉛筆ではなく，先のとがった4色のクレヨン各1本，5, 6歳の子どもおよび小学校1年以上の子どもには，色鉛筆のほかによく削った書き方鉛筆（消しゴムのないもの）1本。

（4）施　行　法

被検児を検査用紙の前に座らせ，説明が理解できているかどうかを確かめてから検査を始めます。検査実施上の注意がそれぞれ，集団実施の場合，個別に実施の場合，心身の障害や問題行動をもつ子どもたちに実施する場合に分けて，手引書に書いてあります。

（5）結果の整理と解釈

5つの下位検査おのおのについて，粗点から，知覚年齢（perceptual age；PA）および年齢に応じた評価点（scaled score；SS）を算出できます。SSは10点がその年齢の平均であり，8点以下は治療教育を必要とすると考えられています。さらに SS を合計した値から知覚指数（perceptual quotient；PQ）を算出します。10歳以上の場合は PQ, SS を算出できず，どの下位検査においても，粗点から算出された PA が換算表における最高の知覚年齢ではなかったとき，その領域に困難があると推定されます。

11-3　ベンダー・ゲシュタルト・テスト

（1）はじめに

ベンダー・ゲシュタルト・テスト（Bender Visual Motor Gestalt Test）は，9個の幾何学図形を被検者に呈示して模写させ，それを一定の基準にそって処理，分析するという，操作の比較的簡単なテストです。1938年にベンダ

11-2 ベンダー・ゲシュタルト・テスト

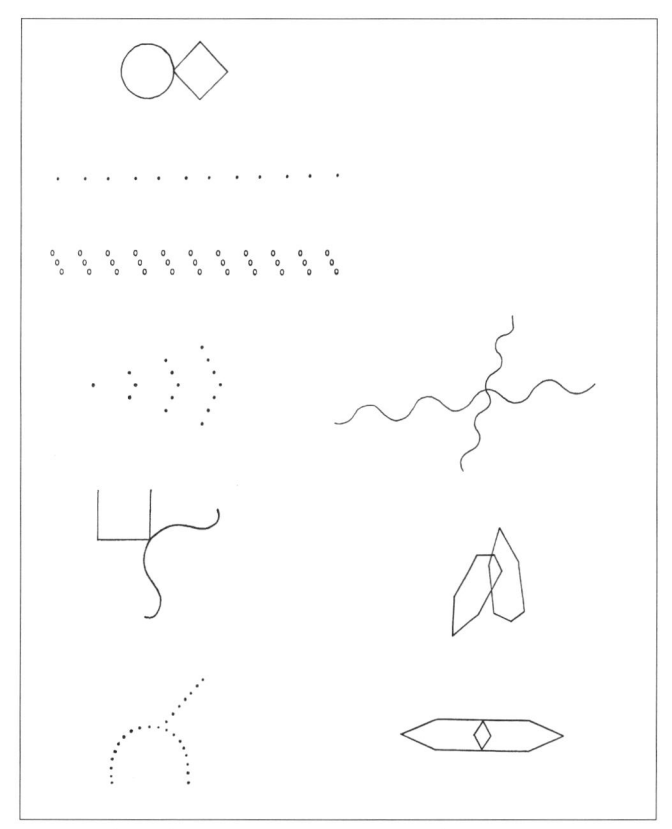

図 11-7 ベンダー・ゲシュタルト・テストの図形（Leasak, 1995, p. 562 参考）

　一（Bender, L.）によって，人間の知覚経験は，決して部分の寄せ集めではなく，部分の総和以上の全体的なゲシュタルトによって成立するというゲシュタルト心理学を背景に作成されました。刺激図形（図 11-7）はゲシュタルト心理学の創始者ウェルトハイマー（Wertheimer, M.）が視知覚の研究に用いたデザインを主としています。ベンダーは以下のように考えました。ゲシュタルト機能は統合された有機体の機能であり，その機能によって，刺激の布置（constellation）つまり刺激がおかれた状態に，全体として反応する。したがって反応のパターンは，刺激がおかれた全体的な状況と有機体の統合された全体の状態によって決定される。

　ゲシュタルト心理学では，視刺激がゲシュタルトをなして，つまりまとまって知覚されるためにはどんな条件が必要であるかを検討し，ゲシュタルトの法

則としてまとめました。ゲシュタルトの法則には，近接の要因（近いものどうしがまとまって見えやすい），類同の要因（類似したものどうしがまとまって見えやすい），閉合の要因（閉じた領域を作るものがまとまって見えやすい）などがあります。これに対してベンダーは，図形を「模写」させることによって，よい形態を作りえないゲシュタルトの崩壊の現象を問題としました。つまり，どのような発達段階のとき，また個体がどのような状態にあるときにゲシュタルトが崩壊されるか，言い換えると，子どもや精神医学上の問題をもつ患者が一般成人と同様なゲシュタルトの法則に基づいた描写をするかどうかを取り上げたのです。そしてゲシュタルト心理学に力動的概念を取り入れて，個人のゲシュタルト機能の成熟とその障害の様相は，現実に対する自我の脆弱さという人格の一側面を反映すると考えました。

　以上，ベンダー・ゲシュタルト・テストは，模写された図形がどの程度歪曲されたかによってパーソナリティを探ろうとする投影法的な非言語性の性格検査ですが，一方，神経心理学的に視覚構成能力のアセスメントが可能な検査でもあります。つまり，簡便でかつ広汎な問題に利用できることが，このテストの使用頻度を高くしているといえます。

（2）検査の構成と実施法

　葉書大（15.4 cm×11.1 cm）の9枚のカードに描かれた幾何学図形を，順次1枚の用紙に模写します。時間制限はありません。

（3）用　　具

　図版カード9枚，模写のための白紙（21.59 cm×27.94 cm）1枚（数枚を必要とする場合もある），鉛筆，消しゴム。定規やコンパスなどの使用は認めません。

（4）施 行 法

　個別に実施します。模写用紙を被検者の前に縦におき，図形A，図形Iから図形VIIIまでの図版カード9枚を，1枚ずつ順番に呈示していきます。1枚描き終わると次のものを呈示しますが，他のものは伏せておきます。教示は「ここに図形が描いてある9枚のカードがあります。1枚ずつ見せますから，その図形を前にある用紙に自由に写してください。スケッチするのではありません。時間は特に決めてありません」。図版カードや模写用紙の位置は変えさせない

ことが大切になります。図形をどのような大きさで描くか，どのような配置にするかは被検者の自由です。終了後，ただちに用紙の上の部分に矢印（↑）を記しておくと，結果処理などに便利になります。なお時間に制限はありませんが，所要時間は書きとめておきます。テスト中の被検者の行動もよく観察して記録しておきます。

また，模写させた後に図版カードを取り除いて自由再生させる方法は，標準化されていませんが，視空間の記憶のアセスメントに有効な手段になります（Leazak, 1995）。

（5） 結果の整理法

11歳以上の児童と成人に適用されるパスカル・サッテル法と，10歳以下の児童用に考案されたコピッツ法，精神病理の重症度を測るためのハット法（Hutt, 1985）などがあります。それぞれの概略を以下に述べます。なお本検査は，5歳以下の子どもには，ゲシュタルト機能が未発達であることから，適用しにくいと考えられています。

（a） パスカル・サッテル法

日本ではこの方法による処理が成人の場合によく用いられますが，得点の標準化は行われていません。図版1から8までの各図形ごとに，10から13の採点基準，さらに反応全体に対して7の採点基準があり，全部で105の採点項目からなっています（表11-1参照）。各採点項目には重みづけ（配点）がしてあり，加算していくことで，模写における逸脱の度合いを数量化できます（BGT得点）。頭部外傷の患者では高得点になりますが，BGT得点から，精神病の患者との鑑別を行うことは難しいといえます（Leazak, 1995）。

（b） コピッツ法

5歳から10歳の児童の場合に適用されます。9個の各図形ごとに，2から4の採点項目があり，判定基準の事柄が「ある」か「ない」かの二分法で採点します。わずかな逸脱は，この年齢層ではあまり重要ではないと考えられています。採点項目は全部で30個あります。脳障害を示す指標や情緒的な障害を診断するための指標もあります。

（c） ハット法

精神病理の度合いを測るために17の精神病理尺度からなっています（Hutt, 1985）。パスカル・サッテル法が各図形の細部にわたって得点化するのに対し，ハット法ではテスト遂行能力を全体として査定します。例えばゲシュタルトの

表11-1 パスカル・サッテル法による採点表

得点項目		図形I	図形II	図形III	図形IV	図形V	図形VI	図形VII	図形VIII	構成	合計
ポツ点・小円	(1) ポツ点，ダッシュ，小円の混在	3^2		3^2		3^2					
	(2) ダッシュに変形	2^3		2^3		2^3					
	(3) 小円に変形	8^4		8^4		8^4					
	(4) ダッシュまたはポツ点に変形		3^2								
	(5) ポツ点の数の過不足	$2\times^5$		2^5		2^7					
	(6) 小円のふるえ，変形		3^3								
	(7) 小円の接触		5^5								
ポツ点・小円・点線	(8) 波状になっている	2^1	2^1								
	(9) 行列が2行になる	8^6									
	(10) 2線に描かれる		8^8								
行列	(11) 小円の列の誤り			3^4							
	(12) 縦の行列の過不足			$2\times^7$							
	(13) 傾斜の逸脱			3^6							
	(14) 余分の矢の行				8^6						
接触・交錯	(15) 弧線と方形のずれ				1^3						
	(16) 弧線の回転				3^6						
	(17) 弧線と方形の重複，不接触				8^5						
	(18) ポツ点からの外延					2^5					
	(19) 外延の回転					3^6					
	(20) 交叉点のずれ						$2\times^3$				
	(21) 端の不接合							8^1	8^1		
曲線図形	(22) 弧線の切断				4^2						
	(23) 弧線のちぢれ				4^4						
	(24) 波状の角ばり						2^2				
	(25) 余分な波状						8^4				
非対称	(26) 非対称				3^1		3^1				
	(27) 弧線の非対称					3^1	3^1				
角	(28) 角度のない矢				8^7						
	(29) 角の欠如							3^3	3^3		
	(30) 不必要な角							3^2	3^2		
不必要	(31) 線の二重						$1\times^5$	$1\times^5$	$1\times^5$		
	(32) 不必要なポツ点，ダッシュ							3^4	3^4		
	(33) 加筆修正				8^7		8^6				
	(34) 補助線		2^9	2^9	2^{10}	2^9		2^8	2^8		
	(35) くり返し	$3\times^8$	$3\times^{11}$	$3\times^{11}$	$3\times^{11}$	$3\times^{11}$	$3\times^{11}$	$3\times^9$	$3\times^{10}$		
その他	(36) 太い描きすぎ	2^7	2^{10}	2^{10}		2^{10}	2^{10}		2^9		
	(37) ふるえ				4^8		4^7	4^6	4^6		
	(38) 回転	8^9	8^{12}	8^{12}	8^{12}	8^{12}	8^{12}	8^{10}	8^{11}		
	(39) 図形の誤り	8^{10}	8^{13}	8^{13}	8^{13}	8^{13}	8^{13}				
	(40) 歪み				8^8	8^9	8^8	$8\times^7$	$8\times^7$		
全体の構成	(1) 図形Aの位置									2	
	(2) 図形の重複									$2\times$	
	(3) 圧縮									3	
	(4) 区分するための線									8	
	(5) 順序									2	
	(6) 無秩序									8	
	(7) 図形の不釣合									8	
合計											

（ゴチ数字は得点，小数字は図形別のアイテム番号）

変化に関する尺度「閉合の不完全」(closure difficulty) は5段階（10, 7.75, 5.5, 3.25, 1）で評価されます。接触点における隙間，消すこと，書きすぎなどが図版A, 2, 4, 7, 8において合計9つ以上みられた場合10点（Very Severe），1つもなければ1点（Absent）となります。一方パスカル・サッテル法では，各図形でこれらに関する採点がなされます。またハット法では個々の尺度について解釈が行われており，例えば「閉合の不完全」は対人関係における問題と関係することが示唆されています。

11-4 ベントン視覚記銘保持テスト

(1) はじめに

ベントン視覚記銘保持テスト（Benton visual retention test）は1945年，ベントン（Benton, A.L.）により視覚記銘能力を評価するために開発されました。呈示された線画図版を被験者が一定時間後に，再生ないし模写するものです。主に後天性の脳損傷者に対し，視覚認知，視覚記銘，視覚構成能力の3つのアセスメントをするために用いられます。日本版（高橋，1995）は第3版（Benton, 1963）の翻訳に基づくものです。多くの研究によりその臨床的有用性が確認されている検査であり，第5版（Sivan, 1991）では健常高齢者のデータが加えられ，高齢被検者の結果をデータに基づいて評価することができるようになりました。

(2) 検査の構成と実施法

被検者には図版カードを1枚ずつ，一定時間提示して，その後用紙に再生させる方法で行います。図版には刺激価が等価とされている3種類の図版形式（Ⅰ，Ⅱ，Ⅲ）があり，各10枚からなっています（図11-8に形式Ⅰの図版を示します）。10枚のうち2枚の図版には大きい図形が1つ描かれ，そのほかの図版には水平に複数の図形が描かれています。ほとんどが3つの図形構成（大きい図形2つとこれらの左右いずれかに小さい図形）になっています。同一の被検者に施行する場合は練習効果と習熟の可能性を避けて，それまでに使用したものとは別の図版形式を使用します。

用具は，図版カード（形式Ⅰ，Ⅱ，Ⅲ），描画用紙（図版カードと同じ大きさの白紙10枚），鉛筆，消しゴム，ストップウォッチ（または秒針つき時計）。

検査者は被検者と向き合い，形式Ⅰ，Ⅱ，Ⅲの図版カードのうち，いずれか

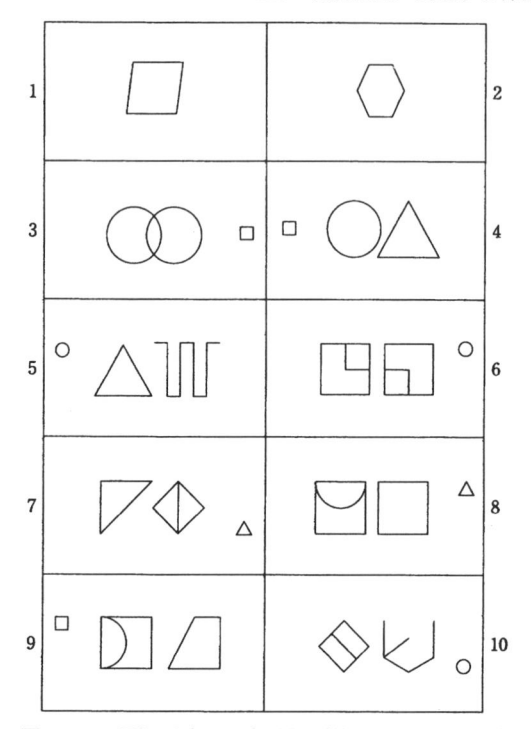

図 11-8　図版形式 I の各図版（使用手引き，p.79）

表 11-2　ベントン視覚記銘保持テストの施行方式

施 行	方　　式	呈示時間
A	即時再生	10 秒
B	即時再生	5 秒
C	模写	描写の終了まで
D	15 秒後の遅延再生	10 秒

　1つを選び被検者の見やすい位置におきます。被検者側に図版，検査者側に白紙がくるよう順番にめくっていき，1枚ずつ呈示し描画させます。4つの施行方式（A, B, C, D）によって実施されます（表11-2）。描画時間の時間制限はありません。

（a）施 行 A

　被検者に，描画用紙，鉛筆，消しゴムを与えます。図版を1枚ずつ提示し，10秒間よく見て覚え，提示時間が終わった後に見たものを描画するように教

示します．被検者が10秒経過する前に描こうとした場合，それを中止させ，10秒間は熟視するように注意します．カード3からは複数の図形になるため，「見るものは何でもみな描いてください」と教示します．もし被検者がカード3の周辺図形（周辺にある小さな図形）を描かないときは，カード4を呈示する前に同じ教示を繰り返します．

(b) 施行 B
図版カードの呈示時間が5秒間であるほかは，施行Aと同じになります．

(c) 施行 C
図版カードを1枚ずつ呈示して，できるだけカードの図形に似せて描写するよう教示します．施行Cを最初に行うと，被検者の描画能力そのものを知ることができ，また被検者は3つの図形構成に慣れることができます（Leazak, 1995）．

(d) 施行 D
被検者に図版を1枚ずつ10秒間呈示して，熟視するよう教示します．その後カードを取り去った15秒後に，被検者が見たものを描画させます．15秒間は待たせるように，描画用紙，鉛筆，消しゴムは描画する際にそのつど渡します．

(3) 採点法

採点基準は，描画能力ではなく記銘力をみるための検査なので，いくぶん寛大にします．正確数と誤謬数を採点します．各図版に対する反応に何の誤りもなければ1点が与えられ，その合計点が正確数となります．つまり正確数は0点から10点までの得点となります．

誤謬数は正確に描写できなかった場合の誤りの数を数えるもので，その型として大きく以下の6つに分類されます．①省略および追加，②ゆがみ，③保続，④回転，⑤置き違い，⑥大きさの誤り，の6つです．これらに基づき，63種の誤謬が区別され，それぞれ記号で表されます．例えば，①の省略に関して，カード1または2の1個の大きい図形を省略した場合はM（記号の原語はMajor），図形を再生するための余白があるにもかかわらず右あるいは左の大きい図形を省略した場合それぞれMR（Major Right）あるいはML（Major Left），右あるいは左の大きい図形を省略し図形を再生するための余白がない場合MR!あるいはML!，右視野あるいは左視野の周辺図形を省略した場合PR（Peripheral Right）あるいはPL（Peripheral Left）の7つが区

別され，それぞれ記号で表されます．1つの図版の再生で複数の誤謬が認められることも多く，10枚の図版の再生で認められた誤謬数の総計数が誤謬数となります．

（4） 結果の解釈

　施行A（10秒呈示，即時再生）に関しては，成人と児童について，さまざまな知能水準の被検者の代表的な正確数および誤謬数が示されています．成績の解釈は，被検者に推定しえる本来の，あるいは発病前の知能に相当する予想得点に基づいてなされます．つまり，被検者の得点を予想得点と比較することで，欠陥を示すかどうかを検討することになります．なお年齢によっては，正確数，誤謬数ともに，予想得点の補正が必要です．施行B（5秒呈示，即時再生）については，施行Aの正確数の基準からマイナス1点の補正を行えば，その正確数の基準が得られるとしています．施行C（模写）に関して，誤謬数における16歳から60歳の年齢範囲の標準的な基準，児童の正確数と誤謬数における標準的基準が示されています．

　本検査は視覚性の記憶検査として作成されたものですが，刺激として用いられている図形の多くは言語的に表現可能です．したがって，言語機能が障害されたケースにおいてかなり成績低下がみられることは留意するべきです．

〔中川　敦子〕

■ 参 考 文 献

Hammill, D. D., Pearson, N. A., Voress, J. K.　1993　*Developmental Test of Visual Perception*, 2nd ed., Austin, TX, Pro-ed.

Hutt, M. L.　1985　*The Hutt Adaptation of the Bender-Gestalt Test*, New York, Grune & Stratton.

飯鉢和子・鈴木陽子・茂木茂八　1979　『フロスティッグ視知覚発達検査』　日本文化科学社．

石合純夫　1999　『BIT 行動性無視検査』　新興医学出版社．

Leazak, M. D.　1995　*Neuropsychological Assessment*, 3rd ed., New York, Oxford University Press.

Sivan, B. S.　1992　*Benton Visual Retention Test*, 5th ed., New York, The Psychological Corporation.

鈴木昌樹・水野美彦・加茂牧子ら　1978　「微細脳障害，学習障害における Frostig 視知覚発達検査」　脳と発達，**10**，273-283．

参考文献

高橋省己　1994　『ベンダー・ゲシュタルト・テスト・ハンドブック』　三京房.
高橋剛夫　1995　『視覚記銘検査使用手引』　三京房.
四日市ゆみこ　1992　「精神薄弱児のフロスティッグ視知覚発達検査結果の分析とその進路指導への活用」　特殊教育学研究, **29**, 119-124.

12. 心理統計の基礎知識

はじめに

　この章では，心理検査やデータに基づいて個人の理解や集団間の比較をするときに必要な心理統計の基礎知識について解説します。まず，個人間の比較や個人の中で異なる特性間の比較のために必要な「得点の標準化」や「テストの標準化」について述べます。次に集団間の比較や個人の位置づけに必要な代表値としての各種の平均値の特徴やデータのばらつきを示す散布度としての標準偏差と分散についての統計指標を解説し，性格検査などで用いられるパーセンタイル表示について説明します。第3番目に，知能検査における知能指数と知能偏差値の統計的な意味づけについて説明します。最後に，集団間の比較や，治療法の効果性の検討に必要な平均値間の比較のための t 検定法や F 検定法についての具体例を示します。

12-1　得点の標準化とテストの標準化

（1）　得点の標準化

　社会科学における測定値は，いろいろな単位をもったものさしで測定されます。例えば，人の体重は 62.4 kg というようにキログラムで表示され，身長は 170 cm というようにセンチメートルで示されます。また学校での学力はたいてい 0〜100 の配点のなかで，成績は国語が 60 点，数学が 75 点として示されます。このような測定値を眺めてみると，測定内容が異なると異なった単位をもつ尺度が存在することがわかります。したがって，身長，体重，学力，性格，態度などの異質な尺度を等価な単位をもつ測定尺度に変換することによって，初めて個人間の比較や集団相互の比較が可能になります。すなわち，A 君は

一般よりも身長は高いが体重は軽いとか，この学級は国語の成績は低いが数学の成績は高いとか判断できるのです。異なる測定尺度を等価な単位に換算する方法が，測定尺度の標準化とよばれるものです。一般に測定値が正規分布することを仮定して，各尺度の平均（$\bar{X}$）と標準偏差（standard deviation；SD）を用いて式(12.1)で得点変換した値を標準化された得点，すなわち標準得点（standardized score）とよびzで表し，単位正規分布表からその出現確率を知ることができます。

式(12.1)による標準得点zの全体平均（$\bar{z}$）は0，その標準偏差（SD_z）は1.0となります。

$$標準得点(z) = \frac{個人得点(x) - 集団平均(\bar{X})}{標準偏差(SD)} \tag{12.1}$$

このように多くの異なる尺度，例えば，性格特性が異なれば，特性ごとに平均やばらつきの指標である標準偏差が異なってきます。アンケート調査のように項目が多数にのぼる調査での各項目は，平均値やばらつきが異なるのが普通です。したがって，平均値やばらつきが異なっていても，素得点を標準得点に変換すれば，異質な測定値も同一の単位をもった尺度として比較できることになります。なお，標準得点は$-3.0 \sim +3.0$の範囲にほぼ99％の値が収まります。しかし，換算値がマイナスの値も含むため，実務にあたっては取り扱いが不便なので，後で詳述するように，式(12.2)に従って，標準得点を10倍し，50を加えて再変換した得点，すなわち偏差値（大文字でZ得点と表記）を使用することが多いのです。

$$偏差値(Z得点) = 10 \times 標準得点(z) + 50 = \frac{10(X - \bar{X})}{SD} + 50 \tag{12.2}$$

(2) テストの標準化

また，新しく学力検査や知能検査，あるいは性格検査を作成する場合，全国基準と比較するために，全国の母集団から相似な標本を選び（サンプリングという），テストを実施する必要があります。そして，個人得点は，このサンプリングされた集団の検査結果の平均値と標準偏差をもとに位置づけられます。こうした全国標準との比較のための手続きをテストの標準化といいます。標準化された学力テストを標準学力検査とよびます。例えば，学力検査であれば小学5年生の国語標準学力検査といいます。普通，知能検査や性格検査はサンプリングされた基準集団を使用していますので，単に○○式知能検査，○○性格

検査と表現されています。検査の標準化が適切かどうかは，その検査の使用の手引きに，サンプリングの手続きを明確にしているかにかかっています。もちろん，手引きに基準集団や信頼性係数，妥当性係数を明記していない検査は，使用を避けたほうが望ましく，検査実施後の集団間の比較，個人間の比較，同一個人内の比較などができなくなります。もし，性格検査の各尺度も同一集団で標準化されている場合，「このクライエントは攻撃性は高いが，情緒安定性は良好だ」とかというように同一個人内で，異質な性格特性間の比較も可能となります。

12-2 代表値

　私たちは，測定した多数のデータを1個の値で代表させるために平均値を使用します。これを正確には算術平均（arithmetic mean）といいます。代表値には算術平均のほかに幾何平均（geometric mean）と調和平均（harmonistic mean）があります。しかし，データの分布が歪んでいる場合は，これらの3種類の平均値の代わりに，中央値（mediun）や最頻値（mode：モード，流行値，並数などともいう）を代表値とすることが望ましいでしょう。

(1) 算術平均（平均値）

　算術平均は，代表値として最も多く使用されます。これは，データの個数が異なる集団でも比較できるように総合計を人数で割り，1個あたりの値を求めているのです。

　算術平均 $\bar{X}$（エックス・バーと読む）の算出式は，式(12.3)で与えられます。

$$\bar{X} = \frac{1}{N}\sum_{i=1}^{N} X_i = \frac{1}{N}(X_1 + X_2 + X_3 + \cdots + X_N) \tag{12.3}$$

　8個の測定データが3，3，3，6，4，5，2，2であったとすると，算術平均は，

$$\bar{X} = \frac{1}{8}(3+3+3+6+4+5+2+2) = \frac{28}{8} = 3.50$$

となります。

(2) 幾何平均

　幾何平均（geometric mean；$\bar{X}_G$）は，N 個の測定データについて，測定値をすべて相互にかけ合わせ，N 乗根をとった値のことです。

実際の計算では、データの個数が多く、また値そのものが大きいときは、電卓などのメモリーがオーバーフローしてしまいます。これを避けるには方法(b)の式(12.5)による対数計算を行うとよいでしょう。

(a) 直接法

データが少なく電卓がオーバーフローのおそれがないときは、直接法で求めます。例えばデータが3, 3, 3, 6, 4, 5, 2, 2という8個の場合、すべての積の8乗根となります。

$$\bar{X}_G = \sqrt[N]{X_1 \cdot X_2 \cdot X_3 \cdot \cdots \cdot X_N} \tag{12.4}$$

$$= \sqrt[8]{3 \times 3 \times 3 \times 6 \times 4 \times 5 \times 2 \times 2} = \sqrt[8]{12960} = 3.266$$

(b) 対数計算による方法

データが多い場合や、測定値が大きいときは式(12.5)による対数計算を行います。

$$\log \bar{X}_G = \frac{1}{N} \sum_{N=1}^{N} \log X_i \tag{12.5}$$

$$= (\log 3 + \log 3 + \log 3 + \log 6 + \log 4 + \log 5 + \log 2 + \log 2)$$

$$= \frac{4.11260499}{8} = 0.51407562$$

ゆえに、この0.51407562の逆対数をとると、幾何平均は3.266となります。

$$\bar{X}_G = 10^{0.51407562} = 3.266447 \fallingdotseq 3.266$$

(3) 調和平均

調和平均 (harmonistic mean; $\bar{X}_H$) は、式(12.6)に示すように各データの逆数の平均を、再度逆数にした値のことです。測定データの中に極端に大きいか、または小さな値が存在しているときに算術平均をとると、平均値がそうした極端値に影響されて不当に小さくなったり（あるいは大きくなったり）します。それゆえ、こうした影響を防ぐには調和平均を用いるほうがよいのです。

調和平均の計算例

$$\bar{X}_H = \frac{N}{\sum_{i=1}^{N} \frac{1}{X_i}} \tag{12.6}$$

$$= \frac{8}{\frac{1}{3} + \frac{1}{3} + \frac{1}{3} + \frac{1}{6} + \frac{1}{4} + \frac{1}{5} + \frac{1}{2} + \frac{1}{2}} = \frac{8}{2.616667} = 3.057$$

12-2 代表値

以上の3種類の平均値の大小関係は，算術平均≧幾何平均≧調和平均となります。

計算例の8個のデータでは，$3.5(\bar{X})>3.266(\bar{X}_G)>3.057(\bar{X}_H)$ という関係があります。なお，3種類の平均値が等しくなるのは，N 個のデータがすべて同じときのみです。

(4) いくつかのグループの平均値をもとに全体平均を求める方法

k 個のグループの平均値を $\bar{X}_1, \bar{X}_2, ..., \bar{X}_k$ とし，それぞれの人数が $n_1, n_2, ..., n_k$ であれば，全体平均は，式(12.7)で求められます。

$$X_t = \frac{\sum n_i \bar{X}_i}{n_1+n_2+\cdots+n_k} = \frac{n_1\bar{X}_1+n_2\bar{X}_2+\cdots+n_k\bar{X}_k}{N} \\ = p_1\bar{X}_1+p_2\bar{X}_2+\cdots+p_k\bar{X}_k \tag{12.7}$$

ここで，$N=\sum_{i=1}^{k} n_i = n_1+n_2+\cdots+n_k$, $p_1=n_1/N$, $p_2=n_2/N,..., p_k=n_k/N$ です。

式(12.7)からわかるように，全体平均は，各群の平均値をその群の人数の比率で重みづけられているので，重みづけられた平均値ともよばれています。

(5) 尺度の得点範囲が狭く同点が多いデータの場合
(a) 得点を人数で重みづけた平均値算出法

10点満点の小テストのときなど尺度の範囲が限られていて，表12-1のように同点が多くなります。このような場合は，式(12.8)を用いて得点と人数の積の総合計を求め，総人数で割ることによって平均が簡単に算出できます。

ここで k は得点のカテゴリー数とする。

$$\bar{X} = \frac{1}{N}\sum_{i=1}^{k} f_i X_i = \frac{f_1 X_1 + f_2 X_2 + f_3 X_3 + \cdots + f_k X_k}{N} \tag{12.8}$$

$$= \frac{1\times 0 + 2\times 1 + 1\times 2 + \cdots + 9\times 10}{40} = \frac{265}{40} = 6.625$$

表12-1 10点満点の漢字テストの得点分布

											計
得点 (X_i)	0	1	2	3	4	5	6	7	8	9	10	
人数 (f_i)	1	2	1	1	1	7	4	3	6	4	9	40 ($N=\Sigma f_i$)
$f_i \times X_i$	0	2	2	3	4	35	24	21	48	36	90	265 ($\Sigma f_i \cdot X_i$)

表 12-2 国語の成績の度数分布表(刻み幅 $h=5$)

(1) No.	(2) 級間	(3) 真の得点限界	(4) 中心点 (m_i)	(5) 度数 (f_i)	(6) $f_i \times m_i$	(7) y_i	(8) $f_i \times y_i$
1	30-34	29.5-34.5	32	0	0		
2	35-39	34.5-39.5	37	1	37	−9	−9
3	40-44	39.5-44.5	42	0	0	−8	0
4	45-49	44.5-49.5	47	0	0	−7	0
5	50-54	49.5-54.5	52	0	0	−6	0
6	55-59	54.5-59.5	57	0	0	−5	0
7	60-64	59.5-64.5	62	0	0	−4	0
8	65-69	64.5-69.5	67	2	134	−3	−6
9	70-74	69.5-74.5	72	3	216	−2	−6
10	75-79	74.5-79.5	77	4	308	−1	−4
11	80-84	79.5-84.5	82	7	574	0	0
12	85-89	84.5-89.5	87	11	957	1	11
13	90-94	89.5-94.5	92	10	920	2	20
14	95-99	94.5-99.5	97	5	485	3	15
15	100	99.5-100.5	100 *	0			
	計			43	3631		21

(b) **組分けされた度数分布表の中心点に基づく平均値算出法**

① **中心点による方法**　表 12-2 は,国語の成績の度数分布表です。

度数分布表から平均値を算出するには,まず級間の刻み幅と中心点を求めます。表 12-2 の第(6)欄は人数と中心点との積を示しています。これらの合計を人数で割ると平均値を求めることができます。これを記号で表したものが式 (12.9) です。k は階級の個数です。ただし,表 12-2 の例では,100 点のところを除いた階級の個数 k は 14 になります。

級間の刻み幅 h は真の得点範囲から級間の幅は,$h=34.5-29.5=5.0$,階級 1 の中心点は,$m_1=29.5+5.0/2=32$,階級 2 以上の中心点は,37, 42, ..., 97 となります。

$$\bar{X} = \frac{1}{N}\sum_{i=1}^{k} f_i m_i = \frac{f_1 m_1 + f_2 m_2 + f_3 m_3 + \cdots + f_k m_k}{N} \quad (12.9)$$

$$= \frac{1\times 37 + 2\times 67 + 3\times 72 + \cdots + 5\times 97}{43} = \frac{3631}{43} = 84.44$$

② **仮平均による方法**　仮平均をもとに,実際の平均値を算出するには,次の(i)と(ii)の手順を用います。

12-2 代表値

（i）まず，平均値がありそうな階級を探します。ここでは中心点 82 を仮に平均値 (m_0) とみなします。そこでこの中心点 82 がある階級位置の計算変数 (y_i) を 0 とし，これより中心点が高くなる方向に 1, 2, 3, 4 とプラスの数字を 1 刻みでつけます。また仮平均 82 より小さい 77, 72 の方向には $-1, -2, -3, \ldots$ と負の値をつけます。表 12-2 の第(7)欄に計算変数 (y_i) を示します。

（ii）次に，この計算変数と度数との積和を求め，総人数で割った値に刻み幅 h をかけ，仮平均を加えます。これが平均値となります。

$$\begin{aligned}\bar{X} &= m_0 + \frac{1}{N}\sum_{i=1}^{k} f_i m_i \times h \\ &= m_0 + \frac{f_1 m_1 + f_2 m_2 + f_3 m_3 + \cdots + f_k m_k}{N} \times h \\ &= 82 + \frac{1\times(-9)+2\times(-3)+3\times(-2)+\cdots+5\times 3}{43} \times 5 = 84.44\end{aligned}$$

なお，表 12-2 の例では，100 点満点の児童数が 0 のため上の式のままでよいですが，100 点の児童が存在するときは，$(f_{100}\times 100)/N$ の式によって求めた値を，上述の平均値に加えて調整します。ここで，N は総人数，f_{100} は 100 点をとった人数です。

(6) 中央値

中央値（medium：メディアン）は，Mdn と表記されることが多く，中間値，中位数ともよばれます。例えば，2, 2, 3, 4, 5, 7, 8, 9, 9, 10, 13 という 11 個のデータを小さい順に並べた真ん中の順位は 6 番目だから（奇数個のデータのときは $N/2+1$ 位が中央値のある位置），この中央の人の値を代表値とします。ここでは，6 番目の人の値が 7 だから，中央値は 7 となります。もし，2, 2, 3, 4, 5, 7, 8, 9, 9, 10 という 10 人という偶数個のデータのときは，5 番目と 6 番目の人（$N/2$ 位と $N/2+1$ 位）の得点の平均となります。この例では中央値は次式に示すように

$$\text{Mdn} = (5+7)/2 = 6$$

となります。データの分布が歪んでいたり，極端に大きい値とか，小さい値がある場合，代表値は算術平均よりも中央値が望ましいといえます。

(a) 中央値付近に同点が多いときや度数分布表からの中央値の算出法

データが多い場合は，度数分布表から中央値を近似的に算出します。これは，中央値付近に同点が多いとき，データを折半する場所の値を比例配分法で求めることと同じです。

表 12-3　国語の成績の度数分布（刻み幅 $h=5$）

(1) No.	(2) 級間	(3) 真の得点限界	(4) 度数(f_i)	(5) 累積度数(cum.f)	(6) 累積百分率
13	95-99	94.5-99.5	5	43	100.0
12	90-94	89.5-94.5	10	38	88.4
11	85-89	84.5-89.5	11	28 *	65.1
10	80-84	79.5-84.5	7	17	39.5
9	75-79	74.5-79.5	4	10	23.3
8	70-74	69.5-74.5	3	6	14.0
7	65-69	64.5-69.5	2	3	7.0
6	60-64	59.5-64.5	0	1	2.3
5	55-59	54.5-59.5	0	1	2.3
4	50-54	49.5-54.5	0	1	2.3
3	45-49	44.5-49.5	0	1	2.3
2	40-44	39.5-44.5	0	1	2.3
1	35-39	34.5-39.5	1	1	2.3
	計		43 (N)		

① まず各級間に入る人数を算出します。これを表 12-3 の(4)欄に示します。
② 次に(5)欄のように得点の低い方向から累積度数を書き入れます。
③ 中央値のある級間を決定します。中央値は人数（N）が半々になるところなので $N/2$ を求めます。この例では，$43/2=21.5$ となるので，中央値は，85-89 点の区間にあることがわかります。その真の限界は 84.5-89.5 となります。
④ 中央値を次式で計算します。この度数分布の例では中央値は 86.55 となります。ただし，$L=$中央値が存在する級間の真の下限界，$N=$総人数，$F=L$ 未満の総度数，$f_m=$中央値が存在する級間の度数，$h=$級間の幅。

$$\text{Mdn} = L + \frac{N/2 - F}{f_m} \times h = 84.5 + \frac{43/2 - 17}{11} \times 5 = 86.55$$

(7) 最頻値

代表値をデータ数の最も多いところで代表させるのが最頻値（mode：モード）です。あるいは並数とか流行値ともよばれます。

8 個の測定値，2, 2, 3, 3, 3, 4, 5, 6 では，最も頻度の多い測定値はデータ値 3 で，その個数は 3 個，他は 2 個または 1 個です。したがってこの例では最頻値 $\text{Mo}=3$ となります。

もし，2, 2, 3, 3, 3, 4, 4, 4, 5, 6 という 10 個のデータの場合は，同点が最も多いところは測定値が 3 の場合と 4 の場合で，その個数はいずれも 3 個です。他の数値は 2 個または 1 個です。このように代表値としての最頻値が隣り合っている場合は，それらの最頻値の平均，(3+4)/2＝3.5 を代表値とします。

最頻値が離れている場合は，例えば，2, 2, 2, 3, 3, 4, 4, 4, 4, 5, 6 というデータでは，数値 4 が 4 個出現し最頻値となっています。また，次に数値 2 が 3 個出現しています。これらの 2 と 4 の間には 3 が 2 個はさまっていますが，2 や 4 の出現数よりは少なくなっています。このような分布を双峰分布 (bimodal distribution) といいます。

12-3 散布度

測定データの全体傾向を把握するには，代表値だけでは不十分なことがあります。例えば，同じ平均値であっても，ある学級ではデータが低得点から高得点にかけて広く分布するが，他の学級ではクラスの平均点の近くに多く集中していたとします。前者の学級の教師は，能力差の大きい児童たちについて指導法をいろいろ工夫する必要があります。他方，後者の学級では能力水準がほぼ同等な児童が多いので，ある 1 つの指導法で教えれば多くの児童をカバーできることになります。データのばらつきの測度，あるいは同質性の程度をみる散布度には，範囲（レンジ），四分領域，平均偏差，標準偏差という 5 種類のものがあります。

(1) 範囲（レンジ：R）

これは，範囲という用語よりもレンジ (range) とよびます。レンジは得点の最大値 (X_{max}) と最小値 (X_{min}) との差，すなわち実際の得点範囲そのものを散布度の指標とします。例えば，同じ国語のテストで，A 組は 20〜90 点の得点範囲，B 組は 30〜80 点の範囲であれば，レンジは，それぞれ $R=90-20=70$，$R=80-30=50$ となります。もし，同一学級について国語，算数，社会，理科などの各教科ごとにレンジを算出すると，能力差の大きい科目や，能力差の少ない科目が浮かび上がってきます。一般に国語ではレンジが小さく，算数や理科ではレンジが大きくなるケースが多いようです。また，市民意識調査などで地域ごとに各種の環境要因の満足度を算出し，要因ごとにレンジを算出すると，どの環境要因で地域差が大きいかを知ることができます。レ

ンジは単純な統計指標ですが有益なことが多いのです。

$$R=最大値(X_{\max})-最小値(X_{\min}) \tag{12.10}$$

（2） 四分領域（Q）

四分領域 Q は，全体の人数を 25％ ずつ 4 分割する位置の得点を下位から Q_1, Q_2, Q_3 とすると，式(12.11)で与えられます。

$$Q=(Q_3-Q_1)/2 \tag{12.11}$$

Q_1, Q_2, Q_3 は，それぞれ第 1 四分位数，第 2 四分位数，第 3 四分位数，あるいは 25 パーセンタイル点（P_{25}），50 パーセンタイル点（P_{50}），75 パーセンタイル点（P_{75}）ともよびます。第 2 四分位数の Q_2 は中央値と同じになります。

（3） 平均偏差（MD）

平均偏差（mean deviation；MD または Md と表記する）は式(12.12)で与えられ，個々の得点と平均値とのズレの絶対値を合計したときの平均です。しかし，平均偏差は散布度の指標としてはあまり使用されません。8 個の測定データ，3, 3, 3, 6, 4, 5, 2, 2 の算術平均は，3.50 である。

$$\bar{X}=(3+3+3+6+4+5+2+2)/8=28/8=3.50$$

MD の算出式は，次のとおり。

$$\begin{aligned}
\mathrm{MD}&=\frac{1}{N}\Sigma|X_i-\bar{X}| \tag{12.12}\\
&=(|3-3.50|+|3-3.50|+|3-3.50|+|6-3.50|+|4-3.50|+|5-3.50|\\
&\quad+|2-3.50|+|2-3.50|)/8\\
&=(0.50+0.50+0.50+2.50+0.50+1.50+1.50+1.50)/8\\
&=9.0/8=1.125
\end{aligned}$$

（4） 標準偏差（SD）

散布度の中で最もよく用いられるのが，標準偏差（standard deviation）で，SD, S, σ（シグマ）などの記号で表されます。標準偏差の 2 乗は，分散（variance；V, SD^2, σ^2）とよばれます。標準偏差は，個々の得点の平均からのズレの 2 乗和をデータ数（N）で平均した値の平方根として定義されます。別な言葉で表現すれば，平均からのズレの大きさを 1 辺とする正方形の面積の和を平均し，この平方根をとって再度 1 個の辺の長さに換算した値ということになります。

サンプルの標本分散(SD^2)は，次の式(12.13)で与えられます。

$$SD^2 = \frac{1}{N}\sum(X_i - \bar{X})^2 = \frac{1}{N}\sum X_i^2 - \bar{X}^2 \tag{12.13}$$

したがって，標本標準偏差(SD)は，式(12.14)となります。

$$SD = \sqrt{\frac{1}{N}\sum(X_i - \bar{X})^2} = \sqrt{\frac{1}{N}\sum X_i^2 - \bar{X}^2} \tag{12.14}$$

なお，式(12.15)は，不偏標準偏差の推定値あるいは母標準偏差の推定値($\tilde{\sigma}$)とよばれます。

$$\tilde{\sigma} = \sqrt{\frac{1}{N-1}\sum(X_i - \bar{X})^2} = \sqrt{\frac{1}{N-1}\sum X_i^2 - \frac{N}{N-1}\cdot\bar{X}^2} \tag{12.15}$$

標準偏差(SD)の計算例

8個の測定データ，3, 3, 3, 6, 4, 5, 2, 2 の算術平均は $\bar{X} = 28/8 = 3.50$ なので，定義式(5.10)を用いると，標準偏差(SD)の自乗SD^2(分散)は，

$$SD^2 = \frac{1}{8}\{(3-3.50)^2 + (3-3.50)^2 + (3-3.50)^2 + (6-3.50)^2 + \cdots$$
$$+ (2-3.50)^2 + (2-3.50)^2\}$$
$$= 14.0/8 = 1.75 \quad \therefore SD = \sqrt{1.75} = 1.323$$

実際の計算にあたっては，次の平均値と2乗和を用いてSDを求めます。

$$\bar{X} = 3.50, \quad \sum X_i^2 = 3^2 + 3^2 + 3^2 + 6^2 + 4^2 + 5^2 + 2^2 + 2^2 = 112$$

$$SD = \sqrt{\frac{1}{N}\sum X_i^2 - \bar{X}^2} = \sqrt{\frac{112}{8} - 3.50^2} = \sqrt{14.0 - 12.25} = \sqrt{1.75} = 1.323$$

12-4　個人得点を偏差値とパーセンタイルで表示する方法

(1) 偏差値 Z の算出法

個人得点を正規分布に基づいて得点変換すると便利なことが多くあります。正規分布を利用した得点変換には偏差値が多く用いられます。偏差値は，正式には Z 得点と表記しますが，学校現場では SS 得点 (standardized score) とよばれることが多いようです。また誤って T 得点ともよばれることもあります。T 得点は，元来，正規分布していないデータを正規化するための得点変換法のことをいいます。T 得点による尺度化は，①得点の順位に基づいて，②度数の累積度数分布の割合から，正規分布表の左端下部からの面積(％)にあてはめ，③そのときの標準得点(z)を読み，④ $T = 10 \times z + 50$ で変換した値です。

個人 i の得点 X_i の集団の中での相対的な位置を示す得点である偏差値は,個人が属する集団の全体平均を $\bar{X}$, 標準偏差を SD で示すと, 式(12.16)となります。

$$個人 i の偏差値 Z_i = 10z_i + 50 = \frac{10 \times (X_i - \bar{X})}{SD} \qquad (12.16)$$

なお, 偏差値 Z_i の全体平均は, 標準得点 z の平均が 0 なので, 偏差値(Z 得点)の平均 Z_m は 50 となり, 分散 V_z は, 標準得点の分散が 1 であることから $1 \times 10^2 = 10^2$ となります。

$$Z_m = \{\sum Z_i\}/N = \{\sum (10z + 50)\}/N$$
$$= \{10\sum z_i + \sum 50\}/N = \{10 \times 0 + 50N\}/N = 50$$

また, そのときの分散は,

$$V_z = \{\sum (Z_i - Z_m)^2\}/N = \{\sum (10z_i + 50 - 50)^2\}/N = \{\sum (10z_i)^2\}/N$$
$$= \{10^2 \sum (z_i)^2\}/N = \{10^2\{N\sum (z_i)^2/N\}\}/N = \{10^2(N \times 1)\}/N = 10^2$$

ゆえに, 偏差値の標準偏差は $SD_z = \sqrt{10^2} = 10$ となります。

(2) パーセンタイル点とパーセンタイル順位

個人得点の相対的位置を示す別な方法としてパーセンタイル尺度があります。この尺度では, パーセンタイル点とパーセンタイル順位を区別する必要があります。

ある得点以下のサンプルが, x パーセントの割合であるとすると, そのときの素得点を x パーセンタイル得点であるとよびます。例えば全得点の 55％ が 60 点以下の得点であれば, 60 点は 55 パーセンタイル点 (55% tile-score) です。他方パーセンタイル順位 (% tile-rank) とは, パーセンタイル尺度上のパーセンタイル点に対応する値の順位になります。例えば素得点の 60 点が, その得点以下に 55％ の人を含めばこの 60 点は 55 パーセンタイル順位にあるといいます。

(a) パーセンタイル点の算出法

度数分布表でのパーセンタイル点の算出法は次の式(12.17)を使用します。

$$Pp = L + \frac{p \times N - F}{fp} \times h \qquad (12.17)$$

ここで, $Pp = P$ パーセンタイル点, $L = Pp$ が存在する級間の真の下限界, $P = P$ パーセンタイル点に対応した相対比率。25 パーセンタイル点なら $P = .25$, $N = $ 総度数, $F = L$ 以下の累積度数, $fp = Pp$ が存在する級間の度数, $h = $ 級間の幅

12-4 個人得点を偏差値とパーセンタイルで表示する方法　　　207

表12-3の国語の成績の度数分布の場合の計算例を示しますと，次のようになります。

$$Q_1 = P_{25} = 79.5 + \frac{.25 \times 43 - 10}{7} \times 5 = 80.04 \text{ パーセンタイル得点}$$

$$Q_2 = P_{50} = 84.5 + \frac{.50 \times 43 - 17}{11} \times 5 = 86.55 \text{ パーセンタイル得点}$$

$$Q_3 = P_{75} = 89.5 + \frac{.75 \times 43 - 28}{10} \times 5 = 91.63 \text{ パーセンタイル得点}$$

(b) パーセンタイル順位の算出法

度数分布表からパーセンタイル順位（% tile rank）を計算するには，次の式(12.18)を利用する。

$$P_R = \frac{100}{N \times h}[f_p(X-L) + F \times h] \tag{12.18}$$

$\begin{pmatrix} X = 得点の値, \ L = X \text{を含む級間の真の下限界}, \ N = 総度数, \\ F = L \text{以下の累積度数}, \ f_p = X \text{を含む級間の度数}, \ h = 級間の幅 \end{pmatrix}$

例えば，表12-3について，得点87のパーセンタイル順位(P_R)を求めるには，$f_p = 11$, $L = 84.5$, $F = 17$, $h = 5$ なので，

$$P_R = \frac{100}{43 \times 5}[11(87-84.5) + 17 \times 5] = 52$$

すなわち，得点87が52パーセンタイル順位であるということは，その得点をとった人が100人中の52位であることを示しています。わが国で多く使用されている矢田部ギルフォード性格検査（YG検査）は，12個の各性格特性のパーセンタイルもわかるように工夫されています。

(c) 順位からのパーセンタイル順位の算出法

データの測定値が，1位，2位，3位，…，($N-1$)位，N位というように順位の場合や，あるいは成績のように100点満点の間隔尺度であってもデータを順位に変換することがあります。ここに25人の児童の理科の成績を得点の高い順に順位づけたとします。この順位を100の範囲をもったパーセンタイル順位尺度に変換するには式(12.19)を用います。

$$P_R = 100 - \frac{100 \times R - 50}{N} \tag{12.19}$$

ここで，R は順位，N は総人数。1位が成績が最もよく，N 位が最も低い成績です。

1位のパーセンタイル順位は，$P_R = 100 - (100 \times 1 - 50)/25 = 98$

10位のパーセンタイル順位は，$P_R = 100 - (100 \times 10 - 50)/25 = 62$

25位のパーセンタイル順位は，$P_R=100-(100\times25-50)/25=2$

なお，P_Rの算出は，結果は普通整数にまるめて示す慣習です。パーセンタイル順位は，人数の異なったテスト結果についての個人間の比較に便利です。

12-5　知能指数と知能偏差値

知能指数（inteligence quotient；IQ）は，ドイツのシュテルン（Stern, W.）によって示唆された知能指数の概念ですが，スタンフォード大学のターマン（Terman, L. M.）によって1916年版のスタンフォード・ビネー式知能検査に初めて取り入れられました。知能指数は式(12.20)で示されます。

$$知能指数(IQ)=\frac{精神年齢(mental\ age；MA)}{暦年齢(cronogical\ age；CA)}\times100 \quad (12.20)$$

IQの標準（すなわちIQの平均）は，どの年齢集団でも100ですが，ばらつきの指標である標準偏差は，標準化のもとになった基準集団ごとに，あるいは標準化された年齢集団ごとに異なり一致しません。例えば，このことは，15歳のA君と16歳のB君のIQが同じ120であっても，厳密には同一能力をもっているとはいえないということです。なぜなら，15歳児集団でのIQの標準偏差が15で，16歳児集団の標準偏差が16であるとすれば，それぞれの標準得点（z）と偏差値（Z）は，

15歳のA君の標準得点 $z_1=(120-100)/15=1.33$，あるいは，
　　偏　差　値 $Z_1=1.33\times10+50=63.3$
16歳のB君の標準得点 $z_2=(120-100)/16=1.25$，あるいは，
　　偏　差　値 $Z_2=1.25\times10+50=62.5$

となり，A君がB君よりも優れていると判断されるからです。

このように知能をIQで表示することは統計的な意味で欠点をもっています。そこで平均値だけでなくばらつきも考慮して比較できるように知能偏差値に変換することが望ましいのです。

（1）　知能偏差値と偏差値IQ

知能偏差値と偏差値IQは，正規分布をもとに平均と標準偏差(SD)の値を変えただけの違いです。知能偏差値は，式(12.21)で標準得点を変換し，平均が50, 標準偏差は10となります。

$$知能偏差値 = 10 \times \frac{実際のIQ - 当該年齢集団でのIQの平均}{当該年齢集団のIQの標準偏差} + 50 \quad (12.21)$$

他方,これまでの開発されてきた知能検査でのIQの標準偏差は,おおよそ15～16の値を示す検査が多くなっています。そのためスタンフォード式ビネー知能検査は,知能偏差値でなく,偏差値IQとよび,SDが16になるように式(12.22)で変換しています。

$$偏差値IQ = 16 \times \frac{実際のIQ - 当該年齢集団でのIQの平均}{当該年齢集団のIQの標準偏差} + 100 \quad (12.22)$$

他方,ウェクスラー・ベルビュー知能検査(WISC, WAIS)では,式(12.23)を用いることによって偏差値IQのSDは15となります。

$$偏差値IQ = 15 \times \frac{実際のIQ - 当該年齢集団でのIQの平均}{当該年齢集団のIQの標準偏差} + 100 \quad (12.23)$$

つまり,偏差値は従来のIQを標準得点に変換し,変換後の得点の平均が100,標準偏差が16または15になるよう分散を広げているのです。この偏差値IQによって,同一年齢集団の中だけでなく,異質な年齢集団の個人の間でも知能の比較が可能となりました。なお,WISCやWAISという知能検査は,知能得点だけでなく,これを構成する下位尺度も標準化され,最も優れた知能検査となっています。

12-6 統計的検定

これまで述べてきた代表値,散布度,各種の得点変換などは,与えられたデータから情報を引き出したり,整理したり,個人を集団の中で位置づけるものでした。これらは総称して記述統計とよばれます。他方,これに対して推計学とよばれる分野があります。これは,ある特定のデータから,それが属している本来の集団(母集団)の情報を推測し,そのデータがその母集団に属しているか,あるいは他の集団に属しているかを判断することによって集団間の差異を検討する手法です。その手法には各種のものがありますが,以下には,平均値の差の検定,分散の等質性の検定について述べることにします。

(1) 独立した2つの平均値と分散の差の検定(t検定)
(a) 2つの分散に差がないときの平均値間の差の検定

表12-4に,男子と女子の適応性の平均値を示します。女子が男子よりも適応性が統計的に有意に高いといえるか,平均値間の差のt検定を行ってみるこ

表 12-4　男子と女子の適応性検査の平均値

群	人数 (N)	平均	標準偏差 (SD)
男子	105 (N_1)	68.5 ($\bar{X}_1$)	6.80 (S_1)
女子	112 (N_2)	75.8 ($\bar{X}_2$)	6.43 (S_2)

とにします。この例は男子と女子の標準偏差がいずれも 6 点台であまり相異がみられないので，通常の t 検定の公式(12.24)を使用します。自由度は式(12.25)となります。

$$t=\frac{X_1-X_2}{\sqrt{\dfrac{N_1S_1^2+N_2S_2^2}{N_1+N_2-2}\left(\dfrac{1}{N_1}+\dfrac{1}{N_2}\right)}} \tag{12.24}$$

$$=\frac{68.5-75.8}{\sqrt{\dfrac{105\times 6.80^2+112\times 6.43^2}{105+112-2}\left(\dfrac{1}{105}+\dfrac{1}{112}\right)}}=8.06$$

$$\text{自由度 (df)}=N_1+N_2-2=105+112-2=215 \tag{12.25}$$

推計学の考えの前提は，① 2 つの集団の平均値はもともと同一の母集団に属している。このことを統計的帰無仮説を立てるといいます。②そうした帰無仮説のもとで，表 12-4 のような平均値の違いが偶然にはどの程度の確率で生じるかを式(12.24)で検討します。得られた t 値が負の場合は，絶対値をとります。③ t 分布表には，自由度が 215 のときの基準値は示されていません。このようなときは直近下位の自由度で代用します。df=120 のときの 0.1％ 水準の基準値は 3.373 です。④いま上で得られた $t=8.06$ は基準値 3.373 を超えるので有意水準は $p<.001$ となります。⑤よって，「統計的に 0.1％の有意水準で男子より女子が適応性が高い」といえます。

一般に，得られた t 値が，5％の基準値以上，この例では 1.980 以上であれば，①の帰無仮説を捨て，②対立仮説としての研究仮説である 2 つのグループの平均値の間に統計的に有意な差があると判断します。普通有意水準が 5％以下の基準値をクリアしたとき帰無仮説を棄却し，対立仮説（仮説）を採択し，「2 つの群の平均値の間に差がある」と判断するのが推計学の慣習になっています。

（b）　分散に差があるときの独立した 2 つの平均値間の t 検定

表 12-5 は，小学 5 年の理科教材「でんぷん」の性質について，A 組はテレビ視聴後に，教師によるまとめと児童自身がまとめを行ったものです。B 組は，教師による実験の提示とまとめのあと，児童自身がまとめを行ったときの授業直

12-6 統計的検定

表12-5 異なる授業を実施した直後の2つの学級の理解度テストの成績

授業方法	人数 (N)	平均	標準偏差 (SD)
A組：テレビ視聴中心	41 (N_1)	83.20 ($\bar{X}_1$)	10.89 (S_1)
B組：教師示範中心	39 (N_2)	75.36 ($\bar{X}_2$)	15.71 (S_2)

後の理解度テストの成績です。この結果からテレビ視聴中心群が教師示範中心の群より成績が高いといえるかを検討してみます。

平均値間の差の検定を行うとき，一見して分散または標準偏差に差がありそうなときは，まず t 検定の前提である2つの分散の等質性の検定を行い，その前提を確かめておく必要があります。

① 独立した2つの分散の等質性（差）の検定　分散の等質性の検定の公式は，次の式(12.26)または式(12.27)で与えられます。これを通常 F 検定と略称します。ここでの検定は，2つのグループのうちどちらの分散が大きいとか小さいとかの仮説はないので，F 値の有意水準は両側検定となります。

まず，2つの集団の不偏分散（母集団の分散の推定値のこと）$\tilde{\sigma}_1$, $\tilde{\sigma}_2$ を計算しておきます。

$$\tilde{\sigma}_1^2 = \frac{N_1 S_1^2}{N_1 - 1}, \quad \tilde{\sigma}_2^2 = \frac{N_2 S_2^2}{N_2 - 1}$$

とおくと，

① $\tilde{\sigma}_1 > \tilde{\sigma}_2$ のとき，　$F = \dfrac{\tilde{\sigma}_1^2}{\tilde{\sigma}_2^2} = \dfrac{N_1 S_1^2 / (N_1 - 1)}{N_2 S_2^2 / (N_2 - 1)}$,　　(12.26)

　　　　　　　　　df $= (N_1 - 1, \ N_2 - 1)$

② $\tilde{\sigma}_1 < \tilde{\sigma}_2$ のとき，　$F = \dfrac{\tilde{\sigma}_2^2}{\tilde{\sigma}_1^2} = \dfrac{N_2 S_2^2 / (N_2 - 1)}{N_1 S_1^2 / (N_1 - 1)}$,　　(12.27)

　　　　　　　　　df $= (N_2 - 1, \ N_1 - 1)$

ここでの①，②式の意味は，不偏分散の大きい群の値を分子に，小さい群の値を分母にとって F の値が常に1以上となるようにすることです。

表12-5のデータでの分散の等質性の検定結果は，以下のとおり。

$$\tilde{\sigma}_1^2 = \frac{41 \times 10.89^2}{41 - 1} = 121.5569 \quad \tilde{\sigma}_2^2 = \frac{39 \times 15.71^2}{39 - 1} = 253.2989$$

$\tilde{\sigma}_1 < \tilde{\sigma}_2$ なので

$$F = \frac{\tilde{\sigma}_2^2}{\tilde{\sigma}_1^2} = \frac{253.2989}{121.5569} = 2.004, \quad \text{df} = (40, \ 38)$$

統計学の教科書に示される F 分布表には，分母の自由度 40 はありますが，分子の自由度 38 は示されていません。そうしたときは直近下位の自由度 30 で代用します。その結果 $\mathrm{df}=(40, 30)$ のときの F の 5％水準の基準値は 1.74 です。したがって，データから得られた $F=2.004$ は，この 1.74 という基準値をクリアしています。よって「2 つの分散は 5％水準で統計的に有意な差があり，2 群の分散は等質とはいえません。ゆえに，A 組よりも B 組の分散（SD の 2 乗）が大きい」といえます。

② **ウエルチの方法による平均値間の差の検定** 2 つの分散に有意な差があるときは，コクラン・コックスの法やウエルチの方法で検定します。ここでは式 (12.28) のウエルチの方法で独立した 2 つの平均値間の差の検定を行います。

$$t = \frac{\bar{X}_1 - \bar{X}_2}{\sqrt{S_1^2/(N_1-1) + S_2^2/(N_2-1)}} \quad (12.28)$$

$$= \frac{83.20 - 75.36}{\sqrt{10.89^2/(41-1) + 15.71^2/(39-1)}} = 2.549$$

ここで W_1 と W_2 を次のようにおいて，自由度 df を計算する。

$$W_1 = \frac{S_1^2}{N_1-1} = \frac{10.89^2}{41-1} = 2.9648, \quad W_2 = \frac{S_2^2}{N_2-1} = \frac{15.71^2}{39-1} = 6.4948$$

$$\mathrm{df} = \frac{(W_1+W_2)^2}{W_1^2/N_1 + W_2^2/N_2} - 2 \quad (12.29)$$

$$= \frac{(2.9648+6.4948)^2}{2.9648^2/41 + 6.4948^2/39} - 2 = 69.0467 - 2 \quad \therefore \mathrm{df} = 67$$

自由度は小数点以下を切り捨てて使用します。t 分布表には df=67 が示されていませんので，直近下位の df=60 で代用します。$t=2.549$ は $t_{.05}(60)=2.000$ よりも大きい基準値である $t_{.02}(60)=2.390$ よりも大きいことがわかります。したがって，2％水準で有意にテレビ視聴群が教師示範群の学級よりも成績が高いといえます。

以上の分散および平均値の検定結果から，「テレビ視聴群は，教師示範群よりも成績が有意に高いのみならず，かつ高得点の位置でまとまっているため分散が有意に小さく，授業の効果性が高かった」と結論できます。

12-6 統計的検定

(2) 独立した3個以上の平均値間の差，および分散の等質性の検定

異なる3個以上の集団の平均値間の差の検定については，完全独立1要因分散分析法を使用します。もし，誤差分散よりも平均値間の分散が有意に大きい F 値を得たならば，テューキィ法，ライヤン法，ダンカン法などを用いて，2つの平均値の組ごとに平均値間の対比較を行います。詳細は推計学の教科書を参照して下さい（篠原，1984）。また，1要因分散分析の前提は，各群の分散の等質性が前提となります。そのためには，3個以上の独立した分散の差の検定であるバートレットの分散の差の検定を実施する必要があります（篠原，1984）。

以上に述べてきました手法のほかに，要因を組み合わせた2要因以上の各種の多要因分散分析が存在します。必要に応じてそれらの手法を使用して平均値間の差を検討することができます（篠原，1984，1986，1989）。

(3) 対応のある場合の2つの平均値間の差

この検定は，1つのグループについて同じテストを2回繰り返したときの平均値の差の検定です。この検定は対応のあるときの t 検定，関連のあるときの t 検定ともよばれます。

(a) 2時点のテスト間の相関係数を算出している場合

表12-6は，カウンセリングの講義開始時と6か月後の講義終了時に実施した適応性検査の結果です。

講義開始の4月には適応性の平均値は52.30を示していましたが，半年後の9月には59.42と適応性が高まっていました。カウンセリングの講義の効果があったといえるでしょうか。ただし，2時点の測定値間の相関は0.75です。本来は，このような効果性の検討には，カウンセリングを受講しなかった統制群も設け，適応性検査を同様に2回実施して比較検討すべきです。

使用公式は次の式(12.30)です。

表 12-6 カウンセリングの講義受講前と6か月後の適応性得点

時期	平均値 ($\bar{X}$)	標準偏差 (SD)	人数	相関係数 (r_{xy})
受講前	52.30 ($\bar{X}$)	12.32 (Sx)	43 (N)	0.75
受講6か月後	59.42 ($\bar{Y}$)	9.56 (Sy)		

$$t = \frac{|\bar{X} - \bar{Y}|}{\sqrt{\dfrac{Sx^2 + Sy^2 - 2r_{xy}SxSy}{N-1}}} \quad (12.30)$$

$$= \frac{|52.30 - 59.42|}{\sqrt{\dfrac{12.32^2 + 9.56^2 - 2 \times 0.75 \times 12.32 \times 9.56}{43-1}}} = 5.658$$

自由度 df$= N-1 = 43-1 = 42$

t 分布表には，自由度42が示されていませんので，直近下位のdf$=40$で代用します。そのときの有意水準5％, 2％, 1％, 0.1％の有意水準の基準値は，それぞれ2.021, 2.423, 2.704, 3.551になります。いま得られた $t=5.658$ は，0.1％の基準値 $t_{.001}(40) = 3.551$ よりも大きくなっています。したがって，調査データから得られた実際の $t=5.658$ という値は，偶然には0.1％以下の確率で生じることがわかります。このように偶然にはめったに生じないような t 値が現実に生じたことは，2時点の平均値がもともと異なっていたからであると判断するのです。

ゆえに，カウンセリング受講の6か月後は，0.1％の有意水準で適応性が高まったといえます。ただし，この効果は，カウンセリングの講義の効果なのか，6か月間という日時の経過という学生の成長よる効果なのかは，統制群を設けていないので不明なままです。しかし，いずれにせよ6か月後の適応性は有意に高まったといえるのです。

（b） 2つのテスト得点間の差の得点に基づく方法

個人 i の第1回の得点を X_i, 2回目の得点を Y_i とし，第2回目と第1回目の得点の差を，$d_i = Y_i - X_i$ とします。この新しい差の得点 d_i についての平均と標準偏差は，

差の得点 d_i の平均　　$\bar{d} = [\sum d_i]/N = [\sum (Y_i - X_i)]/N$
$\qquad\qquad\qquad\qquad\quad = [\sum Y_i]/N - [\sum X_i]/N = \bar{Y} - \bar{X}$
得点 d_i の SD の2乗　$S_d^2 = [\sum d_i^2]/N - \bar{d}^2$

となります。これらの記号を用いると式(12.30)の t 検定の公式は，式(12.31)に変形できます。

$$t = \frac{|\bar{Y} - \bar{X}|}{\sqrt{S_d^2/(N-1)}} \quad (12.31)$$

df$= N-1$

(4) 対応のあるときの2つの分散の等質性の検定

対応する2つの分散間の差の検定は，次の式(12.32)を利用します。

ここで，r_{xy} は第1回目 (x) と第2回目 (y) の得点間のピアソンの相関係数を示します。

$$t = \frac{|S_x^2 - S_y^2|}{\sqrt{\dfrac{4S_x^2 S_y^2 (1 - r_{xy}^2)}{N-2}}} \tag{12.32}$$

$$= \frac{|13.322 - 9.562|}{\sqrt{\dfrac{4 \times 13.32^2 \times 9.56^2 \times (1 - 0.75^2)}{43 - 2}}} = 3.270$$

$$df = N - 2 = 43 - 2 = 41$$

t 分布表には，df$=41$ のときの t 値は示されていませんので，直近下位の df$=40$ で代用します。いま得られた $t=3.270$ は $t_{.01}(40) = 2.704$ より大きいので，1％水準で有意に第1回の分散が，第2回の分散よりも大きいといえます。言い換えると，6か月後の適応性の分散は4月の時点よりも有意に小さくなったといえるのです（$p<.01$）。

(5) 3回以上の繰り返し測定をもった平均値間の比較

このときは，2元配置法による分散分析を実施し，試行などの繰り返し要因の平均値間の差を検討します。このような例は，1つのグループに3回以上，同じテストを繰り返し実施したときの学習効果を検討したいときなどです。また，繰り返し要因が1個で，被験者間要因が2要因以上のときは，そうした特定の混合計画法を用いて平均値の分析を行います（篠原，1984, 1986, 1989）。

(6) クロス表における度数の比較

得られた度数が，正規分布や矩形分布，偶然分布など，どの分布に適合しているかの適合度の検定（岩原，1964；肥田野ら，1961），2グループ以上のグループ間でのいくつかのカテゴリーにおける割合（％）の比較などは，カイ2乗検定や尤度比検定を行います。多要因のクロス表の分析手法も多く開発されてきています（篠原，1989, 1996）。クライエントに関する臨床的データは，少数の被験者で分析しなければならないことが多く，このようなときは，ノンパラメトリック検定が使用できます。

（篠原　弘章）

■ 参 考 文 献

岩原信九郎　1962　『教育と心理のための推計学』　日本文化科学社.
岩原信九郎　1964　『新しい教育・心理統計――ノンパラメトリック法』　日本文化科学社.
篠原弘章　1984　『統計解析』（行動科学の BASIC 第 1 巻）　ナカニシヤ出版.
篠原弘章　1984　『実験計画法』（行動科学の BASIC 第 2 巻）　ナカニシヤ出版.
篠原弘章　1986　『続実験計画法』（行動科学の BASIC 第 3 巻）　ナカニシヤ出版.
篠原弘章　1989　『共分散分析法』（行動科学の BASIC 第 4 巻）　ナカニシヤ出版.
篠原弘章　1989　『ノンパラメトリック』（行動科学の BASIC 第 5 巻）　ナカニシヤ出版.
篠原弘章　1996　「四要因尤度比検定と χ^2 検定及びその残差分析法」　熊本大学教育実践研究, **13**, 1-20.
住田幸次郎　1988　『初歩の心理教育統計法』　ナカニシヤ出版.
肥田野直・瀬谷正敏・大川信明　1961　『心理教育統計学』培風館.

付表 12-1　単位正規分布表（極端な Z 値に関する確率面積）*

Z	.00	.01	.02	.03	.04	.05	.06	.07	.08	.09
0.0	.5000	.4960	.4920	.4880	.4840	.4801	.4761	.4721	.4681	.4641
0.1	.4602	.4562	.4522	.4483	.4443	.4404	.4364	.4325	.4286	.4247
0.2	.4207	.4168	.4129	.4090	.4052	.4013	.3974	.3936	.3897	.3859
0.3	.3821	.3783	.3745	.3707	.3669	.3632	.3594	.3557	.3520	.3483
0.4	.3446	.3409	.3372	.3336	.3300	.3264	.3228	.3192	.3156	.3121
0.5	.3085	.3050	.3015	.2981	.2946	.2912	.2877	.2843	.2810	.2776
0.6	.2743	.2709	.2676	.2643	.2611	.2578	.2546	.2514	.2483	.2451
0.7	.2420	.2389	.2358	.2327	.2297	.2266	.2236	.2207	.2177	.2148
0.8	.2119	.2090	.2061	.2033	.2005	.1977	.1949	.1922	.1894	.1867
0.9	.1841	.1814	.1788	.1762	.1736	.1711	.1685	.1660	.1635	.1611
1.0	.1587	.1562	.1539	.1515	.1492	.1469	.1446	.1423	.1401	.1379
1.1	.1357	.1335	.1314	.1292	.1271	.1251	.1230	.1210	.1190	.1170
1.2	.1151	.1131	.1112	.1093	.1075	.1057	.1038	.1020	.1003	.0985
1.3	.0968	.0951	.0934	.0918	.0901	.0885	.0869	.0853	.0838	.0823
1.4	.0808	.0793	.0778	.0764	.0749	.0735	.0721	.0708	.0694	.0681
1.5	.0668	.0655	.0643	.0630	.0618	.0606	.0594	.0582	.0571	.0559
1.6	.0548	.0537	.0526	.0516	.0505	.0495	.0485	.0475	.0465	.0455
1.7	.0446	.0436	.0427	.0418	.0409	.0401	.0392	.0384	.0375	.0367
1.8	.0359	.0351	.0344	.0336	.0329	.0322	.0314	.0307	.0301	.0294
1.9	.0287	.0281	.0274	.0268	.0262	.0256	.0250	.0244	.0239	.0233
2.0	.0228	.0222	.0217	.0212	.0207	.0202	.0197	.0192	.0188	.0183
2.1	.0179	.0174	.0170	.0166	.0162	.0158	.0154	.0150	.0146	.0143
2.2	.0139	.0136	.0132	.0129	.0125	.0122	.0119	.0116	.0113	.0110
2.3	.0107	.0104	.0102	.0099	.0096	.0094	.0091	.0089	.0087	.0084
2.4	.0082	.0080	.0078	.0075	.0073	.0071	.0069	.0068	.0066	.0064
2.5	.0062	.0060	.0059	.0057	.0055	.0054	.0052	.0051	.0049	.0048
2.6	.0047	.0045	.0044	.0043	.0041	.0040	.0039	.0038	.0037	.0036
2.7	.0035	.0034	.0033	.0032	.0031	.0030	.0029	.0028	.0027	.0026
2.8	.0026	.0025	.0024	.0023	.0023	.0022	.0021	.0021	.0020	.0019
2.9	.0019	.0018	.0018	.0017	.0016	.0016	.0015	.0015	.0014	.0014
3.0	.0013	.0013	.0013	.0012	.0012	.0011	.0011	.0011	.0010	.0010
3.1	.0010	.0009	.0009	.0009	.0008	.0008	.0008	.0008	.0007	.0007
3.2	.0007	.0007	.0006	.0006	.0006	.0006	.0006	.0005	.0005	.0005
3.3	.0005	.0005	.0005	.0004	.0004	.0004	.0004	.0004	.0004	.0003
3.4	.0003	.0003	.0003	.0003	.0003	.0003	.0003	.0003	.0003	.0002
3.5	.0002	.0002	.0002	.0002	.0002	.0002	.0002	.0002	.0002	.0002
3.6	.0002	.0002	.0001	.0001	.0001	.0001	.0001	.0001	.0001	.0001
3.7	.0001	.0001	.0001	.0001	.0001	.0001	.0001	.0001	.0001	.0001
3.8	.0001	.0001	.0001	.0001	.0001	.0001	.0001	.0001	.0001	.0001
3.9	.0000	.0000	.0000	.0000	.0000	.0000	.0000	.0000	.0000	.0000

* Hastings の最良近似式によって求めた．
　使用法は，例えば，z が1.96より大きくなる確率を求めるには，1.90となる行と .06 となる列とまじわった値 0.0250 を利用する．すなわち z が1.96以上となる確率は片側検定で2.5%であることがわかる．

付表 12-2　t の表（両側検定）

df	\.50	\.40	\.30	\.20	\.10	\.05	\.02	\.01	\.001
					Probability				
1	1.000	1.376	1.963	3.078	6.314	12.706	31.821	63.657	636.619
2	0.816	1.061	1.386	1.886	2.920	4.303	6.965	9.925	31.598
3	0.765	0.978	1.250	1.638	2.353	3.182	4.541	5.841	12.924
4	0.741	0.941	1.190	1.533	2.132	2.776	3.747	4.604	8.610
5	0.727	0.920	1.156	1.476	2.015	2.571	3.365	4.032	6.859
6	0.718	0.906	1.134	1.440	1.943	2.447	3.143	3.707	5.959
7	0.711	0.896	1.119	1.415	1.895	2.365	2.998	3.499	5.405
8	0.706	0.889	1.108	1.397	1.860	2.306	2.896	3.355	5.041
9	0.703	0.883	1.100	1.383	1.833	2.262	2.821	3.250	4.781
10	0.700	0.879	1.093	1.372	1.812	2.228	2.764	3.169	4.587
11	0.697	0.876	1.088	1.363	1.796	2.201	2.718	3.106	4.437
12	0.695	0.873	1.083	1.356	1.782	2.179	2.681	3.055	4.318
13	0.694	0.870	1.079	1.350	1.771	2.160	2.650	3.012	4.221
14	0.692	0.868	1.076	1.345	1.761	2.145	2.624	2.977	4.140
15	0.691	0.866	1.074	1.341	1.753	2.131	2.602	2.947	4.073
16	0.690	0.865	1.071	1.337	1.746	2.120	2.583	2.921	4.015
17	0.689	0.863	1.069	1.333	1.740	2.110	2.567	2.898	3.965
18	0.688	0.862	1.067	1.330	1.734	2.101	2.552	2.878	3.922
19	0.688	0.861	1.066	1.328	1.729	2.093	2.539	2.861	3.883
20	0.687	0.860	1.064	1.325	1.725	2.086	2.528	2.845	3.850
21	0.686	0.859	1.063	1.323	1.721	2.080	2.518	2.831	3.819
22	0.686	0.858	1.061	1.321	1.717	2.074	2.508	2.819	3.792
23	0.685	0.858	1.060	1.319	1.714	2.069	2.500	2.807	3.767
24	0.685	0.857	1.059	1.318	1.711	2.064	2.492	2.797	3.745
25	0.684	0.856	1.058	1.316	1.708	2.060	2.485	2.787	3.725
26	0.684	0.856	1.058	1.315	1.706	2.056	2.479	2.779	3.707
27	0.684	0.855	1.057	1.314	1.703	2.052	2.473	2.771	3.690
28	0.683	0.855	1.056	1.313	1.701	2.048	2.467	2.763	3.674
29	0.683	0.854	1.055	1.311	1.699	2.045	2.462	2.756	3.659
30	0.683	0.854	1.055	1.310	1.697	2.042	2.457	2.750	3.646
40	0.681	0.851	1.050	1.303	1.684	2.021	2.423	2.704	3.551
60	0.679	0.848	1.046	1.296	1.671	2.000	2.390	2.660	3.460
120	0.677	0.845	1.041	1.289	1.658	1.980	2.358	2.617	3.373
∞	0.674	0.842	1.036	1.282	1.645	1.960	2.326	2.576	3.291

* Fisher R. A. & Yates F. (1953) Statiscal tables for biological agricultual and medical research. Oliver and Boyd Ltd., Table III より 1 部を省略して引用．

索　引

■ 人名索引

アイゼンク（Eysenck, H. J.）　98
アドラー（Adler, A.）　14
アマトルーダ（Amatruda, C.）　58
池見西次郎　40, 136
石川　中　137
稲毛教子　61
ウィリアムズ（Williams, J. M. G.）　48
ウイリアムソン（Williamson, E. G.）　39
ウェクスラー（Wechsler, D.）　72
上田礼子　56
ウェルトハイマー（Wertheimer, M.）　185
内田勇三郎　117
ウッドワース（Woodworth, R. S.）　11
エビンハンス（Ebbinghans, H.）　103
遠城寺宗徳　55
岡堂哲雄　40
オズグッド（Osgood, C. E.）　83
オーティス（Otis, A. S.）　10
オルポート（Allport, G. W.）　11, 51
カーク（Kirk, S. A.）　82
カープマン（Karpman, S.）　135
川上　澄　136
川村秀忠　60
キャッテル（Cattell, R. B.）　71, 98
ギルフォード（Guilford, J. P.）　98
クーダー（Kuder, G. F.）　13

久保良英　10
クランバウ（Crumbaugh, J. C.）　14
グリュンワルド（Grunwald, M.）　106
クレペリン（Kraepelin, E.）　11
ゲゼル（Gesell, A. L.）　58
ゴールトン（Galton, F.）　70
シェーファー（Schafer, S.）　61
志田倫代　60
嶋津峯真　62
シモン（Simon, T.）　9, 71
シュテルン（Stern, W.）　208
杉田峰康　136
鈴木治太郎　10, 77
スタイナー（Steiner, C.）　135
ストロング（Strong, E. K.）　13
スーパー（Super, D. E.）　144
ソーン（Thorne, F. C.）　40
ソンディ（Szondi, L.）　110
田中寛一　10, 76
ターマン（Terman, L. M.）　9, 71, 208
津守　真　61
デュセイ（Dusay, J.）　133
ドル（Doll, S. A.）　128
新里里春　136
西村章次　59
ノブロック（Knobloch, H.）　55, 58
ハイドブレーダー（Heidbreder, E.）　11
パサマニック（Pasamanick, B.）　55, 58

バック(Buck, R. E.)　104
バーン(Berne, E.)　133
バーンロイター(Bernreuter, R. G.)　99
ビネー(Binet, A.)　9, 71
ブーバー(Buber, M.)　49
フランクル(Frankl, V. E.)　14
フランケンバーグ(Frankenburg, W.)　56
ブルム(Blum, G. S.)　13
フロイト(Freud, S.)　12
フロスティッグ(Frostig, M.)　182
プロバンチャー(Provansher, M.)　104
ベンダー(Bender, L.)　184

ベントン(Benton, A. L.)　189
ホランド(Holland, J. L.)　14, 154, 159-160
ホール(Hall, L.)　149
マレー(Murray, H. A.)　13, 72, 111
モーガン(Morgan, C. D.)　111
ヤーキス(Yerkes, R. M.)　10, 72
ユング(Jung, C. G.)　11
ラパポート(Rapaport, D.)　17
ロジャーズ(Rogers, C. R.)　24, 51
ローゼンツァイク(Rosenzweig, S.)　108
ロールシャッハ(Rorschach, H.)　12, 115

■ 事項索引

▶ あ　行

アカウンタビリティ　2, 7
アスペルガー障害　68
甘えっ子　141
生きがいテスト　14
生きがい-PILテスト　14
意識的な自己像　5
因子分析　34, 97
陰性感情転移　49
インテーク面接　6
インフォームド・コンセント　7, 43
ヴァイランド社会的成熟度尺度　128
ウェクスラー式知能検査　72
ウェクスラー・ベルビュー検査　77
ウエルチの方法　212
内田クリペリン精神検査　117
うつ傾向検査　99
運命　110
運命分析理論　110

エクスナー法　116
エゴグラム　44
エゴグラムチェックリスト　136
エゴグラム・プロフィール　138
エゴグラム理論　135
エドワーズ人格的偏好目録　96, 100
親　134

▶ か　行

概観テスト　98
解釈　28
カウンターバランシング　96
学習障害　69, 181
学習動機づけ　164
学力テスト　163
学力偏差値　171
片口式　116
価値観　144
価値観・欲求　151
葛藤　111

索　引

カリフォルニア人格目録　100
仮平均　200
頑固親父タイプ　140
観察　8
感情尺度　99
完成法　167
幾何平均　197
基準　168
機能分析　135
脚本理論　135
客観式テスト　166
客観性　35
キャリアカウンセリング　13, 137, 147
休息効果　119
キューダー・リチャードソンの公式　35
教育指数　171
教育年齢　171
教育目標　163
教研式学年別知能検査　85
教師作成学力テスト　165
教師作成テスト　164
強制選択法　96
京大NX式知能検査　85
興味　144
興味検査　152
興味スケール　148
興味領域尺度　155
虚偽尺度　47
技量　144
近接の要因　186
クオリティ・オブ・ライフ 26　132
クーダー一般興味調査票　13
組合せ法　166
クロス表　215
傾向尺度　155
経済性　36
形態形成　4

形態を発見するテスト　178
ゲシュタルト心理学　185
ゲゼルとアマトルーダの発達診断　58
健康側面評定テスト　100
言語性検査　79
言語的因子　72
言語連想テスト　11
研修　18
高次脳機能　73
向性検査　99
構造化面接　7
構造分析　44, 134
行動観察法　8
行動・社会性テスト　123
行動変革のモデル　44
行動理論モデル　3
広汎性発達障害　68
交流分析　44, 133
告知と同意　7
個人内差　81
子ども　134
コピッツ法　187
個別教育プログラム　88
個別式知能テスト　75
コラージュ技法　104
コラージュ・ボックス法　105
コンサルテーション　90
困難度　169
コンプレックス　111

▶さ　行

再生形式　166
最大量のパフォーマンス　16
再テスト法　35, 173
採点　28
　──の容易さ　36
再認形式　166
最頻値　202

採用試験　120
作業検査　48, 117
作業の5因子説　117
査定　24
査定面接　6
参加観察　8
算術平均　197
散布度　203
サンプリング　196
視覚構成能力の障害　178
自我状態　134
自我状態のエネルギー　133
実験衝動診断法　110
自我阻害場面　108
時間制限法　47
視空間性の知覚障害　178
自己進路探索　149
自己批判性　71
資質検査　16
自性像　115
視知覚の障害　178
実施の容易さ　36
実践と発達の診断　59
質問紙法　94
質問段階　116
実用性　36
私的象徴的なコミュニケーション　5
支配的親　134
四分領域　204
自閉性障害　68
社会熟度　128
社会生活指数　129
社会成熟度指数　131
社会成熟度診断検査　129
社会成熟度年齢　131
社会生活能力検査　128
就職セミナー　156
集団一致評点　108

集団式知能テスト　84
集団知能検査　10
自由な子ども　134
自由反応段階　116
自由奔放　140
自由連想検査　11
16 PF 人格検査　99
主題統覚検査　13, 111
守秘義務　20
殊別テスト　99
樹木画テスト　106
受理面接　6
衝動病理学　110
衝動プロフィール　111
少年知能検査　10
将来性レベルの発達状態　63
初回面接　7
職業カウンセリング　147
職業興味　13
職業興味検査　16, 154
職業興味パターン　155
職業志向性　151
職業人対象の検査　99
職業選択　147
職業選択インベントリー　14
職業選択理論　154, 159-160
職業相談　147
職業適合性　144
職業適性　144
職業適性検査　137
職業適性自己診断テスト　159
職業適性テスト　143
職業レディネス　158
職業レディネス・テスト　157
初頭努力　118
人格テスト　89
人格特性　144
真偽法　166

索　引

神経心理学　177
神経心理学アセスメント　177
神経心理学的検査　69,177
心身障害児教育　123
人生目的テスト　14
新版 K 式発達検査　62
人物画テスト　114
信頼性　34
信頼性係数　35
心理教育　42
心理測定　24
心理測定論　2
心理テスト　9
　　──の客観性　15
　　──の限界　46
　　──の効用　41
　　──の目標　15
　　──の役割　50
心理力動論　2
進路意欲スケール　148
進路選択　147
進路適性検査　152
進路適性診断テスト　151
進路適性テスト　143
スクリーニングテスト　67,92
スクールカウンセリング　88
図形完成課題　178
図-地弁別の能力　178
鈴木ビネー　10
鈴木ビネー式知能検査　77
スタンフォード・ビネー式知能検査
　9,73,76,208
ストレス検査　99
ストロング職業興味用紙　13
スーパービジョン　90
性格検査　152
性格・人格テスト　89
性格類型　97

生活空間内の脈絡　4
生活史上のエピソード　4
成人　134
精神運動検査　16
精神遅滞児　182
　　──の判別　30
精神発達遅滞　68
精神分析理論　12
生態システム論　3,40
折半法　35,173
説明責任　7
世話焼きタイプ　140
前景像　110
潜在能力　1,63
線分方向の弁別を求める課題　178
線分末梢課題　178
相関係数　213
早期発達診断検査　60
早期療育のための発達評価表　61
創造力　174
想像力　174
想像力テスト　174
ソンディ・テスト　110

▶ た　行

大学生向就職適性検査　156
対情報関係指向　159
対人関係指向　159
態度　144
大脳損傷患者　181
代表値　197
対物関係指向　159
多肢選択法　166
妥当性　33
妥当性係数　34
田中 A 式知能検査　84
田中 B 式知能検査　84
田中ビネー　10

田中ビネー式知能検査　10, 75
単純再生法　166
知覚指数　184
知覚年齢　184
知的障害　73
知能検査　9, 16
知能指数　9, 71, 208
知能障害　181
知能診断　67
知能テスト　67
知能偏差値　72, 79, 172, 208
注意欠陥/多動性障害　69
中央値　201
超自我因子欄　110
超自我阻害場面　108
調和平均　198
ディスクレパンシー　79
適応した子ども　134
適応態度スケール　148
適合度指数　137
適性　144
適性検査　13
適性職業群整理票　154
適用年齢範囲　101
テストの標準化　196
テストバッテリー　17, 73, 147
寺沢式日常生活動作能力評価基準表　126
典型的なパフォーマンス　16
デンバー発達スクリーニング検査　56
投影法　16, 48
等価テスト法　35
統計的検定　209
統計的妥当性　34
動作性検査　79
動作的因子　72
投射法　16
東大式エゴグラム　133, 136

東大式エゴグラム新版　137
頭部外傷　70
動揺率　118
特性論　97
度数分布表　200

▶な　行

内容的妥当性　34
並数　202
日常生活動作　125
日常生活動作能力　123
日常生活動作テスト　123, 125
日本版デンバー式発達スクリーニング検査　56
乳幼児精神発達診断法　61
乳幼児分析的発達検査法　55
能力検査　16, 152

▶は　行

背景像　111
バウムテスト　106
パスカル・サッテル法　187
パーセンタイル尺度　206
パーセンタイル順位　207
パーソナリティ　144
パーソナリティ・テスト　11, 90
パーソナルシート　152
パーソナル・データ・シート　11
発達課題　63
発達障害児　60
発達診断　58
発達診断検査　56, 65
発達スクリーニング検査　54
発達スクリーニング表　55
発達テスト　53
ハット法　187
範囲　203
半構造化面接　7

索　引

反応転移分析欄　110
バーンロイター人格目録　99
非構造化面接　7
微細脳機能障害　181
非参加観察　8
ビネー式知能検査　71
描画テスト　114
評価点　184
標準化　94
標準学力テスト　164,168
標準得点　196
標準偏差　196,204
病理性判別指向テスト　100
不安検査　99
複雑図形テスト　178
ブラッキー・ピクチュア　13
プロジェクティヴ・テクニック　16
フロスティッグ視知覚発達検査　178,182
プロフィール分析　81
分散　204
　──の等質性　213
分散分析　215
文章完成法　103
平均誤びゅう量　119
平均値　197
平均値間の差　213
平均偏差　204
閉合の要因　186
米国陸軍知能検査　10
ベースライン　24
偏差IQ　79
偏差値　196,205
偏差値IQ　208
ベンダー・ゲシュタルト・テスト　181,184
ベントン視覚記銘保持テスト　181,189

弁別力　169
方向性　71
ホランド・コード　160

▶ま　行

マガジン・ピクチャー・コラージュ法　105
ミネソタ多面的人格目録　100
メタ・メッセージ　6
メディアン　201
目的性　71
目録法　94
モード　202
モルフォジェネシス　4

▶や　行

養育的親　134
欲求不満　108,144
予防的・開発的カウンセリング　148

▶ら　行

ラポート　48
陸軍式知能検査　72
療育・教育プログラム　63
臨床心理アセスメント　1,24
臨床心理アセスメント報告書　17
類型論　97
類同の要因　186
レンジ　203
練習時間　27
練習問題　27
連続加算作業　117
労研パーソナリティテスト　99
労働条件　151
労働省編一般職業適性検査　152
ロールシャッハ・テスト　115
論文式テスト　167
論理型　140

索 引

▶ 欧　文

A　138
AC　134, 138
AC優位　141
ADHD　69
ADL　123, 125
ATAC進路適性診断テスト　151
A優位　140
α式検査　10
β式検査　10
Career Focus　156
CMI健康調査表　100
CP　134, 138
CPI　100
CP優位　140
DAP　114
DSM-IV　68
ECL　136
EKP　111
EPIC　148
EPPS　96, 100
ETS　156
FC　134, 138
FC優位　140
F検定　211
GATB　144, 152
GFI　137
ICD-10　68
IEP　88
IQ　9, 71, 208
ISS　72
ITPA　82
LD　181
MBD　181
MD　204
MMPI　100
MRI　70
NP　134, 138
NP優位　140
PA　184
P-Fスタディ　108
PIL　14
PQ　184
SA　131
SCT　103
SD　196, 204
SDS　159
SEEC自己進路探索　149
SG式進路発見検査　148
SM　128
SQ　129, 131
SS　184
SS得点　205
TA　133
TAT　13, 111
TAT分析リスト　112
TEG　136
TEGパターン　140
t検定　209
USアーミー・テスト　10
VGP　110
VPI職業興味検査　14, 154
VRT　157
V字落ち込み　118
WAIS　69, 73
WAIS-III　78
WAIS-R　77
WCST　69
WHO/QOL-26　132
WHO/QOL基本調査票　132
WISC　73
WISC-III　81
WPPSI　73, 82
WPPSI-III　82
Z得点　196

編者略歴

松原 達哉
（まつばら たつや）

1965年　東京教育大学大学院博士課程
　　　　教育心理学専攻修了
　　　　東京教育大学，筑波大学教授，
　　　　立正大学教授を経て，筑波大学
　　　　から心理学博士取得
　　　　東京福祉大学・大学院名誉学長
　　　　国際幼児教育学会会長
2009年　立正大学名誉教授

主要著書
心理テスト法入門（日本文化科学社）
学校カウンセリングの考え方・進め方
　　　　　　　　　　　（教育開発研究所）
普通の子がふるう暴力（教育開発研究所）
生活分析的カウンセリングの理論と技法
　　　　　　　　　　　　　　（培風館）
図解雑学 臨床心理学（ナツメ社）
「子どものこころ」の見方，育て方
　　　　　　　　　　　　　　（培風館）
教育心理学（丸善出版）

楡木 満生
（にれぎ みつを）

1961年　東京教育大学理学部卒業
1974年　栃木県立教育研修センター指導
　　　　主事
1981年　（米国）ミシガン州立大学大学院
　　　　修士課程修了（MA）
1992年　自治医科大学にて医学博士取得
　　　　自治医科大学教授，お茶の水女
　　　　子大学教授，立正大学教授を経て
2009年　立正大学名誉教授

主要著書
カウンセリングの学び方（道和書院）
医療カウンセリング（日本文化科学社）
自分らしく生きるために（NHK出版）
スクールカウンセリングの基礎知識
　　　　　　　　　　　　　　（新書館）

© 松原達哉・楡木満生　2003

2003年 5月30日　初版　発行
2023年 9月 8日　初版第19刷発行

臨床心理学シリーズ3
臨床心理アセスメント演習

編　者　松原　達哉
　　　　楡木　満生
発行者　山本　　格

発行所　株式会社　培風館
東京都千代田区九段南4-3-12・郵便番号 102-8260
電話（03）3262-5256（代表）・振替 00140-7-44875

港北メディアサービス・牧 製本

PRINTED IN JAPAN

ISBN978-4-563-05733-6　C3311